YAA-HOO!BÜCHER

OSHO

ZU FÜSSEN DES MEISTERS

Band 1

Persönliche Gespräche über die Beziehung
zwischen Meister und Schüler

YAA-HOO!BÜCHER

Titel der englischen Originalausgabe:
At the feet of the Master, by Osho

Printed in Austria

Zusammengestellt: Anand Savita
Deutsche Übersetzung: Chetan Sufi
und Anand Tushir
Gestaltung: Nirvikar
Satz: YAA-HOO!DESIGN
Herstellung: Druck- und Verlagsanstalt Wiener Verlag,
Himberg bei Wien

ISBN 3-909910-01-7

Inhalt

TEIL 1

DIE GROSSE LIEBE

Sannyas ist wild 18
Die höchste Liebe 35
Das ABC des Loslassens 66
Ein Leben ohne Liebe ist ein lebloses Leben 104
Hier sein heißt, verspielt zu sein 120

TEIL 2

IHR SEID REBELLEN

Die totale Entprogrammierung 130
Ihr seid nicht meine Anhänger 134
Meine Liebe wird dir nicht helfen 160
Ich stürze euch in Konflikte 173
Ich bin ein Spiegel 195

TEIL 3

DER RUF VON INNEN

Ich bin hier, um dich zu erinnern 214
Du trägst mich in dir 226
Ich lehre Totalität, nicht Perfektion 242

GAUTAMA
THE
BUDDHA
AUDITORIUM

Einleitung

Zur Zeit, als diese Gespräche stattfanden, war Oshos indischer Ashram eine verschworene Gemeinschaft von ungefähr zweihundert Leuten. Wir lebten Seite an Seite in kleinen Räumen und teilten unser Lachen, unsere Probleme und unsere Lieder unter der Dusche und in der Intimität unseres Lebensbereichs. Täglich von zehn bis fünf verrichteten wir unsere Arbeit mit Liebe – beim Kochen, Herausgeben von Büchern, Bauen, Herstellen von Schmuck ... und jeden Morgen um acht saßen wir still in einer großen, von Vogelgezwitscher erfüllten Halle in der Gegenwart unseres spirituellen Meisters.

Osho ist ein erleuchteter Mystiker. Und wenn er heute auch nicht mehr im Körper weilt, ist seine Präsenz in seiner Kommune in Poona genauso stark fühlbar wie eh und je. Abends mit ihm zu sitzen ist heute genau wie damals der Höhepunkt des Tages. Wir hören seinen verführend freien Reden zu – poetisch, liebevoll, sprühend vor Intelligenz. Wir werden aufgewühlt von seinen kühnen exzentrischen Einlagen, zermalmt von seinen Zen-Hieben, gekitzelt von seinem Humor. Manchmal macht er uns schwindlig mit den Bildern, die er über das Schicksal dieses Planeten malt – und über die Rolle, die unsere Dummheit darin spielt. Aber jedesmal verlassen wir die Halle aufgelöst in seiner Liebe, unserem Wesen näher als je zuvor – jeden Tag rücken wir ihm etwas näher.

Während wir im allmorgendlichen Vortrag alle zusammen mit ihm saßen, wurden wir zum abendlichen Darshan (wörtlich »*Sehen*«) nur bei besonderen Gelegenheiten eingeladen. Eine kleine, sich ständig verändernde Gruppe von Leuten versammelte sich im Chuang Tzu Auditorium, dort, wo heute seine Asche ruht, um zu Füßen des Meisters zu sitzen. Das Chuang

Tzu Auditorium war damals kreisförmig und nach drei Seiten hin offen. Es gab weder Klimaanlage noch Moskitonetze. Wir saßen ohne Kissen auf dem Boden und ließen unsere Schuhe da, wo wir auch unseren Verstand hätten zurücklassen sollen – am Eingangstor nämlich. Abend für Abend, das ganze Jahr über, sprach Osho dort in einer blendendweißen Robe und ohne Mütze zu jedem einzelnen von uns.

Das ist Darshan. Etwas Magisches – eine spirituelle Gebärmutter. Eine solche Nähe zur Ausstrahlung eines Buddhas bringt uns unserer inneren Achse so nahe wie nur möglich. Im Darshan sind wir völlig entspannt, hellwach, trunken vom jetzigen Augenblick.

Wenn Osho spricht, spricht er zum Individuum. Er wendet sich an unsere äußeren Dramen und berührt zugleich unsere innere Wahrheit. Er erklärt und umspielt ein Thema mit solcher Leichtigkeit, daß die Sehnsüchte des Herzens sich unmerklich öffnen. Er spricht zu jedem einzelnen von uns direkt, und doch spricht er zu uns allen.

Und alle, die wir da sitzen, hat es aus allen Ecken und Enden der Welt hierhergezogen. Wir kommen mit den verschiedensten Lebensgeschichten, aus einer Vielfalt von Berufen, über eine Vielzahl von Wegen, nur um persönlich zu Osho Kontakt zu finden.

Die Gespräche, die sich bei diesen außergewöhnlichen Begegnungen abgespielt haben, sind jeden Monat in insgesamt siebenundsechzig Bänden, den sogenannten Darshan-Tagebüchern, festgehalten worden. *Zu Füßen des Meisters* ist eine Sammlung von Auszügen – viele davon bis heute unveröffentlicht –, die ausgesucht wurden, um Oshos Beziehung zu seinen Leuten zu illustrieren.

Während jener Periode saßen Tausende von Besuchern zu seinen Füßen. Die Fragen, die sie stellten, reichten vom Problem, wie man sich einem sterbenden Vater gegenüber verhält oder was man mit einer Vision von blauem Licht macht, bis zur Frage, warum man denn überhaupt Sannyasin werden soll. Viele erleben dabei in seiner Gegenwart eine »spirituelle Erinnerungslücke« – und vergessen prompt die Frage, die sie vielleicht schon seit Wochen verfolgt hat. Wenn aber das Problem, mit dem wir gekommen sind, trotz Oshos überwältigender Liebesenergie im Vordergrund bleibt, geht er auf seine Weise darauf ein. Vielleicht gibt er uns persönliche Meditationstechniken zum Ausprobieren und bittet uns, ihm über das Ergebnis zu berichten; oder er ermutigt uns ganz einfach, weiterzugehen und neue Wege zu erforschen. Öfter aber bleibt es bei leichten Fingerzeigen und sanften Hinweisen – bei Ratschlägen, die uns keinen einzigen Moment lang festnageln oder unsere Freiheit, Fehler zu machen, einschränken. Die Kraft seiner Einsicht richtet sich immer nach dem Maß an Vertrauen, das er in unseren Augen sieht, und dementsprechend fallen auch seine Ratschläge aus.

Ich bin keine bestimmte Jahreszeit, ich bin das ganze Jahr. Der Sommer kommt, der Winter kommt, es wird Frühling und es wird Herbst ...

Du wirst mit mir die unterschiedlichsten Jahreszeiten, die unterschiedlichsten Stimmungen durchleben müssen. Erst wenn du alle Jahreszeiten, alle Stimmungen durchlebt hast, wirst du wissen, was Reichtum ist.

Wenn meine Worte darum wie Blumen waren, laß sie jetzt wie Messer sein, die in dich eindringen. Wenn meine Worte lindernder Balsam waren, laß sie jetzt Feuer und Flamme sein, denn letztlich mußt du durch alle Gegensätze hindurchgehen.

Während Osho in seinen Vorträgen vor Tausenden von Anwesenden mit seinen Einsichten breite, allgemeine Pinselstriche anbringt, richtet er sich im Darshan an den einzelnen. Noch heute wirken diese Gespräche von Herz zu Herz genauso intim und treffend wie damals, als sie stattfanden. Oshos paradoxem Stil getreu, sind sie zugleich an den einzelnen wie an uns alle gerichtet.

Alle deine Fragen werden beantwortet. Manchmal beantworte ich deine Frage im Zusammenhang mit der Frage von jemand anderem. Du mußt nur richtig hinhören ...

Ich werde sie sogar beantworten, ohne daß du sie überhaupt stellst. Vielleicht habe ich sie gestern beantwortet. Oder vielleicht morgen ... Wenn die Zeit reif ist, werde ich antworten.

Und solange die Zeit nicht reif ist, wirst du auch nicht verstehen. Nicht meine Antwort ist wichtig – dein Verständnis ist wichtig.

Darshan war zugleich der Schauplatz zur Einweihung in Neo-Sannyas – jener radikale Wendepunkt, nach welchem wir als Schüler unser Leben in erster Linie unserer Transformation widmen. Nicht allen fällt diese Wende leicht. Oft halten nagende Zweifel davor zurück, den Sprung rückhaltlos und aus vollem Herzen zu wagen. Osho reagiert auf dieses Zögern mit einer genialen logischen Binsenwahrheit: Schon wenn du zu einundfünfzig Prozent dafür bist, mußt du Sannyas nehmen, denn sonst triffst du eine Wahl gegen den größeren Teil von dir selbst. Dies trifft genau den Kern der Aufgabe, die mit Sannyas auf uns wartet. Wäre man hundertprozentig dafür, hätte man es gar nicht nötig – man wäre bereits erleuchtet.

Vielleicht sind einundfünfzig Prozent dafür und neunundvierzig Prozent dagegen, aber das genügt – es reicht bereits. Du kannst allerhöchstens erwarten, daß der größere Teil deines Herzens dabei ist. Aber das ganze Herz? Unmöglich!

Sannyas zu nehmen war zu jener Zeit oft der Höhepunkt nach mehreren Wochen mit Meditations-Camps, Therapiegruppen, Gipfelerlebnissen und mit Sitzen zu Füßen des Meisters. Zuweilen hatten die Neueingeweihten schon jahrelang Oshos Bücher gelesen und seit längerem Sannyas-Zentren im Westen besucht. Genauso viele wagten den Sprung jedoch ohne zu zögern schon bei der ersten Begegnung, nicht selten nach einer Folge subtiler und erheiternder Wortwechsel. Berührt von unserer Sehnsucht nach Transformation oder von unserer Liebe für Osho – oder von beidem –, gingen wir ohne jede logische Begründung drei Verpflichtungen ein: unseren neuen Namen zu verwenden, den er uns gab; sichtbar die Mala zu tragen, die er uns um den Hals legte; und uns in die Farben des Sonnenuntergangs zu kleiden.

Ich bin diesbezüglich etwas wunderlich ... exzentrisch! Ich erkläre nichts. Ich sage bloß, ich sei wunderlich. Du kannst ja antworten, du seist verrückt nach diesem Mann, und dieser Mann sei nun einmal äußerst exzentrisch, was die Farbe Orange betrifft ...

Ich habe so meine Exzentrizitäten, und wenn du dich in mich verliebst, mußt du sie halt in Kauf nehmen.

Dem Geschenk der Mala folgten ein paar Worte über die Bedeutung des neuen Namens.

Sobald du den alten Namen und die alte Identität fallenläßt, fühlst du dich leichter. Er ist nicht nur ein Name, er ist der eigentliche Kern deiner ganzen Vergangenheit, um den sich dein ganzes Leben gedreht hat.

Für uns bedeutete der neue Name vielleicht nur ein spielerisches Eintreten in die Welt von Neo-Sannyas. Osho jedoch meinte einmal, dies sei der erste Schritt, um ein ganzes Leben lang mit ihm zu gehen. Für Leute, die nie ja gesagt hätten, genüge es, dieses eine Mal ja zu sagen, denn Sannyas sei eine Geste der Offenheit und des Unernstes – die Bereitschaft, alle die vielen unmittelbaren Einsichten zu absorbieren, durch die sich das Ego häutet.

Das Ego loszulassen sieht wie ein Tod aus. Nur in tiefer Liebe mit dem Meister wird es dir möglich, langsam, ganz langsam Mut zu fassen. Während dein Vertrauen in den Meister wächst, wird es dir möglich, etwas zu riskieren. Und in dem Augenblick, da du bereit bist, das Ego aufs Spiel zu setzen, beginnt dir aus allen Ecken und Enden der Existenz Glückseligkeit entgegenzuströmen.

Der erleuchtete Meister, diese »Tür zum Göttlichen«, ist ein Leerraum, durch den der Schüler mit der mystischen Welt in Berührung kommt. Er liebt den Meister. Er kann die Weitsicht dieses Menschen fühlen, er kann erahnen, daß seine Sicht weit über die eigene hinausgeht. Der Schüler vertraut. Er läßt los, er läßt sich immer weiter fallen, bis sein ganzes Leben in der Luft zu schweben und heiter auf einer einlullenden Wolke der

Widerstandslosigkeit zu schaukeln scheint. Diese Beziehung zum Meister ist etwas vom Geheimnisvollsten, was es gibt. Sie kennt keine Verträge, keine Bedingungen; sie ist jenseits von Zeit und jenseits des Körperlichen. Eigentlich ist es gar keine Beziehung, wie Osho selber sagt, sondern ein Liebesband, etwas Transzendentales, über das sich unmöglich etwas sagen läßt.

Und doch ...

Mit Oshos unbeschwerter Liebe zur Sprache und seinen unermüdlichen Reisen ins Unsagbare sagt er hier, was überhaupt gesagt werden kann. Mit Klarheit, Licht und Leichtigkeit, mit vertrackten Windungen und spielerischem Werben, mit Humor und mit unvermuteten Zen-Hieben, die, wenn sie nicht durch unsere Herzen zucken, sich ganz locker und unangekündigt hereinschleichen, erinnert er jeden von uns unablässig daran, daß wir alle das gleiche Potential aufweisen, um zu einem Sucher auf dem Pfad zu werden.

Allen wirft er einen Ball zu. Einige fangen ihn auf und beginnen zu laufen.

Als ich 1976 erstmals zu Osho kam, verliebte ich mich in seine Kommune. Er sprach über Dinge, die ich schon immer auszudrücken versucht hatte, die ich insgeheim gewußt hatte, ohne sie je präzisieren zu können. Er sprach aber auch über tausenderlei Dinge, die mir völlig schleierhaft waren. Seine Kommune jedoch redete direkt, unmittelbar, mit unmißverständlicher Gewißheit zu mir. Das war es, wonach ich gesucht hatte: Leute, die harmonisch und spielerisch zusammenlebten, von ihrer eigenen Intelligenz geleitet, die ihre überschwengliche Energie mit kreativer Arbeit ausbalancierten, um die Vision, die in seiner Kommune greifbar war, über ihre Grenzen in die Welt hinauszuschicken.

Wie hätte ich nicht Teil davon sein mögen? Im Kapitel *Ihr seid eine Familie* (im Band 2, Zu Füßen des Meisters) findet sich eine mannigfaltige Auswahl dessen, was Osho dazumal über die Teilnahme an seiner Kommune gesagt hat.

Nachdem ich zurückgekehrt war, um für immer dortzubleiben, fing schon im ersten Jahr die Liebe für ihn zu fließen an. Sie zeigte sich in Tränen und Lachen, in Fluten der Dankbarkeit. Alles, was mich aufrüttelte und mich einlud, was mich schockierte und verwirrte, was mich unterstützte und bestätigte, was mich meiner Identifikationen enthob, was Dinge zum Vorschein brachte, die ich noch nie zuvor beachtet hatte – das alles war Stoff zum Wachsen. Alle diese Stimmungsschwankungen vermochten es nicht, an der lebenslangen Nabelschnur des Vertrauens zu rütteln, das einen mit dem Meister verbindet. Hier war ein Ort, wo ich ich selbst sein konnte. Und hier war der Meister, der wußte, was dieses Selbst war.

Ich habe versucht, alles in dieses Buch einzuschließen, das Lustige und Leichte wie auch das Tiefgründige – alles aus dem spirituellen Leben im Energiefeld eines Meisters, das er im direkten Gegenüber mit uns teilte. Dialoge, die unsere individuellen Prozesse mit ihm enthüllen, blieben unverändert. Ich habe von ihm erzählte Geschichten eingefügt, die zeigen, wie andere Meister gearbeitet haben. Die meisten Ängste und Sehnsüchte, die sich um Sannyas drehen und die wir damals zu ihm brachten, sind dieselben, die wir auch heute noch mit uns herumtragen. Ein einziges Körnchen Phantasie reicht jedoch schon, damit sich die richtige Antwort in diesem Buch offenbart, wenn wir nur unsere wahre Frage zu stellen vermögen.

Ma Anand Savita

TEIL 1

DIE GROSSE LIEBE

Sannyas ist wild

Wenn du Sannyas nimmst, fängst du an, in deinem Inneren nach Glückseligkeit zu suchen. Du vergißt jeglichen Ehrgeiz, der dich in die äußere Welt führt, denn Glückseligkeit ist etwas Inneres – absolut individuell, persönlich; du kannst sie in deinem Inneren finden – du brauchst dafür niemand anderes.

Sannyas ist eine innere Reise, sie hat kein äußeres Ziel. Du mußt zu deiner eigenen Quelle finden, du mußt in dich selbst hinein verschwinden. Und wenn du einmal zu deiner inneren Quelle gelangt bist, zu deinen eigentlichen Wurzeln, bist du wie verwandelt. Dann kannst du im Äußeren leben, ja, du *mußt* im Äußeren leben. Nichts ist verkehrt daran, denn jetzt strahlst du Freude aus, du bleibst ständig mit deinem inneren Kern verbunden. Mitten im geschäftigen Treiben des Alltags bleibst du ruhig, still und glückselig. Nichts kann dich stören, nichts kann dich ablenken. Das ist wahre Meisterschaft.

Mein Sannyas bedeutet, total in der Welt zu leben und dabei völlig bewußt, wachsam – in der Welt zu leben, ohne sich an etwas festzuklammern. Du brauchst auf nichts zu verzichten; genieße alles, aber denke gleichzeitig daran, zu allem Abstand zu halten. Ein Teil deines Wesens sollte ständig wach bleiben, damit du dich nicht in etwas verstrickst. Spiele deine Rolle, doch verliere dich nicht ins Tun. Man sollte das Leben leben, als wäre man ein Schauspieler auf einer großen Bühne, als sei die ganze Existenz nichts als ein Schauspiel. Aber identifiziere dich nicht mit den Rollen, die du spielst. Das Problem entsteht erst, wenn du dich identifizierst.

Mein Sannyas könnte man auf einen einfachen Nenner bringen: innere Losgelöstheit von jeder Rolle, was immer sie auch sein mag. Ob du nun Arzt oder Geschäftsmann, Ingenieur oder Maler bist – egal, welche Rolle du auch spielst, nimm sie nicht ernst. Ob du Erfolg hast oder nicht, ist unwichtig; worauf es ankommt ist, daß du ständig wach bleibst. Der Erfolg kommt – du beobachtest ihn; der Mißerfolg kommt – du beobachtest ihn. Das Leben ist da – du beobachtest es; der Tod kommt – du beobachtest ihn. Deine ganze Aufgabe besteht nur darin, Zeuge zu bleiben von allem, was sich um dich herum abspielt, innen wie außen. Das ist die Grundlage meines Sannyas.

Zeuge zu sein ist nur möglich, wenn du langsam immer meditativer wirst. Suche dir eine Meditation aus, irgendeine, die zu dir paßt, und arbeite dann mit ihr, ohne nach einem unmittelbaren Resultat zu trachten. Vergiß alle Resultate; mache einfach weiter, genieße es, und eines Tages stellt sich das Resultat ein. Es stellt sich allerdings erst dann ein, wenn die Meditation eine gewisse Intensität erreicht hat. Es ist wie beim Verdampfen von Wasser: Erhitzt man Wasser auf hundert Grad, verdampft es. Bei neunundneunzig Grad verdampft es jedoch noch nicht, es ist immer noch Wasser. Aber nur ein einziges Grad mehr, und es löst sich auf.

Zu einem Besucher aus England:

Wenn du mutig bist, kann Sannyas sehr hilfreich sein. Es wird zum ersten positiven Schritt – du gehst eine Verpflichtung ein. Du hakst dich bei mir ein auf einer Reise ins Ungewisse. Für dich ist es beinahe dunkel, und du begibst dich ins Unbekannte. Natürlich macht das angst, und tausend Fragen und Zweifel tauchen auf, doch sie entstammen alle deinem negativen Denken.

Wenn du dich entschließt, etwas Positives anzustreben, dürfen dich all diese Zweifel und Fragen nicht berühren. Es ist ein Wagnis. Alles Positive ist ein Wagnis, jedes Wachstum ist ein Wagnis. Jede Geburt ist ein sehr schmerzhafter Vorgang.

Immer wenn ein Kind geboren wird, gibt es zwei Möglichkeiten: Entweder es überlebt oder es überlebt nicht. Im Mutterleib atmet die Mutter für das Kind – es braucht nicht einmal für sich selbst zu atmen. Die ersten zwei oder drei Minuten gleich nach der Geburt sind die gefährlichsten. Alle sind gespannt und fragen sich, ob das Kind wohl atmen wird oder nicht. Und wenn das Kind nicht schreit, muß ihm der Arzt einen Klaps geben, damit es zu atmen beginnt. Dabei hat das Kind noch nie zuvor geatmet, es ist ihm völlig unbekannt.

Sannyas ist wie eine Neugeburt.

Du hast auf eine bestimmte Art und Weise gelebt, hast ein gewisses Leben geführt und hast an dir gearbeitet – und doch fehlt dir immer noch etwas. Versuche es einmal mit etwas Neuem, mit etwas absolut Neuem.

Und genau das ist es, wenn ich sage: »Nimm Sannyas!« Ich meine damit: Tritt die Verantwortung an mich ab. Laß sie fahren. Fange an zu leben, als gäbe es keine Probleme. Entspanne dich einfach von diesem Augenblick an. Und Sannyas bringt diese tiefe Entspannung.

Wenn du Mut fassen kannst – und es ist nur eine Frage des Mutes –, so ist es ein Abenteuer.

Eigentlich möchte ich ja genau die andere Richtung einschlagen – abtauchen, böse sein, die dunklen Wege gehen, wenn man so will ... wild sein, aber nicht im geringsten heilig.

Genau das ist mein Sannyas! Nicht im geringsten heilig ... und es *ist* wild! Und wenn du es wirklich satt hast, an dir selbst zu arbeiten, dann tritt die Verantwortung an mich ab. Genau darum geht es. Dann bleibt nichts weiter zu tun als zu vertrauen.

Sannyas bedeutet: unschuldig zu leben, nicht gerissen, nicht berechnend, ohne Mathematik, ohne Logik zu leben. Sannyas bedeutet, Abschied von Aristoteles zu nehmen ... wie ein Verrückter zu leben, intensiv und leidenschaftlich. Und der erste Schritt besteht darin, aus der Vergangenheit auszusteigen.

Leute steigen aus der Gesellschaft aus – das hilft nicht viel. Denn auch wenn du aus der Gesellschaft aussteigst, trägst du deine Vergangenheit, die von dieser Gesellschaft geschaffen, kultiviert und konditioniert worden ist, weiterhin mit dir herum. Du kannst dich zwar gegen die Gesellschaft stellen, bleibst aber dennoch Teil dieser Gesellschaft. Darum sage ich auch nicht, du sollst aus der Gesellschaft aussteigen, ich sage, du sollst aus deiner Vergangenheit aussteigen. Darin liegt das wahre Aussteigen aus der Gesellschaft.

Und die Namensänderung deutet nur darauf hin, daß du dich von der Vergangenheit lossagst – daß du nicht mehr länger in der Vergangenheit verhaftet bleibst. Natürlich kannst du sie nicht auslöschen; sie bleibt bestehen. Du wirst es aber immer mehr so sehen, als hätte sie zu jemand anderem gehört, als hättest du nur davon geträumt, einen Film gesehen oder ein Buch darüber gelesen – du bist völlig losgelöst davon.

Sannyas braucht Mut, mehr als alles andere, denn es ist eine Erklärung deiner Individualität, eine Freiheitserklärung, eine

Erklärung, daß du nicht mehr Teil des Massenwahnsinns, der Massenpsychologie bist. Es ist eine Erklärung, daß du universell wirst, daß du keinem Land, keiner Kirche, keiner Rasse, keiner Religion angehörst. Zwar bist du religiös, aber du bist weder Mohammedaner noch Hindu noch Christ. Zwar liebst du Jesus, Buddha und Mohammed, weil du religiös bist, du gehörst aber zu keinem Dogma oder Glauben, und du gehörst auch zu keinem Staat, zu keiner Nation, denn alle diese Grenzen sind falsch, alle diese Aufteilungen sind häßlich. Die Erde ist eins, und Sannyas ist eine Deklaration der Einheit der Menschheit.

Gewiß braucht es dazu Mut. Schon deshalb, weil es bedeutet, Tradition, Vergangenheit und Geschichte loszuwerden. Du versuchst in der Gegenwart zu leben, deinem eigenen Licht entsprechend, ohne länger von den Toten, von der Geschichte dominiert zu werden. Von der Geschichte frei zu sein bringt dir unglaublich viel Freude, ist aber auch ein Wagnis, denn jetzt bist du allein, du hast keine Richtlinien, keine Landkarten mehr, denen du folgen kannst. Darin liegt allerdings auch seine Schönheit: Wenn du keine Richtlinien hast, wächst dein eigenes Bewußtsein und stellt sich der Herausforderung. Wenn du keine Landkarte mehr hast, fängst du an, selber zu forschen. Dann wird das Leben zum Abenteuer.

Meine Sannyasins dürfen keine Gläubigen sein. Sie müssen suchen, forschen. Sannyas beginnt in einem gewissen Zustand des Agnostizismus – weder Atheist noch Theist zu sein, sondern einfach nur offen und zugänglich und ohne Vorurteile. Ein Agnostiker ist jemand, der an nichts glaubt. Das heißt nicht, daß er ungläubig ist, er ist weder gläubig noch ungläubig. Er geht von einem Zustand des Nichtwissens aus. Und das ist das tiefgründigste Phänomen – von einem Zustand des Nichtwissens auszugehen. Dann ist der Tag nicht mehr weit, denn du hast den intelligentesten Schritt getan, den man tun kann.

Die Narren sind entweder Gläubige oder Ungläubige, entweder Katholiken oder Kommunisten – doch sie sind alle gleich. Sie tragen verschiedene Flaggen, sie haben verschiedene Päpste, verschiedene Bibeln, ihre Götter sind verschieden, der Glaube aber ist derselbe. Einer trägt die Bibel mit sich herum, ein anderer *Das Kapital*, einer glaubt an Moses, ein anderer glaubt an Marx, einer glaubt an die Kaaba, ein anderer an den Kreml – es bleibt die gleiche Dummheit, denn jeder Unglaube ist irgendwie auch ein Glaube.

Ein Sannyasin muß jeden Glauben loslassen, und Glauben schließt auch Unglauben mit ein. Er muß sich von allen Vorurteilen befreien, damit seine Augen offen und wachsam werden und bereit sind, alles so zu sehen, wie es ist. Das ist der Anfang von Intelligenz. Intelligenz ist die Quelle der Klarheit. Und wenn die Intelligenz aufblüht, wird das Leben göttlich. Die dunkle Nacht der Seele ist vorüber. Der Tag ist angebrochen!

Sannyas ist nur für intelligente Menschen, denn es verlangt jeden Tag mehr Intelligenz. Je tiefer du gehst, desto mehr Intelligenz wird von dir verlangt. Aber darin liegt die Schönheit dieses ganzen Vorgangs: Nimmst du die Herausforderung an, wird mehr Intelligenz in dir erzeugt. Potentiell hast du sie bereits. Sie manifestiert sich aber erst, wenn du die Herausforderung annimmst.

Sannyas ist eine Herausforderung, deine potentielle Intelligenz zu verwirklichen, sie zu realisieren.

Ein Sannyasin muß weiblich sein. Ob Mann oder Frau, spielt dabei keine Rolle. Biologie und Physiologie sind unwichtig. Eine psychologische Weiblichkeit ist vonnöten. Man darf nicht aggressiv sein, man darf nicht ehrgeizig sein. Man sollte lernen zu warten. Man muß geduldig sein. Man muß ein Schoß sein, um Gott zu empfangen.

Sannyas ist eine Erklärung deinerseits, daß du bereit bist zu empfangen. Wird an die Tür geklopft, bist du bereit zu öffnen. Wirst du aufgerufen, zögerst du nicht. Gilt es ein Risiko einzugehen, nimmst du es nicht nur auf dich, du nimmst es mit Freuden auf dich. Und so kommt es zur Kommunion.

Und das ist Sannyas: eine Zusammenarbeit mit dem Meister. Der Schüler wird ganz einfach auf den Meister eingestimmt, so daß er anfängt, Fingerzeigen zu folgen. Er ist nicht länger argumentierfreudig, er diskutiert nicht mehr. Mit dem Meister kann es keine Diskussionen geben; man hört ihm zu und folgt ihm. Und alles ist so einfach, daß es im Nu geschehen muß, falls man ihm zuhören und folgen kann.

Mein Sannyas ist nicht lebensfeindlich – es ist einfach ein inneres Vertrauen. Es ist eine Geste der Hingabe – daß du mich liebst und mir erlaubst, dich zu lieben ... daß du, wenn ich dich mit meiner Liebe überschütte, sie mit Dankbarkeit empfangen wirst.

Wer aufrichtig ist, denkt nach, grübelt und stellt Betrachtungen an, bevor er Sannyas nimmt. Und das ist gut so, denn wenn jemand aufrichtig ist und sich zu diesem Schritt entschließt, so heißt das, daß es sich um einen lebenswichtigen Entschluß handelt – es bedeutet etwas. Du hast darüber nachgedacht, du hast gezögert – gut so! Ich habe zugeschaut, das Zögern war gut. Es ist besser, vorher zu zögern als nachher. Man muß zu einer klaren Entscheidung kommen, die einen Schlußstrich unter die Vergangenheit zieht und eine neue Tür öffnet. Und Sannyas ist eine Öffnung. Du hast auf eine gewisse Art gelebt, und du hast erfolgreich gelebt ... Sannyas heißt nicht, daß die Art, wie du vorher gelebt hast, nicht erfolgreich gewesen wäre. Sannyas bedeutet nur, daß es Erfolge gibt, bei denen sich herausstellt, daß es keine Erfolge waren. Man kann absolut erfolgreich sein, und doch ... und doch ...

Eine deutsche Kunsthändlerin sagt zu Osho, sie habe das Gefühl, sie könne nicht Sannyas nehmen.

Besucherin: Ich glaube, ich werde den gleichen Weg wie deine Sannyasins einschlagen, nur muß ich es allein machen, nicht in dieser Gemeinschaft. Ich war in meinem Leben in vielen anderen Gefängnissen – in Kinderheimen, Internaten ... Ich möchte frei sein.

Sei frei! Aber du kennst mein Sannyas nicht. Sei frei! Doch schon bald wirst du verstehen, daß du nicht freier sein kannst als meine Sannyasins. Aber warte nur ab. Bald wirst du auf sie eifersüchtig sein (Gelächter).

(Breit lachend) Vielleicht. Aber warum kann ich nicht alleine gehen?

Versuche es nur! Ich sage nicht, du sollst es nicht versuchen. Nur handelt es sich dabei um eine Reaktion auf deine Vergangenheit, es ist keine Freiheit. In der Vergangenheit ist etwas passiert, was dir angst gemacht hat vor allen Gemeinschaften, vor allen Gruppen, davor, Teil von etwas zu werden. Dies ist nur eine Reaktion auf die Vergangenheit, es ist keine Freiheit.

Ich habe es nicht eilig, dir Sannyas zu geben. Sei einfach nur hier und freue dich ... Fühle selbst, was Sannyas ist. Sei mit Sannyasins zusammen, schaue ihnen zu, beobachte sie, und du wirst sehen, daß du allein nie so frei sein kannst. Denn dieses Sannyas ist etwas völlig Neues auf unserer Welt.

Meine Sannyasins sind direkt und individuell mit mir verbunden. Untereinander, als Gruppe, sind sie nicht verbunden. Und ich übe auch keine Kontrolle auf sie aus – sie werden in keiner Weise eingeschränkt.

In Wirklichkeit bleibt alles, was du allein machst, auf dich selbst beschränkt, das ist es. So aber wirst du zu deinem eigenen Gefängnis. Du fürchtest dich vor anderen Gefängnissen; jetzt aber wirst du in deinem Ego gefangen – und das kann die schlimmste Gefangenschaft sein, die es gibt. Du bist dir nicht bewußt, daß ein Mensch in seinem eigenen Ego gefangen sein und es als Unabhängigkeit und Freiheit bezeichnen kann. Das kann keine Freiheit sein.

Darf ich noch etwas weiteres sagen? Ich habe Deutschland verlassen, um dich zu sehen, und ich habe gespürt, wieviel in diesen vier Tagen passiert ist. Ich fühle jeden einzelnen Augenblick, viel Gnade ...

Aber in diesem Ashram muß ich morgens auf dich warten, dann auf die Meditationen warten, dann auf den Darshan warten ...

Warte nur!

Meditiere und höre mir zu. Eines kann ich dir sagen: Du brauchst niemandem zu verraten, daß du Sannyas nehmen wirst, und ich werde auch diesen Leuten hier (weist auf die Gruppe) auftragen, es niemandem weiterzuerzählen (Gelächter).

Es ist also nur eine Frage der Zeit. Du kannst es so lange aufschieben, wie du willst, aber was mich betrifft, bist du bereits Sannyasin geworden. Ich kann in dich hineinschauen. Du hast keine Angst vor mir, du hast Angst vor deiner Vergangenheit. Du hast Angst vor den Verstrickungen deiner Vergangenheit. Dies hier hat aber rein gar nichts mit deinen vergangenen Verstrickungen zu tun. Es ist absolute Freiheit.

Soll ich es also hinauszögern, oder soll ich dir gleich Sannyas geben? (Die Besucherin nickt lachend.) Schließ die Augen – warum auch warten? – und wenn etwas passiert, laß es zu.

(Legt ihr die Mala um den Hals) Ich verleihe dir hiermit absolute Freiheit. Schaue mich jetzt an. Dies wird dein neuer Name sein ...

Vergnügen ist momentan, Glückseligkeit ist ewig. Im Vergnügen zu leben heißt sein Leben zu vergeuden. Es kommt und geht. In Sannyas eingeweiht zu werden heißt, eine Entscheidung zu treffen, daß du nun aus der Massenpsychologie, aus der Dummheit aussteigst, daß du jetzt nach etwas Ewigem strebst, nach etwas, was nicht einmal vom Tod zerstört werden kann.

Ein Mensch hat nur dann richtig gelebt, wenn er etwas besitzt, das ihm der Tod nicht entreißen kann.

Es gibt eine uralte Sufi–Geschichte ...

Ein König rief seine Weisen zu sich und sagte: »Ich brauche euren Rat. Gebt mir in einem einfachen Satz eine Maxime, die sich in jeder Lebenssituation anwenden läßt und die alle Probleme des Lebens löst – sozusagen ein Hauptschlüssel.«

Die Weisen waren völlig verstört. Wie sollten sie eine kurze Maxime aufstellen, die alles lösen würde? Sie bedingten sich Zeit aus. Der König wartete monatelang und sagte dann: »Was tut ihr nur? Bringt mir diesen Rat!«

In der Zwischenzeit hatten sie nach jemandem gesucht, der ihnen helfen konnte, und sie fanden einen Sufi-Meister. Der Sufi-Meister sagte zu ihnen: »Ihr braucht überhaupt nichts zu äußern. Hier ist der Ratschlag.« Er schrieb ihn auf ein Blatt Papier, legte dieses in ein Medaillon und gab es den Weisen. Er trug ihnen auf, dem König das Medaillon zu geben, er solle es jedoch nur im Falle höchster Not öffnen. »Solange er ein Problem mit anderen Mitteln lösen kann, soll er es nicht benutzen. Das ist ein Hauptschlüssel. Er ist äußerst kostbar. Er darf ihn nicht für gewöhnliche Schlösser benutzen, die auch mit anderen Mitteln geöffnet werden können.«

Der König war überglücklich. Er wartete auf eine Gelegenheit, aber es wollte sich keine einstellen. Er wartete und wartete. Egal, welches Problem sich ihm stellte, immer dachte er: »Der Meisterschlüssel ist nicht absolut notwendig, ich kann das Problem auch so lösen.« Und nach einiger Zeit konnte er das Problem auch wirklich lösen.

Das Medaillon machte ihn aber sehr neugierig. Welchen Ratschlag mochte es enthalten? Er hatte jedoch versprochen, es nicht zu öffnen, es sei denn, es gehe um eine Frage über Leben und Tod.

Dann kam der Augenblick.

Ein Nachbarkönig besiegte ihn. Er entfloh in die Wälder, in die Berge, die Feinde dicht auf den Fersen. Er konnte den Hufschlag der Pferde hören, wie sie immer näher und näher kamen, bis er schließlich zu einem Abgrund gelangte. Jetzt gab es kein Entkommen mehr. Er konnte weder zurück – der Feind nahte und würde in wenigen Augenblicken auftauchen –, und ein Sprung bedeutete den sicheren Tod. Er sah keinen Ausweg mehr. Das war der Moment! Er öffnete das Medaillon. Nur ein paar Worte standen da, ein einfacher Satz: *Auch das geht vorüber.*

Er sagte: »Was ist das für ein Mensch, dieser Alte, mich so hereinzulegen? Was soll das? Und ich dachte, es sei ein großes Geheimnis – *Auch das geht vorüber.* Während er aber las, wurde er plötzlich gewahr, daß sich die Pferde zu entfernen schienen und nicht mehr näher kamen. Sie hatten seine Spur verloren.

Er faltete das Stück Papier zusammen und steckte es ins Medaillon zurück. Nach zwei Tagen wurde er von seinen Freunden gerettet, und sie eroberten ihr Königreich zurück. Mit großem Jubel wurde er feierlich in seiner Hauptstadt empfangen. Man warf ihm Blumen zu, und der ganze Weg war mit Blumen geschmückt.

Der König freute sich über alle Maßen, er war außer sich vor Glück, daß er zu zerspringen glaubte. Mit einemmal spürte er wieder, daß er in Gefahr war: Dieses Glück war zuviel! Wieder sah er sich die Maxime an, dieselben Worte: *Auch das geht vorüber.*

Als er zu seinem Palast gelangte, erkundigte er sich, wer ihm diesen Ratschlag erteilt hatte. Er begab sich zu dem Sufi-Meister und ließ sich von ihm einweihen; er verzichtete auf sein Königreich. Er sagte: »Wer einen so großartigen Rat erteilt hat, dem muß man folgen. Ich gebe mich dir hin, ich habe begriffen. Alles geht vorüber, auch dieses Leben wird vorübergehen. Darum habe ich mich auf die Suche nach dem gemacht, was nicht vorübergeht. Zeige es mir!«

Sobald du den alten Namen und die alte Identität abgelegt hast, fühlst du dich entlastet. Es ist nicht einfach nur ein Name; es ist der eigentliche Kern der ganzen Vergangenheit, um den sich unser ganzes Leben gedreht hat. Die Ängste, die Probleme, die Schwierigkeiten, die Komplexe – sie alle stecken im Namen. Es ist schwierig, die Persönlichkeit zu verändern, aber sehr einfach, sie fallenzulassen.

Der neue Name ist erst der Anfang meiner Verbindung mit dir. Wenn du nicht einmal deinen Namen verlieren kannst, was kannst du dann schon verlieren? Die Namensänderung ist nicht nur eine Namensänderung, sie ist das Bemühen, mit deinem tiefsten Kern in Berührung zu kommen. Dir einen Namen zu geben bedeutet, mit mir verbunden zu werden. Es ist nicht nur ein Aufkleber – es geht viel tiefer. Es ist ein gewisses psychologisches Eindringen. Und es geht nicht nur darum, einen Namen zu besitzen, der hübsch klingt ...

Erhält man vom Meister einen Namen, hat dieser auch seine Bedeutung – nicht nur einen Klang, auch eine Bedeutung. Und er enthält eine Botschaft. Er kann dein ganzes Leben verändern. Er ist nur der Anfang einer langen Reise. Er ist ein Samen – er enthält vieles. Wenn du ihm hilfst und ihn unterstützt, wächst er zu einem großen Baum heran. Und erst wenn er zu einem großen Baum herangewachsen und aufgeblüht ist, wirst du die volle Bedeutung des Namens erkennen. Er ist nicht nur da, um von anderen nützlichkeitshalber verwendet zu werden. Er muß dich selbst repräsentieren. Er muß zu deinem eigentlichen Lebensstil werden.

Um deinen Verstand zu beschwichtigen, rede ich über den neuen Namen und tue so, als wäre er äußerst bedeutungsvoll; und in deiner Gier läßt du den alten Namen fallen. Und wenn der alte Name einmal fallengelassen worden ist, werde ich dir früher oder später sagen, der neue sei genauso sinnlos wie der alte. Benutze den neuen Namen – es ist nötig! Er ist aber rein zufällig, nur eine Etikette, die du trägst. Er sagt nichts über dich selbst aus – er kann nichts über dich aussagen, denn er hat nichts mit dir zu tun. Du bist weit ... du bist unermeßlich. Ein Name ist nur etwas ganz Kleines. Bis dahin wirst du das allerdings verstehen können.

Ich muß also manchmal lügen – ich muß Lügenmärchen erzählen. Aber das haben die Buddhas seit Jahrhunderten getan. Anders geht es nicht, denn der Mensch lebt in so vielen Lügen, daß er nur mit Hilfe von Lügen aus dem Kuddelmuddel herausgeführt werden kann, in dem er sich befindet. Der Mensch versteht nur die Sprache der Lüge.

Zum Beispiel verstehst du die Sprache eines schönen Namens. Er fühlt sich gut an für das Ego, er nährt das Ego. Du hast einen so großartigen Namen, so phantastische Möglichkeiten in dir, ein solches Potential: All dies schmeichelt dem Ego. Das ist die Sprache, die du verstehst – und ich muß die gleiche Sprache sprechen.

Wenn du einmal angefangen hast, mit mir zu gehen, gibt es keine Probleme mehr. Das größte Problem besteht darin, dich in Bewegung zu versetzen. Du bist festgefahren. Wenn du dich also nur mittels eines Traums bewegen kannst, erschaffe ich eben einen Traum für dich. Und nicht nur Namen, sondern auch alle spirituellen Kräfte, die im Inneren aufblühen, Kundalini, inneres Licht, Chakras und Lotusblüten – all das sind Träume, Anreize, um dich in Bewegung zu versetzen. Sonst würdest du dich nicht bewegen. Du kannst dich nur bewegen, wenn ein Traum da ist und dich dieser Traum in Bewegung versetzt.

Sobald du einmal angefangen hast, dich zu bewegen, weißt du, daß es in Wirklichkeit nur um die Bewegung geht, nicht ums Ziel. In Wirklichkeit geht es um die Dynamik ... in Wirklichkeit geht es um die strömende Energie, um die pulsierende Energie. Nicht, daß du dadurch irgendwohin gelangen würdest. Das Ziel ist in keiner Weise das Ziel – die Reise ist das Ziel.

Wenn du begonnen hast, dich zu bewegen, wenn du die Schönheit der Reise erkannt hast und zu einem wahren Vagabunden geworden bist – zu einem Wanderer der Seele –, wirst du das Ziel ganz vergessen. Du wirst sagen: »Die Reise ist so schön, wen kümmert da das Ziel?«

Dann gehst du nirgendwohin. Wo immer du dich befindest, bist du, bist du unendlich entzückt. Dann wird jeder Augenblick zu einer Erfahrung des Ewigen, des Zeitlosen, des Unermeßlichen.

Alle deine Widerstände werden verschwinden. Jeder hat sie! Du brauchst dir also keine Sorgen darüber zu machen. Wenn du bereit bist, Sannyas zu nehmen, so heißt das, daß du bereits einen großen Widerstand überwunden hast, einen der größten. Die restlichen sind nur noch klein, sie sind nicht mehr so groß.

Und wenn du einmal Sannyasin bist, fange ich an, dir Schläge auszuteilen. Solange du nicht Sannyasin bist, halte ich mich zurück. Ich bin sehr höflich ... sehr liebevoll und verführerisch. Wenn du aber einmal Sannyasin bist, zeige ich mein wahres Gesicht!

Indem du Sannyasin wirst, öffnest du deinem Leben eine neue Tür, die Tür des Vertrauens.

Es geht einzig darum, dir etwas zu sagen, was wichtiger ist als dein eigener Verstand – darin liegt die ganze Bedeutung von Sannyas. Wenn also zwischen dem, was ich sage, und deinem Verstand ein Konflikt besteht, wirst du deinen Verstand fallenlassen und auf mich hören.

Darin liegt das Risiko. Denn wenn du weiterhin stets deinen Verstand benutzt, um zu entscheiden, ob alles, was ich sage, auch getan werden soll oder besser nicht, bleibst du du selbst. Du kommst nicht aus dir heraus. Du streckst mir die Hand nicht hin, damit ich sie halten kann.

Das *Prayaga*-Konzept ist sehr bedeutungsvoll. Vergiß eines nicht: Der Körper ist ein Fluß, das Denken ein weiterer. Das sind jedoch nur die sichtbaren Flüsse – grobstofflich, deshalb kannst du sie sehen. Hinter diesen beiden verbirgt sich der dritte, und dieser dritte ist deine Wirklichkeit. Verliere dich also nicht in den ersten beiden. Der dritte muß in Erinnerung gerufen, provoziert und aufgeweckt werden. Darin liegt die Bedeutung von Sannyas.

Indem du Sannyasin wirst, machst du einen Schritt auf die dritte Energie in dir zu. Indem du einen Meister wählst, versuchst du nach dem Unsichtbaren zu tasten. Indem du dich einem Meister hingibst, gibst du dich deinem innersten Kern hin. Das Grobstoffliche gibt sich dem Feinstofflichen hin, das Manifestierte gibt sich dem Unmanifestierten hin, das Erschaffene gibt sich dem Unerschaffenen hin, die Zeit gibt sich der Ewigkeit hin ...

Es ist ein großer Schritt ... Gott ist unsichtbar. Er ist überall und dennoch ungreifbar; wir können ihn nicht berühren. Du mußt darum einen Meister finden, den du berühren, den du fühlen kannst. Der Meister ist eine Zwischenstation. Der Meister ist wie du und doch nicht wie du. Der Meister ist jemand, der Gott gesehen hat.

Sannyas bedeutet, dem Meister näherzukommen, damit du durch seine Augen sehen kannst. Es ist ein In-Einklang-Kommen mit dem Meister, ein Vermischen und Verschmelzen deiner Energie mit dem Meister. Du hältst die Hand des Meisters, damit er dich ins Unbekannte führen kann, dorthin, wo du noch nie gewesen bist. Wenn du einmal eingetreten bist, brauchst du den Meister immer weniger.

Sannyas ist einfach eine Liebesbeziehung mit dem Meister, eine Verpflichtung, ein Engagement. Das wirkliche Gefühl stellt sich erst ein, wenn du dich einläßt. Du mußt es erfahren.

Du kannst dich weiterhin überall mit mir in Verbindung fühlen, denn es ist eine Frage des Verliebtseins. Raum zählt dabei nicht, und auch Zeit zählt nicht; ist man in Liebe verbunden, zählen Raum und Zeit nicht. Ob du hier einen Schritt neben mir stehst oder zweitausend Meilen von mir entfernt bist, spielt keine Rolle. Wir bleiben verbunden.

Etwas bleibt verbunden. Die Verantwortung liegt jetzt bei mir. Es ist deine Verpflichtung und meine Verantwortung. Ich muß mich jetzt um dich kümmern.

Werde Sannyasin! Warum darüber nachdenken?

Es gibt noch soviel zu tun. Und wenn du das nicht vergißt, läßt es sich schnell erledigen. Nimm also nicht Sannyas, um dich danach bequem zurückzulehnen. Millionen von Leuten auf der ganzen Welt haben dies getan. Jemand wird Christ, wird getauft und denkt, damit sei alles getan. Was immer jetzt noch ansteht, soll Jesus Christus erledigen. Er ist der Retter, und sie sind jetzt bereit – er soll sie gefälligst retten.

Es gibt keine Retter. Niemand außer dir selbst kann dich retten. Ich kann helfen, ich kann nicht retten. Ich kann dir den Weg weisen, ich kann ihn jedoch nicht für dich gehen. Du wirst ihn schon selbst gehen müssen. Sannyas ist eine Geste deinerseits, daß du bereit bist, auf mich zu hören. Dir Sannyas zu geben ist eine Geste meinerseits, daß ich bereit bin, dir den Weg zu weisen.

Wenn du mir einmal in die Falle gegangen bist, schnappt sie zu. Dann bist du erledigt. Hinter dein Leben wird ein Schlußpunkt gesetzt. Ich habe nichts zu lehren; ich bin nur hier, um dich zu transformieren. Gelehrt wird von denen, die nicht wissen, wie sie Menschen transformieren können. Es ist nur ein armseliger Ersatz. Sobald du es mir erlaubst, fange ich ganz einfach damit an, dich zu zerstören und den neuen Menschen zu erschaffen. Sannyas ist nichts als eine Geste deinerseits, daß du dazu bereit bist und mich nicht daran hindern wirst. Darin liegt die Bedeutung von Sannyas: daß du jetzt ja sagst zu mir, daß du mir einen Blankoscheck ausstellst, mehr nicht! Dann gilt alles, was ich darauf schreibe!

Von diesem Augenblick an konzentriert sich deine ganze Energie auf Meditation. Meditation ist der Mutterleib, in dem das Göttliche geboren wird. Einen anderen Beweis für Gott gibt es nicht. Nur Meditation gibt dir das Gefühl, Gott sei allgegenwärtig.

Wenn du in drei Worten wissen möchtest, was Sannyas ist: deinen Kopf verlieren. Und außer deinem Kopf hast du nichts zu verlieren.

Laß ihn dir von mir abschneiden, hmm?

Die höchste Liebe

Sannyas ist nichts anderes, als mir näherzukommen, damit ich die Flamme in dir anzünden kann. Sich einer Flamme zu nähern genügt. In einem gewissen Augenblick springt die Flamme über. Plötzlich sind es zwei Flammen. Die ursprüngliche Flamme hat dabei nichts verloren.

Mit einer einzigen kleinen Flamme, mit einer Kerze kannst du Tausende von Flammen entzünden.

Die Wissenschaft glaubt an Ursache und Wirkung, dies ist ihr Fundament. Erhitzt man Wasser auf hundert Grad, verdampft es. Das Erhitzen des Wassers auf hundert Grad ist die Ursache, das Verdampfen die Wirkung - eine unausweichliche Konsequenz. Dies ist das Kausalgesetz. Die gesamte Wissenschaft beruht auf dem Kausalgesetz. Wäre dies das einzig gültige Gesetz, so wäre keine Liebe, keine Freiheit, keine Bewußtheit, keine Göttlichkeit möglich. Kurz, es gäbe keine Grundlage für Religion. Religion wäre völlig sinnlos, wenn nicht noch ein anderes Gesetz wirken würde. Dieses andere Gesetz nennt Jung *Synchronizität.* Es ist ungemein wichtig. Dies ist einer seiner wichtigsten Beiträge.

Das Gesetz der Synchronizität ist keine Kausalbeziehung. Etwas geschieht, und darauf geschieht etwas Entsprechendes, beides steht aber nicht in einer Beziehung von Ursache und Wirkung zueinander. Es ist ein sonderbares Gesetz, aber es besteht. Wenn sich zum Beispiel ein Mann und eine Frau wirklich tief und intim lieben, so sieht man, wie zwischen ihnen gewisse Dinge passieren, die den Beweis für das Synchronizitätsgesetz liefern: Noch bevor der Mann etwas gesagt hat, weiß seine Frau bereits, was er sagen möchte; sie weiß, was er will, sie weiß, was er braucht. Liebende entwickeln eine gewisse innere Verbundenheit, die nicht kausal ist.

Zwischen Meister und Schüler geschieht dies sogar noch auf tiefere Weise, als es zwischen Liebenden möglich ist, denn die Meister-Schüler-Beziehung ist die höchste aller Liebesbeziehungen.

Der Schüler, der zur Seite des Meisters sitzt, stimmt sich langsam, langsam auf den Meister ein. Sein Herzschlag beginnt im gleichen Takt zu schlagen; er beginnt im gleichen Rhythmus zu atmen. Das ist nicht kausal, es kann nicht kausal sein. Sie entwickeln eine Art Verwandtschaft, die absolut nichtmateriell ist.

Die Meister-Schüler-Beziehung ist die geheimnisvollste Erscheinung in der Existenz; geheimnisvoll, weil sie sich verstandesmäßig nicht erfassen läßt. Sie läßt sich nicht logisch beweisen. Sie ist überhaupt nicht logisch. Darum befinden sich auch alle, die nur aus logischer Überzeugung Sannyas genommen haben, die mir zuhören und überzeugt sind, daß das, was ich sage, die Wahrheit ist, nur an der Peripherie.

Der wahre Schüler hat nichts zu tun mit dem, was ich sage, sondern mit dem, was ich *bin.* Der wahre Sannyasin verliebt sich in mich. Es ist keine Frage der Überzeugung. Es ist etwas viel Größeres, etwas viel Geheimnisvolleres, etwas Transzendentales. Deshalb kann ein wirklicher Schüler auch niemandem erklären, was mit ihm passiert ist. Alle werden glauben, er sei verrückt geworden, er sei hypnotisiert worden, er sei nicht mehr bei Sinnen. Und die Leute, die so denken, haben nicht einmal unrecht; die Schuld liegt ganz allein beim Schüler – er kann es nicht erklären. Aber was bleibt ihm anderes übrig? Die Wirklichkeit selbst ist daran schuld. Es gibt Dinge, die man nicht erklären kann. Es gibt Dinge, die sich allen Erklärungsversuchen entziehen. Und das Leben beginnt eigentlich erst dann, wenn wir mit etwas in Kontakt kommen, das unbegreiflich, unverständlich, undefinierbar, unbeweisbar ist, obwohl dein Herz dir tief im Inneren sagt, daß es so ist. Es fegt alle Argumente des Verstandes beiseite. Es sagt zum Verstand: »Sei still! Mische dich nicht ein. Ich bin über etwas gestolpert, das über dich hinausreicht. Es läßt sich unmöglich verständlich machen.« Es ist eine Kommunion.

Sannyas ist wahres Schüler-Sein. Es ist kein Glaube, keine Überzeugung, es übernimmt keine bestimmte Lebensphilosophie. Es ist ein totales Sich-Verlieben – Liebe von einer völlig neuen Qualität. Sie hat nichts mit eurer gewöhnlichen sogenannten Liebe zu tun. Nur eins haben sie gemeinsam: Auch die gewöhnliche Liebe weist etwas Unverständliches auf, wenn auch nur sehr wenig, nur einen winzigen Teil des Unverständlichen. Was hier geschieht, ist jedoch absolut unverständlich. Darum können es auch alle, die je geliebt haben, ein bißchen verstehen.

Ein Schüler zu sein bedeutet genau dies: dem Meister gegenüber offen zu sein, um seine Liebe annehmen, um seinen Überfluß aufnehmen zu können, so daß er dich mit allem, was er hat, überschütten kann.

Es gibt eine Geschichte aus dem Leben eines großen Musikers aus Südindien ...

Der große Musiker war schon sehr alt, hundert Jahre alt, und er hatte Tausende von Schülern. Sie hatten sich alle um ihn versammelt, denn es mochte sehr wohl sein letzter Geburtstag sein; es bestand wenig Hoffnung, daß er noch ein weiteres Jahr überleben würde. Aus den entlegensten Gegenden des Landes kamen alle seine Schüler, die von ihm die Musik erlernt hatten – und er hatte ein langes Leben gelebt und viele schöne Musiker hervorgebracht –, und brachten viele Geschenke, wertvolle Geschenke. Sie waren alle bekannte Musiker, die im Dienste dieses oder jenes Königs standen, sie waren alle reich und angesehen.

Und als sie ihre Geschenke darboten, kam ein Bettler, auch er ein Schüler des Meisters, der ein Bettler geblieben war, anstatt berühmt und im ganzen Lande bekannt zu werden. Es muß ein Mann mit anderen Werten und Qualitäten gewesen sein – ein Rebell.

Als er kam, neckten ihn die anderen Schüler, die ihn kannten, und trieben ihre Späßchen mit ihm, denn sie wußten, daß er ein Bettler geblieben war – er hatte nie einen Posten angenommen, nie einen Preis entgegengenommen. Er sang auf der Straße, spielte zu jedermanns Freude auf seiner Sitar und nahm dafür nie etwas anderes an als Essen, und auch dies nur für denselben Tag. Er hatte deshalb für den Meister kein Geschenk.

Sie neckten ihn ... Er war ein *seltener* Musiker, alle anderen waren nichts im Vergleich zu ihm. Nur zog er es vor, das Leben eines Vagabunden zu führen, und er war dabei überaus glücklich. Er war an nichts gebunden, er erfüllte niemand anderes Wünsche. Er lebte nach seinem eigenen Licht. Zu singen, zu spielen, Musik zu machen war ihm eine Freude, kein Geschäft.

Sie fragten ihn: »Was hast denn du dem Meister als Geschenk mitgebracht?« Er sagte: »Ich besitze nicht viel, eigentlich überhaupt nichts; und doch kann ich etwas geben.« Sie wunderten sich, was er wohl schenken könnte, und so versammelten sie sich alle um ihn, als er zum Meister ging. Er setzte sich zu seinen Füßen und sagte: »Du bist jetzt hundert Jahre alt. Dein Leben ist kostbarer als mein Leben, aber ich bin erst fünfzig und kann sicher noch leicht weitere dreißig Jahre leben. Ich möchte dir alle die Jahre schenken, die mir noch verbleiben. Was könnte ich dir sonst geben? Dies ist mein Geschenk.«

Darauf beugte er sich zu Füßen des Meisters nieder und starb auf der Stelle. Alle waren schockiert – was war geschehen? Und der Meister lebte noch genau dreißig Jahre länger.

Dies ist Synchronizität. Es handelt sich um eine historische Tatsache, nicht um ein Gleichnis. Der Schüler muß in tiefer Synchronizität mit seinem Meister gewesen sein. Das ist nicht

Ursache und Wirkung. Hier kann es keine Ursache und Wirkung geben. Er muß so tief eingestimmt, in so tiefem Einklang, einer so tiefen Vereinigung gewesen sein, daß es augenblicklich reichte, als er sagte: »Nimm mein Leben!« Er gab sein Leben hin und starb auf der Stelle, im *selben* Augenblick. Er tat keinen Atemzug mehr.

Eine Sannyasin meint, sie vertraue nicht genug. Sie habe Angst, Osho könne sie wegschicken. Weil sie nichts tue, verdiene sie nicht, hier zu sein.

Du darfst hier sein, nicht weil du es verdienen würdest, sondern weil ich zuviel zu geben habe und ich es so oder so geben muß. Höre auf mit diesem Unsinn! Es geht überhaupt nicht darum, ob du es verdienst oder nicht. Ich habe soviel zu geben – was soll ich damit machen? Ich *muß* es geben. Ich gebe, weil ich im Überfluß habe. Diese Vorstellung, etwas zu verdienen, kommt gleichfalls aus dem Ego.

Wieso denn? Wieso solltest du dich darum kümmern, ob du etwas verdienst? Du *bist* – das genügt! Und du bist schön, so wie du bist.

Aber diese Idee hat sich jedem von uns tief eingeprägt. Seit Jahrhunderten, schon von frühester Kindheit an, haben dies alle Eltern, alle Lehrer, alle Priester wiederholt. Sie haben gesagt, du müßtest es verdienen, geliebt zu werden. Und diese Vorstellung verfolgt dich immer noch.

Um meine Liebe zu erlangen, brauchst du sie nicht zu verdienen. Niemand erwartet von dir, etwas dafür zu tun; du brauchst sie dir nicht erst zu verdienen. Das ist der reinste Unsinn. Deswegen sind die Menschen ausgebeutet, abgelenkt und zerstört worden.

Du bist bereits das, was du sein kannst; mehr braucht es nicht.

Du mußt dich nur entspannen und mich empfangen. Grüble nicht darüber nach, ob du es verdienst oder nicht, sonst bleibst du angespannt. Das ist genau dein Problem, deine ständige Angst: daß du nicht genügen könntest, dies oder jenes nicht tust, dich nicht genügend hingibst, nicht genug vertraust. Du schaffst dir tausendundein Problem.

Auch wenn du nicht genug vertraust, ist das in Ordnung. Laß es so sein, wie es ist. Es genügt. Wenn deine Hingabe nicht groß genug ist – gut so! Es genügt.

Ich akzeptiere alle deine Grenzen, und ich liebe dich mit all deinen Grenzen. Ich möchte in niemandem irgendwelche Schuldgefühle erwecken. Sonst wird alles nur zu einem Trick deines Verstandes. Du vertraust mir nicht, also fühlst du dich schuldig, also werde ich dir den Meister zeigen; oder du bist es nicht wert, weil du dieses oder jenes nicht tust, also werde ich dir meine Zufuhr an Liebe versagen. Aber so wird die Liebe zu einem Kuhhandel!

Nein, ich liebe dich, weil ich Liebe *bin.* Auch wenn du nicht hier bist, auch wenn niemand hier ist, werde ich genauso liebevoll sein, wie ich bin. Und es ist nichts, das je versiegen könnte ...

Mache dir also keine Gedanken wegen solcher Dinge. Entspanne dich einfach und genieße. Mit solchen Vorstellungen quälst du dich nur ständig und leidest. Vergiß das alles! Wenn du mir nicht vertraust, ist das absolut in Ordnung. Ich brauche ein paar Sannyasins, die mir nicht vertrauen, hmm? Das bringt Abwechslung! Ja?

Eines sollte absolut klar sein, was meine Arbeit hier betrifft: Ich möchte nicht, daß sich irgend jemand für irgend etwas schuldig fühlt. Ich möchte, daß die Menschheit absolut frei von Schuldgefühlen ist.

Alle Religionen der Welt haben das genaue Gegenteil getan: Sie haben die Menschen dazu gebracht, sich sehr, sehr schuldig zu fühlen. Sie haben es fertiggebracht, daß sich alle Menschen als Sünder vorkommen. Darum ist die Welt so unglücklich. Die

Feier hat ihre Musik, ihren Tanz verloren. Alle sind so traurig, und alles ist so häßlich geworden, weil sich alle schuldig fühlen. Ißt du dies, fühlst du dich schuldig; trinkst du jenes, fühlst du dich schuldig. Liebst du diese Frau, fühlst du dich schuldig. Hast du irgendeine revolutionäre Idee, fühlst du dich schuldig. Ist deine Sexualität irgendwie exzentrisch, fühlst du dich schuldig ... tausend Fallen, um Schuldgefühle in dir zu wecken.

Solange du nicht alles Lebendige in dir abgetötet hast, verdienst du keinen Respekt! Die Gesellschaft respektiert nur die Toten. Alle lebendigen Menschen sind schuldig, sind Sünder.

Ich vertrete genau das Gegenteil, das diametral Entgegengesetzte: Ich möchte, daß du glücklich bist. Du bist akzeptiert, was immer du auch tust.

Eine Sannyasin sagt, sie fühle sich wie ein Stein; sie sei voller Haß und Aggressionen. »Ich liebe dich nicht, ich liebe auch sonst niemanden!«

Gut. Das ist ganz in Ordnung!

Nein, es ist nicht in Ordnung.

Ich sage nicht, du sollst mich lieben. So ist es überhaupt kein Problem. Wenn ich sage, du sollst mich lieben, und du tust es nicht, wird es zu einem Problem. Ich schaffe keine Probleme für dich. Du bist nun einmal so! Akzeptiere es, was bleibt dir anderes übrig? Entspanne dich einfach dabei. Wenn du ein Stein bist, bist du ein Stein. Auch Steine sind wertvoll!

Es fühlt sich so kalt an.

Ja, Edelsteine sind kalt, sogar Diamanten sind kalt. Aber was willst du? Der Stein kann nicht plötzlich einen Sprung tun und zu einer Blume werden; der Stein bleibt ein Stein. Du kannst es genießen, ein Stein zu sein, oder du kannst darunter leiden, aber Stein bleibt Stein. Und ich sehe auch kein Problem darin – es braucht auch ein paar Steine. Die Welt ist vielfältig. Nicht alle brauchen gleich zu sein; auf diese Weise ist die Welt reich. Und du bist ein schöner Stein, du brauchst dir also keine Sorgen zu machen. Wenn sich die Energien eines Tages von selbst verändern – gut. Wenn sie sich nicht ändern, warum dann Zeit verschwenden und unwirklichen Vorstellungen nachhängen? Genieße es! Hmm? Und du *kannst* es genießen.

Du möchtest ständig irgendwelche Vorstellungen von mir, um gegen dich selbst ankämpfen zu können – da mache ich nicht mit. Du versuchst es von dieser und jener Ecke, aber es bleibt stets dasselbe. Du möchtest, daß ich irgendeine Vorstellung in dir unterstütze, damit du danach gegen dich selbst ankämpfen kannst. Du kannst nicht ohne Konflikt auskommen. Du mußt dich ständig ins Unglück bringen, aber ich werde dir nicht dabei helfen. Ich möchte, daß du glücklich bist; du kannst jedoch nur glücklich sein, wenn du du selbst bist, so wie du nun einmal bist. Sobald du versuchst, jemand anderes zu sein, wirst du unglücklich. Was ist schon verkehrt daran, kalt zu sein? Heiße Leute brauchen ein paar kalte Leute, sie schaffen einen Ausgleich! Sonst würden die heißen Leute ja verbrennen. Wer soll sie sonst abkühlen?

Du brauchst dir gar keine Gedanken zu machen, daß du mich nicht liebst und auch sonst niemanden liebst. Was ist schon dabei? Es ist absolut in Ordnung! Genieße es, daß du niemanden liebst. Es ist gut so, denn so gerätst du nicht in Schwierigkeiten. Liebe bringt Schwierigkeiten mit sich: Je mehr du liebst, desto größer die Schwierigkeiten – Qualen, Befürchtungen, die Angst, zurückgewiesen zu werden, dieses und jenes. Du bist über all das hinaus. Niemand kann dich zurückweisen, denn du liebst nichts und niemanden. Du bist fertig mit der Welt. Ein wahrer Sannyasin!

Ich sehne mich aber nach Liebe ... ich sehne mich danach!

Dann sehne dich danach. Was kannst du schon machen? Oder suche dir jemanden, der noch kälter ist als du.

Eines muß dir klar werden: Du bist, was immer du auch bist, und anders kannst du nicht sein. Sobald du dies einsiehst, verschwindet das ganze Elend. Diese Einsicht allein wird dir tiefe Glückseligkeit bringen, und vielleicht wird dann auch die Liebe möglich, und du wirst auftauen. Niemand kann das wissen. Du kannst es auch nicht bewerkstelligen, es kann nur von selbst geschehen. Es ist ein Geschenk Gottes und nicht etwas, was von dir manipuliert werden könnte.

Warte darum einfach und freue dich inzwischen! Was immer du tun kannst, tue es – und genieße es! Ich sehe, daß du es völlig genießen kannst. Auch die Vorstellung, wonach du Liebe und dies und jenes brauchst, rührt nur daher, daß du andere Leute siehst. Es kommt eigentlich gar nicht von dir – du siehst, wie jemand geliebt wird, wie jemand anderes Händchen hält, wie zwei sich umarmen – sie sind ja so verliebt! –, und so denkst du, daß du etwas verpaßt.

Das ist bloß deine Schlußfolgerung daraus; es ist nicht dein tiefster Drang. Denn ich sehe diesen Drang nirgendwo in dir. Du bist eine geborene Nonne!

Es wird dir schwerfallen, ununterbrochen offen zu sein. Manchmal bist du offen, und manchmal bist du verschlossen. Du brauchst dir deswegen aber keine Sorgen zu machen. Es ist ein Rhythmus, ein Rhythmus wie Tag und Nacht. Genau wie sich die Blumen tagsüber öffnen und nachts schließen, genau wie das Ein- und Ausatmen – du atmest ein, und dann atmest du aus. Genauso kannst du auch nicht vierundzwanzig Stunden am Tag offen sein.

Manchmal wirst du dich mir sehr nahe fühlen, und manchmal wirst du dich weit von mir entfernt fühlen. Manchmal wirst du näher und näher und näher kommen, so nahe, so glücklich, so wonnevoll; und manchmal wirst du dich so weit entfernen, so weit zurückziehen und so unglücklich darüber werden. Sobald du aber einmal verstanden hast, daß es sich dabei um einen Rhythmus handelt, um eine natürliche Erscheinung des Denkens, ist das Problem beseitigt – du entspannst dich.

Eins solltest du dir merken: Entscheide nie etwas, während du dich in einer negativen Phase befindest – das ist alles. So wirst du auch nie etwas bereuen müssen. Entscheidungen sollten nur gefällt werden, während man sich in einer positiven Phase befindet, hmm? Genauso wie du dich am Tag für etwas entscheidest und nicht in der Nacht, während du tief schläfst. Entscheide alles immer nur dann, wenn du glücklich, offen und im Fluß bist, dann werden deine Entscheidungen richtig sein. In solchen Momenten kann man unmöglich einen Fehler machen.

Eine Sannyasin regt sich auf, weil sie frei von jeglichen Gerüchen sein soll (auf die Osho allergisch ist), um zum Darshan zu kommen und Osho körperlich nahe zu sein. »Ich liebe dich wirklich«, sagt sie, »aber diesen einen Punkt kann ich nicht verstehen.«

Wenn du mich liebst, verstehst du es. Warte nur ab. Ich werde es dir nicht verständlich machen – deine eigene Liebe wird es dir verständlich machen. Und wenn du mich nicht liebst, werden dir auch meine Erklärungen nicht helfen, hmm? Wenn du mich liebst, wirst du manchmal auch wütend sein. Du kannst nicht immer nur lieben. Wenn ich deine Liebe akzeptiere, akzeptiere ich auch deine Wut. Wie könntest du mir reine Liebe entgegenbringen, wenn du sie gar nicht besitzt? Deine Liebe ist vermischt mit allen möglichen Häßlichkeiten. Wenn ich dich in Sannyas einweihe, weihe ich dich mit all diesen Möglichkeiten ein – daß du wütend sein wirst, daß du mich hassen wirst, daß du gegen mich sein wirst, daß du dieses und jenes tun wirst – mit all diesen Möglichkeiten.

Einen Schüler zu akzeptieren ist keine leichte Aufgabe, denn man akzeptiert ein ganzes Bündel verschiedener Probleme. Ein Schüler ist nicht einfach nur süß. Wenn er nur süß wäre, warum sollte er da ein Schüler sein? Er trägt viel Bitteres in sich. Er wird diese Bitterkeit dem Meister aufdrängen und auf ihn projizieren. Der Meister wird zum Bildschirm, und du projizierst alles mögliche auf ihn – Gutes und Böses. Manchmal erlebst du Wunderbares und erhebst dich hoch in die Lüfte, und manchmal fällst du in die tiefsten Täler der Negativität. Das ist nur natürlich, du brauchst nichts daran zu verurteilen.

Letztesmal, als du wegfuhrst, wolltest du zurückkommen – diesmal fährst du weg und gedenkst nie wieder zurückzukehren. Beides ist absolut in Ordnung. Jenes hat nicht ewig gedauert, und auch dieses wird nicht ewig dauern. Alles geht vorüber. Sobald du daheim angekommen bist, verspürst du vielleicht wieder Liebe für mich. Und das wird dir noch viele Male passieren.

Es ist ein Rad. Viele Male wirst du mir nahe kommen und wirst dich wieder weit von mir entfernen – und wieder nahe kommen und wieder weit weggehen. Langsam, langsam wirst du so die ganze Absurdität deines Verstandes erkennen, und eines Tages läßt du den ganzen Verstand einfach fallen. Das geschieht aber erst später.

Wenn jemand zum erstenmal Sannyas nimmt, ist er wie verzaubert – er ist von meiner Gegenwart verzaubert. Seine eigene Persönlichkeit hat er jedoch vergessen. Es ist, wie wenn man sich in einen Mann oder in eine Frau verliebt. Wenn du dich verliebst, denkst du nicht an deine Fehler, an deine Grenzen; du siehst nur die Schönheit der Frau, du denkst nicht an dich selbst. Wenn du aber einmal mit der Frau zusammenlebst, steigen alle deine Fehler, alle deine Begrenzungen, deine Wut, dein Haß, deine Eifersucht und deine Besitzgier an die Oberfläche. Dann wirst du überrascht sein – wohin ist diese Liebe nur verschwunden? Wo sind jene schönen Tage eurer Flitterwochen geblieben? Sie sind alle weg, nur noch Elend ist übriggeblieben – das hättest du dir nie gedacht.

Wenn du dich in mich verliebst, denkst du nur an mich; du hast nicht an dich selbst gedacht. Aber früher oder später mußt du auch an dich denken. Wenn du das nicht tust, werde ich dich dazu zwingen. Ich werde dich auf dich selbst zurückwerfen müssen, und wenn du siehst, wer du bist und wo du stehst, tauchen all diese Dinge notwendigerweise auf und stören dich.

Aber alles ist gut – auch dies ist absolut in Ordnung. Diesmal gehst du in einer anderen Stimmung weg. Warum nicht? Diesmal kehrst du in der Nacht zurück, damals kehrtest du am Tag zurück. Der Tag ist vergangen, und auch die Nacht wird vergehen; der Tag wird wiederkommen, und wieder wird es Nacht werden. Bis du dich eines Tages entschließt, alle Stimmungen fallenzulassen und einfach mit mir zu sein, ohne jegliche Stimmungen zwischen dir und mir, weder Liebe noch Haß. Erst dann ist der Schüler wirklich beim Meister angelangt.

Wenn du eines Tages kommst und alle Stimmungen aufgibst ... und vergiß nicht, auch die guten Stimmungen müssen aufgegeben werden ...

Was tun aber die Leute? Sie tun immer dasselbe: Das Positive ist gut, ist so süß, daß sie es möchten, und das Negative ist bitter, und sie möchten es nicht. Darin liegt aber das ganze Problem des Lebens. Es ist nicht nur mit einem Meister so, es ist überall so: Du wählst nur die eine Hälfte. Aber für wen ist die andere Hälfte? Sie kommt im gleichen Paket, man kann sie nicht voneinander trennen. Man muß auch sie nehmen. Wenn du dich schon entscheidest, mußt du dich für beides entscheiden. Oder entscheide dich nicht, dann verschwinden beide. Entweder sind sie beide zusammen da, oder sie verschwinden beide; aber trennen kann man sie nicht.

Ganz langsam wirst du verstehen, worum es geht. Am Anfang kommt der Schüler aus Liebe; und eines Tages dreht sich das Rad, und er haßt, er ist wütend, er protestiert und wird widerborstig. Schließlich dämmert das Bewußtsein, daß du nicht in

Liebe verkehren kannst, weil mit ihr gezwungenermaßen auch Haß einhergeht. Dann läßt der Schüler beides hinter sich. Dann steht nichts mehr zwischen dem Schüler und dem Meister – nicht einmal Liebe, denn sogar Liebe wirkt störend. Der Schüler ist ganz einfach nur da und gegenwärtig, ohne Erwartung, ohne Wunsch. Das hat etwas Wunderschönes.

An diesem Tag findet die wirkliche Einweihung statt, und danach gibt es keine Veränderung mehr. Man hat den Punkt überschritten, von dem es kein Zurück gibt. Das wird auch dir passieren, falls du warten kannst, falls du geduldig sein kannst.

Eine Schülerin versteht nicht, warum ihr Freund zu Osho sagt, er sei unglücklich in seiner Beziehung zu ihr. Sie wendet sich von Osho ab, um sich nach ihm umzusehen.

Sieh mich an ... vergiß ihn! Das wird dauerhafter sein!

Die Liebe bleibt nur lebendig, solange sie ein Fluß ist; wenn die Liebe zu stagnieren beginnt, stirbt sie ab. Liebe besteht nur in der Bewegung, denn Liebe ist ein Tanz. Erstarrt ist sie tot. Die Liebe besteht im Lieben; sie ist kein Substantiv, sie ist ein Verb.

Das geschieht jedoch in allen möglichen Liebesbeziehungen, in Freundschaften ... Es kann sogar in der Beziehung zum Meister geschehen. Die Flitterwochen können zu Ende gehen, wenn du nicht verstehst, daß man in einem fließenden Prozeß, im Fluß bleiben muß. Sonst fängt der Schüler an, den Meister als selbstverständlich hinzunehmen, und der Meister fängt an, den Schüler als selbstverständlich hinzunehmen. So stirbt die Beziehung. Dann ist der Meister kein Meister, und der Schüler versteht nicht, was Liebe ist.

Mit einem wahren Meister bleibt die Beziehung immer im Fluß. Mit einem wahren Meister wird sie nie zum Kompromiß, wird sie nie eine Vereinbarung, wird sie nie legalisiert. Sie bleibt offen. Und man weiß nie, was als nächstes passieren wird – so wird sie zu einem großen Abenteuer.

Bleibe in diesem Abenteuer, dann kannst du dein ganzes Leben lang jung bleiben. So stirbt ein Mensch jung; sogar im Tod ist er noch jung. Er kann hundert Jahre alt sein, das spielt keine Rolle, denn seine Jugend ist etwas Inneres. Er bleibt beweglich, flexibel. Er ist nicht trocken und tot – der Lebenssaft fließt noch in ihm.

Es gibt viele Argumente für die Existenz des Göttlichen, sie können jedoch alle widerlegt werden – und man hat sie auch widerlegt. Der Mensch hat bis jetzt kein einziges Argument dafür gefunden, das unwiderlegbar wäre. Aber es hat in der Welt ein paar Leute gegeben – das wahre Salz der Erde –, deren Existenz sich nicht widerlegen läßt, deren Präsenz nicht widerlegt werden kann, die einen so starken Eindruck von Glückseligkeit hinterlassen, daß man ihn nicht leugnen kann, auch wenn man dies wollte. Wider Willen muß man akzeptieren, daß es mehr gibt, als wir wissen.

Und dieses Mehr versuchen wir hier zu vermitteln. Dieses Mehr, diese Qualität XYZ nenne ich Glückseligkeit. Sie läßt sich nur vermitteln.

Daher die Schönheit der Liebe zwischen Meister und Schüler. Es ist eine Liebesbeziehung. Es ist das Zusammenfinden zweier Herzen in tiefem Vertrauen, in einer Kommunion, so nahe, so offen und verletzlich, daß die Flamme vom einen Herzen auf das andere Herz überspringen kann. Und plötzlich ist die zuvor dunkle Lampe entzündet, und das Wunder ist geschehen. Es erfolgt plötzlich, es ist kein gradueller Prozeß.

Zum Vergnügen braucht es zwei. Auch Glück erfordert Dualität. Glückseligkeit braucht keine zwei, keine Dualität, du allein bist genug. Es geschieht in unserem tiefsten Alleinsein. Daher nennen wir es »Das Klatschen der einen Hand«.

Zum Vergnügen brauchst du einen Partner. Um das Essen zu genießen, brauchst du Essen, um Musik zu genießen, brauchst du Musik – du bist von etwas abhängig, und jede Abhängigkeit schmerzt. Jede Abhängigkeit wird zu einer Fessel, und man kann dem Menschen, von dem man abhängig ist, nicht verzeihen.

Aus diesem Grund streiten sich Liebende. Der eigentliche Grund des Streitens liegt darin, daß sie sich voneinander eingesperrt fühlen, daß sie nicht ohne den anderen glücklich sein können. Das tut weh, das tut sehr weh. Es ist wie Drogenabhängigkeit – man ist abhängig geworden, süchtig, man spürt die Versklavung. Wie kann man jedoch in Versklavung glückselig sein? Wir müssen in uns selbst nach einem Ort suchen, wo sich Glückseligkeit unabhängig von etwas anderem einstellt, wo sie ohne fremde Hilfe entsteht, wo sie als unsere eigene innerste Quelle entspringt. Darum bringt Glückseligkeit auch Freiheit und Wahrheit mit sich – ein Gefühl von überwältigender Schönheit und Erhabenheit.

Was mich betrifft, bist du angekommen, nur muß das noch zu einer Realität werden, was dich selbst angeht. Für mich ist es geschehen – ich kann durch und durch sehen –, für dich mag es noch etwas dauern, bis du die Wahrheit erkennst: daß du angekommen bist, daß dies dein Zuhause ist, daß die Suche vorbei ist, daß du nicht mehr weiterzusuchen brauchst, daß du dich jetzt entspannen, daß du jetzt feiern kannst, daß jetzt, von diesem Augenblick an, das Leben keine Mühsal ist, sondern ein Spiel, daß du nicht mehr in Form von Zielen denken mußt, daß alles, was dir gegeben wird, mehr ist, als du brauchst, daß du deine Spannungen und Sorgen vergessen kannst. Du hast lange genug mit ihnen gelebt – es ist Zeit, du bist reif. Es wird aber noch ein bißchen länger dauern, bis *du* die Wahrheit erkennst.

Im Osten sagt man, es sei nicht der Schüler, der den Meister findet, sondern der Meister, der den Schüler findet – und das ist absolut richtig. Der Schüler kann den Meister nicht finden; der Schüler hat nicht einmal die Möglichkeit zu entscheiden. Wie könnte er entscheiden, wer der Meister ist und wer nicht? Aber im Leben des Schülers kommt einmal ein Augenblick, da er von einer unbekannten Energie ergriffen und in eine gewisse Richtung gezogen wird, zuweilen sogar gegen seinen eigenen Willen, gegen seinen Widerstand, hilflos. Wenn er nachgibt, setzt sich schon bald etwas in Bewegung; wenn er Widerstand leistet, passiert es zwar trotzdem, nur dauert es etwas länger. Sobald ein Meister jedoch einen Schüler ausgewählt hat, gibt es kein Zurück mehr; dies ist der Punkt, von dem es kein Zurück mehr gibt.

Wenn der Schüler den Meister aussucht, kann er wieder zurückkehren; er kann sich eines Tages dazu entschließen, den Meister zu verlassen. In Wirklichkeit weiß er nicht, was Wahrheit ist, wer sie erlangt hat, wer sie kennt. Und es gibt unendlich viele Heuchler. Die Heuchler sind sehr redegewandt, sie müssen es auch sein. Sie müssen auf dem Marktplatz überleben. Sie sind sehr mitfühlend und benutzen alle möglichen Tricks, um die Leute in eine Falle zu locken.

Für den Schüler ist es sehr schwierig, eine Wahl zu treffen. Er ist noch nicht angekommen; wie könnte er da auswählen? Zuerst muß man *sein,* um auswählen zu können. Zuerst muß man bewußt sein, um sehen zu können. Der Schüler ist blind. Wenn er den Meister erkennen kann, kann er Gott selbst erkennen, ganz ohne Probleme, denn den Meister erkennen heißt Gott selbst erkennen. Der Schüler tappt im dunkeln. Er hat das Licht nicht erfahren, darum kann er auch nicht sehen, ob er zu einem erleuchteten Meister kommt. Seine Augen kennen nur die Dunkelheit. Sie kennen nur die eine Sprache, die des Tastens, des Suchens. Die Sprache des Nicht-Suchens, des Seins kennen sie nicht; sie kennen nur die Sprache des Werdens.

Der Meister ist ein Sein, während der Schüler versucht, etwas zu werden. Es ist sehr schwierig, ja fast unmöglich für den Schüler, den Meister zu wählen. Der Meister muß den Schüler wählen. Und wenn ein Schüler einmal vom Meister gewählt worden ist, ist er am Punkt angelangt, von dem es kein Zurück mehr gibt. Er muß sich der Realität stellen, und er muß jeden Tag tiefer in sie eindringen.

Ich weise nie jemanden zurück. Du kannst mich zurückweisen, du kannst mich akzeptieren, ich jedoch akzeptiere dich immer. Die Leute fragen mich, warum ich so auf Sannyas bestehe. Es ist, weil ich euch liebe und euch etwas mitteilen möchte, was nur mitgeteilt werden kann, wenn ihr mir nahegekommen seid.

Das Ego loslassen heißt, so verletzlich, so unsicher, so offen zu werden, daß man Angst kriegt – und man sich wieder verschließt. Du klammerst dich wieder ans Ego, weil du nichts anderes als das Ego kennst. Das Ego loszulassen sieht wie der Tod aus. Nur in tiefer Liebe mit dem Meister wird es dir möglich, langsam, ganz langsam Mut zu fassen. Während dein Vertrauen auf den Meister wächst, wird es dir möglich, etwas zu riskieren. Und im Augenblick, da du bereit bist, das Ego aufs Spiel zu setzen, beginnt dir aus allen Ecken und Enden der Existenz Glückseligkeit entgegenzuströmen.

Die ganze Wissenschaft der Religion besteht darin, ein Schüler zu sein, denn wenn du ein Schüler bist, öffnen sich dir die Geheimnisse der höchsten Glückseligkeit.

Angst ist natürlich. Verschließe dich aber nicht. Laß die Angst zu – bleibe offen. Das ist die Schönheit einer Meister-Schüler-Beziehung, denn wenn du ein Schüler bist, öffnest du dich nur für deinen Meister. Deine Verletzlichkeit ist zielgerichtet – du bist nicht einfach nur offen.

Hast du einmal einem Hypnotiseur bei seiner Arbeit zugeschaut? Wenn der Hypnotiseur an jemandem arbeitet und sagt: »Du bist ganz und gar hypnotisiert; du bist jetzt unbewußt, du bist in einen tiefen Schlaf gefallen«, so ist es, als fiele die Person in einen tiefen Schlaf. Wenn jemand anderes ruft, hört sie es nicht, doch der Hypnotiseur braucht nur zu flüstern, und sie hört es. Für die ganze Welt außer für den Hypnotiseur ist sie in einen tiefen Schlaf gefallen. Nur eine kleine Verbindung zwischen dem Hypnotiseur und dem Hypnotisierten bleibt bestehen.

Genau das gleiche geschieht zwischen einem Meister und einem Schüler. Der Hypnotiseur muß hypnotisieren; es handelt sich hier um eine bewußte Anstrengung. Der Meister unternimmt keine bewußte Anstrengung: Sein Wesen allein wirkt hypnotisierend. Es ist nicht etwa so, daß er dich hypnotisieren würde – es ist sein eigentliches Wesen, das dich hypnotisiert.

Wenn du dich darum zu öffnen beginnst, öffnet sich deine Blume dem Meister entgegen. Hast du die Sonnenblume gesehen? Sie öffnet sich nur der Sonne entgegen, und wenn sich die Sonne bewegt, bewegt sich die Blume mit ihr. Steht die Sonne im Osten, richtet sich die Blume nach Osten; am Abend, wenn die Sonne sich nach Westen bewegt hat, hat sich auch die Blume nach Westen gewendet. Wenn die Sonne untergegangen ist, verschließt sich die Blume; sie öffnet sich nur für die Sonne. Die Sonnenblume ist genau das Symbol für den Schüler.

Hast du je Mohammedaner beten sehen? Beim Beten wenden sie sich jedesmal nach Mekka – wo immer sie auch sind, auf der ganzen Welt verneigen sie sich in Richtung Mekka. Das ist sehr symbolisch – einst lebte dort ihr Meister.

Die Angst ist natürlich ... du brauchst dir deswegen keine Sorgen zu machen. Verschließe dich aber nicht bloß wegen dieser Angst. Und wenn du dich hier als Sannyasin öffnest, öffnest du dich mir gegenüber. Darum bestehe ich auch so sehr auf Sannyas, weil ich die Gefahr und die Problematik sehe. Wenn die Leute hier sind, sagen sie: »Können wir nicht an uns selbst arbeiten, ohne Sannyas zu nehmen?« Ich sage ihnen: »Ihr könnt schon« – denn es reicht über ihren Horizont, die genaue Bedeutung von Sannyas zu verstehen. Sie können schon an sich selbst arbeiten, aber wenn etwas verkehrt läuft oder wenn sie sich langsam öffnen, haben sie keine Richtung. Und wenn du keine Richtung hast, sobald du verletzlich wirst, ist das sehr gefährlich, weil dann alles mögliche in dich eindringen kann. Manchmal können auch böse Kräfte in dich eindringen.

Wenn du keine Sonnenblume bist und dich nicht ständig der Sonne zuwendest, nicht mit ihr gehst, kann irgendeine böse Kraft in dich eindringen, und alle Bemühungen werden zunichte gemacht. Du gerätst in ein solches Durcheinander, daß es schwierig wird, dich da wieder herauszuholen.

Wenn du aber einen Meister liebst, bewegt sich die Blume deines Herzens ganz natürlich, ohne daß du dich dazu anstrengen müßtest. Wo immer du bist in der Welt, egal wo, du wirst dich immer mir zuwenden.

Bleibe also mir gegenüber verletzlich. Öffne dich einfach immer mehr.

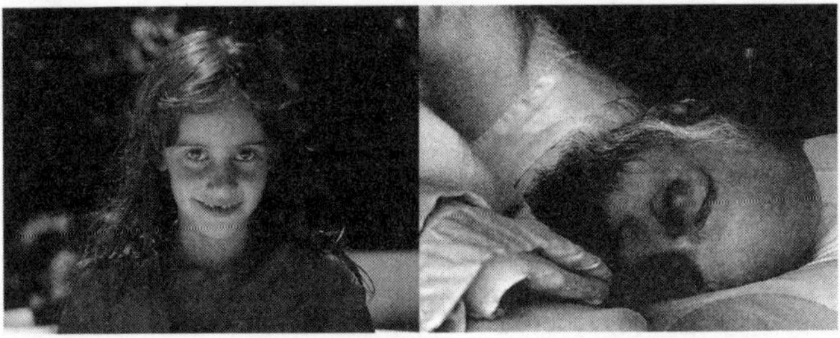

Jedes Kind wird unschuldig geboren. Bevor es jedoch ein einziges Wort sagen kann, fangen wir an, seinen Verstand mit unseren Schlaumeiereien vollzustopfen. Bevor sein Herz sich öffnet, lenken wir seine Energien vom Herz zum Kopf um – und der Kopf ist nie unschuldig, er ist immer berechnend und gerissen.

Das Herz ist immer unschuldig; darum kann auch nur das Herz mit dem Göttlichen in Verbindung stehen, der Kopf nicht. Der Kopf ist gut für den Marktplatz, nicht aber für den Tempel. Doch auch die Tempel werden von Leuten beherrscht, die nur im Kopf sind. Der Mensch hat sein Herz, seine Herzlichkeit, seine Unschuld, seine Reinheit völlig verloren.

Mein Bemühen zielt dahin, dir wieder die selbe Unschuld zu geben, die du hattest, bevor die Gesellschaft sie sabotiert hat, bevor die Gesellschaft in dich eingedrungen ist und dein ganzes inneres Wesen, deine Natur aus dem Lot gebracht hat.

Sannyas ist nicht der Versuch, irgendein Ziel zu erreichen; im Gegenteil, es ist ein Wiedereintauchen in die Quelle.

Was ich zu dir sage, wird dir nicht helfen; was ich *bin,* wird dir helfen. Meine Worte können dich auf keinerlei Weise befreien. Worte schaffen immer neue Gefängnisse, denn der Verstand reduziert sie sofort zu Wissen. Selbst wenn die Worte von einem wortlosen Menschen kommen, tötet sie der Verstand, sobald er sie zu fassen kriegt. Er reduziert sie zu totem Wissen, er sammelt sie, als wären sie ein Schatz.

Nur das Sein kann in das Wesen eindringen ... nur das Herz kann einen Dialog mit dem Herzen führen, und dieser Dialog ist kein Dialog von Worten, sondern ein Dialog der Stille, der Liebe, der Andacht.

Sei also einfach hier, in Andacht. Je andächtiger du bist, desto mehr wirst du dich aus diesen Zweifeln befreien. Sei einfach hier in tiefem Vertrauen. Denn schon kleine Zweifel im Denken blockieren den Weg zum Herzen, und diese Zweifel sind ganz bedeutungslos. Der Kopf ist jedoch äußerst geschickt im Erschaffen von Zweifeln; er stürzt sich auf jede sich bietende Gelegenheit. Selbst dort, wo sich beinahe unmöglich etwas zum Zweifeln finden läßt, findet er noch etwas. Und wenn er nichts finden kann, erfindet er etwas. Wenn er nichts erfinden kann, dann projiziert er. Wenn er weder etwas finden, erfinden noch projizieren kann, wird er wütend. So erzeugt er Rauch um die Flamme deines Wesens.

Wenn ich sage: »Sei andächtig, sei voller Vertrauen«, so meine ich, daß du die paar Wochen, die du hier lebst, ohne Verstand leben sollst. Sei wieder ein kleines Kind, das am Strand Muscheln sammelt – ganz ohne Zweck, nur so, aus reiner Freude. Ich bin ein Strand ... und das Unmögliche ist möglich! Es ist aber nur für jene möglich, die sich mir ohne jede Motivation, ohne irgendeine Absicht nähern.

Die Logik ist sehr ungeduldig. Die Logik will alles sofort, denn die Zeit verstreicht schnell, das Leben rinnt uns durch die Finger, der Tod klopft an die Tür. Alles muß daher wie Instantkaffee sein.

Auch Meditation muß Instant-Meditation sein. Meditation kann aber nicht »instant« sein. Kaffee schon, aber Meditation nicht. Und es ist gut so. Wäre es möglich, würde man sie auf dem Markt verkaufen. Dann wäre sie in allen Farben, Größen und Formen erhältlich. Sie würde wie die Transzendentale Meditation hergestellt werden. TM ist heute ein Warenzeichen. Sogar das Wort »TM« ist rechtlich geschützt, patentiert. Niemand darf es einfach so benutzen. Es ist zur Ware geworden.

Meditation ist keine Ware.

Das also muß am Anfang von Sannyas stehen: der Wechsel vom Verstand, von Berechnung, Gerissenheit, Logik und Ungeduld zu einer Liebesbeziehung. Nur wenn Sannyas eine Liebesbeziehung ist, kann etwas Neues geschehen. Dann funktionierst du auf ganz andere Art. Dann entsteht eine unglaubliche Bereitschaft zu warten. Und das Wunder dabei ist, daß jemand, der endlos warten kann, etwas vielleicht sofort erhält, wogegen jemand, der etwas jetzt gleich will, vielleicht für immer warten muß. Ungeduld wirkt störend. Geduld ist eine Hilfe, sie nährt.

Und Liebe kann warten – nur Liebe kann warten. Nur Liebe kann hoffen, nur Liebe kann vertrauen. Liebe trägt alle großen Werte in sich, die es zum Wachstum braucht: Innerlichkeit, Bewußtheit, Stille.

Die Einweihung in Sannyas ist die Einweihung in die höchste Liebe des Lebens.

Ein Sannyasin sagt, er habe mehrmals versucht, von Osho wegzulaufen.

Das ist ein gutes Zeichen. Wer mich liebt, wird es immer wieder versuchen! Es ist aber unmöglich. Je mehr du dich bemühst, desto mehr verfängst du dich. Man kann nicht vor der Liebe davonlaufen, das ist unmöglich; das geht ganz einfach nicht. Wie könntest du vor mir davonlaufen, wenn ich dich liebe?

Ich weiß, daß Angst entsteht, wenn Liebe da ist. Eine große Angst entsteht im Wesen, weil du anfängst, deine Individualität zu verlieren, dein Ego, deine Definition. Die Liebe bringt sie alle ohne weiteres zur Strecke, darum zögert man. Man versucht sich davor zu schützen – das ist natürlich. Der Instinkt ist da, sich zu schützen.

Wenn du aber wegzugehen versuchst, wird es dir unmöglich sein, denn du siehst jetzt, daß das Ego wertlos ist, auch wenn du es festhalten kannst. In Liebe zu sterben ist besser als ohne Liebe zu leben. In Liebe zu sterben ist besser als lieblos zu lachen. Es ist immer noch besser, in Liebe in der Hölle zu sein als ohne Liebe im Himmel. Sobald du einmal Liebe gekostet hast, wirst du süchtig davon. Ich mache Süchtige aus euch. Und dagegen gibt es immer noch kein Rezept – es gibt kein Gegenmittel.

Es gibt kein Zurück. Wäre nur Angst in dir und keine Liebe, hätte ich dich zurückgeschickt, denn dann gäbe es nur unnötige Schwierigkeiten – warum ein Risiko eingehen? Wenn aber Liebe da ist, gibt es kein Zurück mehr. Liebe kennt kein Zurück. Sie geht vorwärts; trotz aller Schwierigkeiten geht sie vorwärts. Sie bedauert nie etwas. Was immer auch geschieht, ist gut, denn die Liebe selbst ist gut. Angst lauert nur am Rande. Tief im Herzen ist Liebe. Die Angst lauert nur an der Peripherie. Wenn ich in jemandes innerstem Kern Angst sehe, helfe ich ihm, wieder wegzugehen, denn er würde sich nur unnötig quälen; für ihn wäre hierzubleiben eine Art Masochismus.

Ich bin hier, um dir zur Transformation zu verhelfen. Ich bin nicht hier, um dich zu quälen. Leiden besitzt keinen Wert an sich. Damit will ich jedoch nicht sagen, daß Transformation keine Schmerzen mit sich bringt. Schmerzen an sich haben keinen Wert; wenn der Schmerz jedoch der Transformation dient, ist er sehr wertvoll. Im Kern deines Herzens ist also Liebe, und nur an der Peripherie lauert Angst. Das ist ganz natürlich; akzeptiere auch das!

Eine Sannyasin meint, sie sei ihm nun schon seit einem Jahr aus dem Weg gegangen.

Der Verstand hat Angst, weil etwas geschehen wird. Der Verstand fürchtet sich nie ohne wirklichen Grund. Die Leute, die mir aus dem Weg gehen, sind deshalb genau die Leute, die von mir transformiert werden. Sie versuchen zu entkommen, sie versuchen, viele Hindernisse und Schranken aufzubauen, weil sie Angst haben. Sie wissen, daß der Punkt kommen muß, von dem es kein Zurück mehr gibt, wenn sie mir näherkommen. Und diese Angst hält sie zurück. All jene, die versuchen, mir aus dem Weg zu gehen, sind meine Leute. Es ist also ein gutes Zeichen; kein Grund zur Besorgnis, hmm?

Ich bin euer Hirte (schmunzelnd). Du kannst mich meiden, du kannst vor mir davonlaufen – ich werde dich finden! Und je mehr du versuchst, mich zu meiden, desto mehr wirst du dich von mir angezogen fühlen. Denn es gibt Dinge, die man nicht vermeiden kann: Liebesbeziehungen kann man nicht vermeiden, und dies hier ist eine Liebesbeziehung. Je mehr du davonzulaufen versuchst, desto mehr wirst du dich angezogen fühlen. Meine Präsenz wird dich verfolgen, und ich werde dir folgen, wohin du auch gehst.

Vor mir davonzulaufen ist einfach, aber wie willst du vor deiner Anziehung zu mir davonlaufen? Sie ist in deinem Innern. Wohin du auch gehst, du wirst sie mit dir tragen. Du wirst ihrer immer mehr gewahr werden, denn durch das ständige Davonlaufen konzentriert sich dein Denken immer mehr darauf. Hypnotiseure sprechen von einem gewissen Gesetz, das sehr grundlegend für den menschlichen Verstand sei; sie nennen es das Gesetz der umgekehrten Wirkung. Wenn du versuchst, etwas zu vermeiden, wirst du mit Sicherheit darauf stoßen – das ist das Gesetz der umgekehrten Wirkung. Wenn du etwas meidest und nicht sehen möchtest, wirst du ihm immer und immer wieder begegnen.

Das ist also ganz natürlich, hmm? Das ist nun einmal so – kein Grund zur Sorge!

Deva bedeutet göttlich, *Svarno* bedeutet Gold – göttliches Gold. Der Mensch befindet sich in einer Rohform. Vieles muß zuerst transformiert werden, bevor ein Mensch wirklich seine Bestimmung erlangt. Der Mensch besteht aus Gold, das zuerst durch das Feuer geläutert werden muß. Und solange es nicht geläutert ist, bleibt ein großes Verlangen, ein großer Durst, ein großer Hunger tief in seiner Seele zurück, denn man kann sich nie zu Hause fühlen, solange man nicht zu seiner eigenen wahren Natur gefunden hat.

Gold repräsentiert ganz einfach unsere wahre Natur, unser Höchstes – es ist symbolisch. Viel Schmutz ist damit vermischt, aber Gold bleibt Gold, auch wenn es tief im Schlamm steckt. Der Wunsch jedoch, sich von allem zu befreien, was fremd ist, was nicht unserem wahren Wesen entspricht, ist etwas Natürliches. Nur muß man viele Schmerzen, viele Wachstumsschmerzen erleiden, um sich des Unechten zu entledigen. Darum benutze ich das Wort Feuer.

Die Reise ist nicht einfach – die Reise ist beschwerlich, denn man muß vieles loslassen, was man liebgewonnen und was man schon solange gehätschelt hat, vielleicht seit Lebzeiten. Es loszulassen heißt arm zu werden, ein Bettler zu werden. Das meint Jesus, wenn er sagt: »Gesegnet sind die Armen im Geiste, denn ihrer ist das Reich Gottes.« Arm im Geist zu sein, das ist das Feuer.

Man hat mit großartigen Ideen, Meinungen und Weisheiten gelebt und sich an sie geklammert, weil sie das einzige waren, was man besaß. Um in einen Pfad der Reinheit, in einen Pfad der Transformation eingeweiht zu werden, muß man all diesen Müll wegwerfen. Ich kann dir nichts geben, denn du brauchst nichts von außen. Was du brauchst, ist bereits da, ist bereits der Fall, doch ich muß vieles von dir wegnehmen, was nicht Teil deiner Natur ist.

Die Arbeit des Meisters besteht also nicht darin, dem Schüler etwas zu geben, sondern ihm alles wegzunehmen, was er hat, um ihn bettelarm im Geist zurückzulassen. Und darin liegt die Reise und ihre Beschwerlichkeit. Wenn ein Schüler zu einem Meister kommt, kommt er in der Hoffnung, etwas zu erhalten; ein wahrer Meister wird dich diesbezüglich enttäuschen.

Nur ein Pseudo-Meister spendet dir Trost; der wahre Meister heizt dir ein. Nur der Pseudo-Meister gibt dir etwas – Wissen, Weisheit, Erleuchtung. Der wahre Meister weiß, daß man dir nichts geben kann, denn alles, was du brauchst, hast du schon längst. Es ist hinter einem riesigen Müllhaufen versteckt; der Müll muß weggeräumt werden. Doch du hast diesen Müll sehr lange gehegt und gepflegt, du hast ihn wie einen Schatz gehütet, daher tut es weh, wenn er abgetragen wird, er hinterläßt Wunden.

Vor einem wahren Meister möchte man am liebsten davonlaufen. Man möchte tausendmal fliehen. Tausendmal wird man vom wahren Meister enttäuscht, weil er grundsätzlich *nie* deine Wünsche erfüllt.

Du kommst mit einer bestimmten Vorstellung zu ihm; er aber hat eine ganz andere Vorstellung davon, wie die Dinge laufen sollen. Er wird auch deine Erwartungen, wie ein wahrer Meister sein sollte, nicht erfüllen. Er wird alle deine Vorstellungen zertrümmern. Wenn ein Schüler zu einem Meister kommt, hat er viele Bilder, wie ein erleuchteter Meister sein sollte. Gott kann man nicht zähmen, wahre Erleuchtung kann man nicht zähmen – das ist unmöglich. Sie bleibt wild. Er muß deshalb deine Wünsche enttäuschen, er muß deine Erwartungen enttäuschen, er muß deine Vorstellungen von einem wahren Meister enttäuschen. Das ist hart, und nur die Allermutigsten bleiben lange genug, um transformiert zu werden.

Ich sage dir das, weil es auf jeden Schüler zutrifft. Es wird darum auch für dich gelten. Tausendundein Zweifel werden sich melden. Der Meister macht es dir beinahe unmöglich zu vertrauen, du aber vertraust trotzdem – dann funktioniert es. Nur dann funktioniert es. Wenn der Meister das Vertrauen sehr leicht möglich macht, wenn er alle deine Vorstellungen über das Wesen eines Meisters erfüllt, ist das Vertrauen billig, spottbillig ... und auch bedeutungslos.

Das hier wird also zu einer wahrhaft großen Transformation – Sannyas ist eine Alchemie. Deshalb gebe ich dir den Namen *Svarno*. Das unedle Metall muß in Edelmetall verwandelt werden – zu Gold.

Maya sagt, sie wünsche sich nichts anderes als eine Beziehung zu Osho. »Ich weiß nicht, was ich für dich fühle«, meint sie. »Ich werde nicht schlau daraus.«

Du wirst nicht schlau daraus? Niemand wird schlau daraus!

Es macht mich so unsicher.

Liebe macht einen immer unsicher.

Ich kenne dich ja gar nicht.

Das brauchst du auch nicht. Liebe einfach weiter, und du wirst mich kennen. Liebe ist der richtige Weg zur Erkenntnis.

Einen anderen Weg zur Erkenntnis gibt es nicht. Wenn du versuchst, jemanden zu kennen, bevor du eine Liebesbeziehung eingehst, wirst du nie eine Beziehung eingehen. Denn Wissen ist nicht möglich – nur die Liebe weiß. Und so stellt sich ein Problem: Bevor du weißt, mußt du den Sprung wagen. Aber jetzt brauchst du keine Angst mehr zu haben. Du bist bereits gesprungen. Jetzt gibt es kein Zurück mehr!

Ich halte mich zurück, oft habe ich das Gefühl, ich halte mich zurück.

Du versuchst es ... alle versuchen es.

(Die Tränen, die auf ihren Wimpern geruht haben, rollen ihr nun über die Wangen, während ihr Osho sagt, sie solle in ihre Energie gehen.)

Gut, Maya ... sehr gut! Alles läuft bestens. Du brauchst nicht schlau daraus zu werden – ich bin längst schlau daraus geworden! (Gelächter) Was tust du?

Ich arbeite in der Bäckerei.

Wunderbar! Arbeite in der Bäckerei!

Wir haben dort ein großes Foto von dir.

Gut ... das ist gut, Maya!

Eine Frau spielt mit dem Gedanken, Sannyas zu nehmen, befürchtet aber, nicht dauernd orangefarbene Kleider tragen zu können – an ihrer Hochzeit zum Beispiel.

Dann warte, denn kein Entschluß sollte halbherzig gefällt werden. Wenn du dich mir gegenüber einmal verpflichtest, verpflichtest du dich von ganzem Herzen. Dann gibt es kein Problem mehr, was die Zukunft bringt, was passieren wird und was du machen wirst. Dieser Augenblick genügt sich selbst; kümmere dich nicht um den nächsten Augenblick. Wer weiß, was der nächste Augenblick bringen wird? Der nächste Augenblick wird aus diesem Augenblick heraus geboren.

Wenn du dich tief auf mich einläßt, wird dein ganzes Leben, deine ganze Zukunft völlig anders sein. Ein solcher Entschluß wird eine derartige Veränderung, eine so drastische Veränderung mit sich bringen – so radikal, daß du dich vielleicht verliebst, aber in jemand anderen, als du dich verliebt hättest, wenn du mir nicht verpflichtet wärst. Dein ganzes Verständnis, deine ganze Haltung, deine ganze Weltanschauung werden sich ändern. Du wirst dich eher in einen Sannyasin verlieben.

(Die Frau fragt, weshalb sie Orange tragen müsse.)

Darum geht es nicht. Ich bin diesbezüglich einfach etwas wunderlich ... exzentrisch!

(Sie meint, sie würde nicht wissen, was zu antworten, wenn man sie danach frage.)

Versuche zu verstehen, was ich sage. Ich erkläre nichts. Ich sage bloß, ich sei wunderlich. Du kannst ja antworten, du seist verrückt nach diesem Mann, und dieser Mann sei nun einmal sehr exzentrisch, was Orange betrifft.

Man braucht nicht immer alles im Leben zu erklären. Wir sind nicht verpflichtet, immer allen alles zu erklären. Oft braucht es keine Erklärung. Und alles, was tief ist, bleibt immer unerklärt. Was man erklären kann, ist stets oberflächlich. Es gibt Dinge, die man nicht erklären kann.

Wenn du dich in jemanden verliebst, wie kannst du da erklären, wie du dich verliebt hast? Was du auch zur Antwort gibst, klingt dumm – wegen seiner Nase, wegen seines Gesichts, wegen seiner Stimme ... all dies scheint nicht der Rede wert. Aber etwas ist dran an dem Menschen. All jenes mag vielleicht auch dazu gehören, aber dieses Etwas ist viel mehr. Dieses Etwas ist größer als alles andere insgesamt.

Ich habe so meine Exzentrizitäten, und wenn du dich in mich verliebst, mußt du sie halt in Kauf nehmen.

Es gibt eine Sufi-Geschichte von Jalaluddin Rumi ...

Ein Liebhaber kommt zum Haus seiner Geliebten. Er klopft an die Tür, und die Geliebte fragt: »Wer ist da? Wer klopft an meine Tür?« Der Liebhaber antwortet: »Ich bin es. Erkennst du mich nicht?«

Darauf folgt Stille, und schließlich sagt die Geliebte: »Dieses Haus ist zu klein. Es kann nicht dich und mich zusammen aufnehmen. Das wäre sehr schwierig. Gehe weg, und wenn du bereit bist, so komme wieder.«

Verstört und völlig verwirrt geht der Liebhaber in die Wildnis und meditiert über das Geschehene. Weshalb wurde er zurückgewiesen? Dann dämmert es ganz langsam in seinem Bewußtsein, was geschehen ist. Darauf kehrt er zurück.

Wieder klopft er an die gleiche Tür, und die gleiche Frage wird gestellt: »Wer ist da? Wer klopft an meine Tür?«

Er antwortet: »Niemand ist da. Nur du bist da.«

Sogleich öffnet sich die Tür.

Wir leben in einer Art Schlaf, wir brauchen ein gewisses Erwachen, und darin liegt die Funktion des Meisters: dem Schüler so lange Hiebe auszuteilen, bis er erwacht. Und natürlich muß der Meister gnadenlos sein, aus Mitgefühl muß er gnadenlos sein. Er muß ihn hart auf den Kopf hauen – ein guter Schlag auf den Kopf, und er wacht auf.

Alle Meditationstechniken sind nichts anderes als gewisse Mittel, um die eigentliche Quelle deiner Schläfrigkeit zu treffen. Sobald du einmal aufzuwachen beginnst, reicht schon ein klein wenig Wachheit, um dich daran zu erinnern, was du vergessen hast. Und dann besteht kein Problem mehr. Dann kannst du damit anfangen, selbst an dir zu arbeiten und in deinem Innern zu suchen, wo du etwas verlegt hast und wie du es vergessen hast.

Es braucht nur eine kleine Anstrengung, um aufzuwachen, um aus deinen Träumen herauszukommen. Und alles mögliche kann dabei helfen. Manchmal kann sogar ein Unfall helfen: Einen Augenblick lang verlierst du deine Schläfrigkeit, und plötzlich erinnerst du dich an alles.

Du knallst mit dem Kopf gegen so manches, denn du kannst nie wissen, welcher Hieb aus welcher Quelle dir helfen wird. Vielleicht knallst du immer wieder gegen den gleichen Pfosten, man kann nie wissen ... vielleicht zum neunzigsten oder zum hundertsten Mal, aber einmal kommt der Punkt, da die Erinnerung einsetzt. Manchmal passiert es auch schon beim ersten Schlag. Es kommt darauf an, wie tief und wie dick deine Verschlafenheit ist. Es gibt verschiedene Schichten und hängt davon ab, wie man konditioniert worden ist. Jedes Kind ist anders konditioniert worden, und so braucht jedes Kind einen ganz bestimmten Hieb.

Mit einem Meister zu sein ist nur möglich, wenn du unheimlich stark liebst, denn der Meister wird dich schlagen. Wenn du nicht vertraust, wirst du niemandem erlauben, dich zu schlagen. Es ist ein chirurgischer Eingriff. Du mußt dem Chirurgen vertrauen, denn du wirst unter Narkose auf dem Operationstisch liegen, und wer weiß, was er mit dir anstellen wird?

Wer mit einem Meister sein will, muß verstehen, daß Liebe wertvoller ist als das Leben selbst. Die Beziehung zwischen Meister und Schüler ist eine Liebesbeziehung; sie ist der höchste Gipfel des Vertrauens, denn es ist die größte Operation. Es gibt keinen tieferen Eingriff als diesen. Dein ganzes Leben muß transformiert werden. Es ist möglich, du mußt es nur zulassen.

Viel ist geschehen, und noch viel mehr muß geschehen. Es übersteigt die Vorstellungskraft, man kann es sich nicht im Traum vorstellen. Erst wenn es geschehen ist, weißt du, daß es möglich ist, daß es möglich war. Es ist noch viel mehr da, was du dir nicht vorstellen kannst, was du dir nicht einmal in deinen kühnsten Träumen ausdenken kannst.

Das Leben ist ein so wunderbares Mysterium. Unsere Wünsche können es niemals ausschöpfen. Unsere Wünsche sind klein und nichtig. Wir wünschen uns bedeutungslose Dinge, während große, bedeutsame Erfahrungen auf uns warten. Du brauchst nur um sie zu bitten, und sie gehören dir. Das Problem ist jedoch folgendes: Wie können wir sie uns wünschen, wenn wir sie uns nicht einmal vorstellen können?

Darin liegt der ganze Sinn, mit einem Meister zu sein, der Dinge sieht, die du dir nicht einmal vorstellen kannst, und der dir dabei behilflich sein kann, Richtungen einzuschlagen, in die du dich nie von selbst vorwagen würdest. Und ein Meister muß dich fast dazu zwingen, denn oft möchtest du nicht weitergehen, oft möchtest du genau in die entgegengesetzte Richtung gehen. Aber auch das ist natürlich, denn du kannst ja nicht sehen, weshalb du in diese Richtung gehen solltest – du siehst nichts dort. Alles ist verborgen, und du möchtest lieber in eine andere Richtung gehen, wo du etwas sehen kannst.

Der Meister ist nötig, ein tiefes Vertrauen ist nötig, damit du dich in eine Richtung begeben kannst, von der du nicht weißt, was auf dich wartet. Aus reinem Vertrauen gehst du los, aber sobald du dich einmal in Bewegung setzt, beginnt etwas zu geschehen, und dann wirst du es selbst erkennen. Damit wird noch mehr Vertrauen möglich, und mit mehr Vertrauen kommen neue Erfahrungen. Es ist eine endlose Reise: Sie kennt nur einen Anfang, kein Ende.

Das ABC des Loslassens

Ich bin hier, um dir Freiheit zu geben. Mit Hingabe meine ich nicht, daß du zu einem Anhänger wirst – nein! Schon das Wort ist nicht gut. Jeder, der sich in mich verliebt, wird zu meinem Gefährten, nicht zu meinem Anhänger. Denn ich sage nicht, du solltest mich imitieren, ich sage nicht, du solltest sein wie ich, ich gebe dir kein Ideal, dem du nacheifern sollst, und ich gebe dir auch keine Ideologie ... Ich befreie dich nur von allen Ideologien und allen Idealen – von allen Konditionierungen. Du gibst das Ego auf, und ich gebe dir deine Freiheit zurück.

Sannyas ist einfach nur eine Hingabe, ein Loslassen, eine Geste, die sagen will: »Ich bin bereit, ich zögere nicht, ich leiste keinen Widerstand, ich werde nicht gegen dich ankämpfen«, das ist alles ... denn durch Widerstand wird nur unnötig Zeit verschwendet. Es ist, als würdest du einen Chirurgen aufsuchen und gegen ihn ankämpfen. Während er dich operiert! Du fängst an, Karateschläge auszuteilen – wie kann er dich so operieren? Deshalb muß dir der Chirurg zuerst Chloroform verabreichen.

Ich verabreiche kein Chloroform, obwohl es sich um eine Operation handelt, und darum braucht es dein totales Akzeptieren. Das ist Sannyas. Es ist kein Ritual, es ist eine tiefe, bedeutungsvolle Geste. Sobald ich sehe, daß jemand ja sagt, kann ich mit der Operation beginnen. Und die größte Operation besteht darin, deine Energie vom Kopf zum Herzen zu bringen, denn das geht gegen alle deine Konditionierungen, gegen deine Erziehung, Kultur, Religion. Bevor jedoch dein Herz nicht wieder lebendig wird, wieder mit der Musik der Liebe summt, wirst du nie etwas wissen können, was von Bedeutung wäre.

Besucher: Ich habe eine Frage über die Hingabe ...

Hmm. Was ist deine Frage?

Nun, wieviel kann man sich denn hingeben? Weißt du das? Ich meine, man könnte sich ja allem hingeben und sich einfach nur irgendwo hinlegen. Was meinst du, wenn du von Hingabe sprichst?

Du gibst nichts hin – außer deinem Ego. Sonst gibst du gar nichts hin.

Und wie weiß ich, was das ist?

Indem du dich hingibst. Hmm? Denn nur so kannst du es wissen. Wenn du mich fragst, wie Tee schmeckt, sage ich dir auch ...

(Lachend) Koste ihn!

... koste ihn! Was könnte ich anderes sagen? Es gibt keine Möglichkeit, den Geschmack von Tee zu definieren, etwas so Einfaches. Man muß ihn kosten. Laß die Hingabe deine Tasse Tee sein – koste sie!

Indem du dich hingibst, weißt du, was Hingabe ist; indem du liebst, weißt du, was Liebe ist. Anders geht es nicht. Intellektuell gibt es keine Möglichkeit, sie zu verstehen – nur existentiell. Wenn du noch nie geliebt hast und jemanden fragst: »Bevor ich liebe, möchte ich gerne wissen, was Liebe ist« ... Wie sollte man sie erklären können?

Hingabe ist eine Liebe, die größte Liebe, die es gibt.

Das englische Wort *to surrender* trifft den Kern nicht – es gibt im Englischen kein richtiges Wort dafür. Im Sanskrit haben wir das richtige Wort – es ist *Samarpan.* Es bedeutet, sich in tiefer

Liebe und Vertrauen darzubieten. Das englische *surrender* ist häßlich – man verwendet es im Zusammenhang mit dem Krieg, mit Kapitulieren. Adolf Hitler hat kapituliert, Deutschland hat sich unterworfen, Japan hat sich unterworfen. Es bezeichnet eine Art Niederlage.

Im Sanskrit bedeutet *Samarpan* keine Niederlage. Es ist ein großer Moment der Freude – man hat sich dargeboten. Es ist eine Widmung. Wenn du einen kleinen Lichtblick hattest, daß jemand weiter ist als du, gibst du dich ihm hin; du sagst: »Reiche mir die Hand!« Das ist alles. Und alles übrige folgt von selbst.

Und das meint nicht etwa, sich einfach unter einen Baum zu legen und gar nichts zu tun – so bleibst du der gleiche. Nein! Nur eines wird wegfallen, nämlich das Konzept des Egos. Wenn du aber dein Ego losläßt, wird dadurch deine Individualität nicht ausgelöscht. Indem du das Ego fallenläßt, wirst du vielmehr zum Individuum.

Sannyas bedeutet, dein Ego beiseitezulegen, um verstehen zu können. Und Sannyas ist grundsätzlich eine Hingabe ans Ganze.

Der Meister ist nur ein Vorwand. Du gibst dich dem Meister hin, weil du noch nicht in der Lage bist, direkt mit einem so riesigen Universum zu kommunizieren. Du brauchst ein kleines Fenster, durch das du den Himmel betrachten kannst. Der offene Himmel ist schreckenerregend und flößt dir Angst ein, wenn du aber einmal durch das Fenster geblickt hast, wird dich der Anblick der Sterne auf eine ewige Reise führen.

Der Meister ist nur ein Fenster, ein Fenster zu Gott. Darum haben wir im Osten den Meister auch als Gott verehrt, aus dem einfachen Grund, weil er dir eine kleine Tür öffnet, durch die du ins Ganze treten kannst. Unter der Führung des Meisters erlernst du die Kunst der Hingabe, und schließlich mußt du dich dem Ganzen hingeben.

Wenn du schwimmen lernst, ist es genauso: Zuerst übst du es im seichten Wasser, ganz nahe am Ufer. Du kannst nicht direkt ins tiefe Wasser gehen. Sobald du jedoch schwimmen gelernt hast, wagst du dich langsam immer weiter ins Tiefe hinaus. Und eines Tages kannst du wirklich schwimmen; dann spielt es keine Rolle mehr, ob das Wasser eine Meile oder fünf Meilen tief ist. Es spielt keine Rolle, für den Schwimmer bleibt es sich gleich, es macht überhaupt keinen Unterschied.

Der Meister ist nur das Ufer, der Strand, an dem du ganz ohne Angst die elementare Kunst der Hingabe erlernen kannst – und dann beginnt die Reise.

Ganz langsam lernst du, ohne jede Angst näher und näher zur Ewigkeit, zur Unendlichkeit zu gelangen. Wenn man sich ganz hingegeben hat, verschwindet das Ego, und zusammen mit dem Ego verschwindet auch alle Angst.

Sannyas heißt Hingabe – am Anfang dem Meister gegenüber, und dann, durch den Meister, dem Ganzen gegenüber. Man darf nie vergessen, daß man zum Ganzen gelangen muß. Der Fluß muß zum Ozean gelangen. Erst wenn der Fluß im Ozean verschwindet und seine Identität verloren hat, ist er zu Hause angekommen.

Nur in der Hingabe wirst du wissen, wer du bist; andernfalls glauben die Menschen weiterhin an ihr Ego. Hingabe bedeutet, das Ego, das Pseudo-Selbst hinzugeben. Und wenn das Falsche hingegeben wird, kommt das Echte zum Vorschein. Um jedoch das Echte zu entdecken, ist Hingabe unbedingt erforderlich – die Hingabe von allem, was falsch ist. Und das Ego ist das Falscheste, was es überhaupt gibt.

Es ist die größte Illusion, die es gibt. Es existiert nur in unseren Köpfen, nirgendwo sonst. Es ist nicht einmal ein Schatten, denn ein Schatten braucht eine gewisse Substanz, ein Schatten muß der Schatten von *etwas* sein. Das Ego ist nur eine falsche, von der Gesellschaft hervorgebrachte Vorstellung. Aber man kann an sie glauben. Und wenn du an sie glaubst, wird sie zu einer Realität – für dich zumindest. Du kannst dein ganzes Leben zerstören, indem du etwas dienst, was gar nicht existiert. Und du erkennst dies erst, wenn der Tod an deine Tür klopft. Dann aber ist es zu spät.

Die Beziehung zwischen einem Meister und dem Schüler ist die engste Beziehung. Sogar Liebende sind sich nicht so nahe, können sich nicht so nahe sein, denn sogar Liebende werden durch ihre Egos eingeschränkt. Und Egos stehen immer in Konflikt zueinander, sie prallen ständig aufeinander. Egos versuchen ständig, den anderen zu dominieren, darum ist der Konflikt vorprogrammiert.

Die Meister-Schüler-Beziehung ist die einzige aller möglichen Beziehungen auf der Welt, in der es zur *freiwilligen* Hingabe kommt, wo du nicht dominiert wirst, sondern freiwillig zu kämpfen aufhörst. Aus Liebe und Vertrauen hörst du auf, dich zu verteidigen. Aus Liebe und Vertrauen erkennst du, daß der andere nicht dein Feind ist, daß du nicht zu kämpfen brauchst; und sobald der Kampf aufhört, wird die Energie, die ans Kämpfen gebunden war, freigesetzt, und diese Energie gibt dir Nahrung.

Wenn weder Liebe noch Haß da ist, so ist das völlige Hingabe. Liebe kann nicht völlige Hingabe sein, denn Liebe schließt immer auch Haß in sich ein. Sie ist eine Zwickmühle, denn immer wohnt ihr Haß inne.

Wenn du dich einem Niemand hingibst, kann dieser kein Gefängnis für dich sein, und dann verschwindet auch die Gefahr, daß dein eigenes Ego zum Gefängnis für dich wird. Wenn du dich mir hingibst, gibst du dich nicht wirklich mir hin, denn ich bin nicht hier. Und mir bereitet deine Hingabe nicht etwa

Freude. Ob du dich mir hingibst oder nicht, spielt für mich keine Rolle. Wenn du dich mir hingibst, gibst du dich im Grunde dir selbst hin, du gibst dich nicht mir hin. Du legst nur dein Ego ab. Ich bin nur ein Mittel, ein Vorwand.

Es würde dir schwerfallen, dich dem Fluß oder dem Himmel oder den Sternen hinzugeben – das sähe etwas lächerlich aus. Ich tue darum so, als wäre ich hier (Gelächter), nur um dir zu helfen, damit du dir nicht lächerlich vorzukommen brauchst, damit du dein Ego irgendwo ablegen kannst. Niemand ist da, der es entgegennimmt, niemand, der glücklich darüber wäre – aber es hilft.

Buddha nennt so etwas einen Kunstgriff, *Upaya.* Es ist bloß ein *Upaya,* ein Hilfsmittel für diejenigen, die ihr Ego nur irgendwem zu Füßen legen können. Ich stelle dir meine Füße zur Verfügung.

Innen aber ist niemand.

Das Ego schafft alle möglichen Schwierigkeiten. Das Ego argumentiert und versucht dich zu überzeugen, daß das falsch ist, daß du deine Unabhängigkeit verlieren wirst – mal dies, mal jenes. Aber du hast ja gar keine Unabhängigkeit, du hast ja gar keine Freiheit! Du hast dich deinem Ego hingegeben. Du hast dich der Vorstellung hingegeben, du seist jemand. Nur diese Vorstellung – daß du jemand bist – muß im Sannyas hingegeben werden. Ein Sannyasin ist ein Niemand. Ein Sannyasin akzeptiert, daß er ein Niemand ist, daß er sich nicht mehr auf einem Egotrip befindet, daß er ausgestiegen ist, daß er nicht mehr ehrgeizig ist, daß er ein einfaches, normales Leben führen möchte, daß er einfach nur leben möchte.

Ich bin nur ein Vorwand, damit dein Ego abfallen kann. Du gibst dich nicht etwa mir hin. Was soll ich mit so vielen Egos tun? Es wäre unnötiger Müll – hmm? Du wirst ihn los und schmeißt ihn auf mich – was soll *ich* denn damit? Ich bin nur ein Vorwand. Wenn du dich mir hingibst, gewinne ich dadurch nichts, wird mir nichts zuteil. Weil du mich aber liebst, kannst du es wagen, dich hinzugeben.

Eines Tages wirst du verstehen, daß du dich nicht hingegeben hast – nur dein Ego ist im Namen der Hingabe verschwunden. Und zum ersten Mal wirst du dank deiner Hingabe du selbst.

Ich bin hier, um dich dir selbst zu geben.

Du sitzt vor einem Mann, der keiner Tradition angehört. Du sitzt vor einem Mann, der keinem bestimmten Pfad angehört. In Wirklichkeit habe ich keine Philosophie, keine Ideologie. Ich bin völlig offen. Ich sehe in dich hinein, und was auch immer gut für dich ist, das sage ich. Ich kümmere mich nicht darum, ob es früher Gesagtem widerspricht oder nicht. Ich kümmere mich ausschließlich um dich und dein Wohlergehen. Vielleicht sage ich zu jemand anderem etwas ganz Verschiedenes, denn vielleicht sind seine Bedürfnisse verschieden.

Wenn die Leute darum zum ersten Mal zu mir kommen, werden sie notgedrungen verwirrt, denn ich bin immens weit. Ich bewege mich mit Leichtigkeit auf allen Wegen und in allen Möglichkeiten des menschlichen Bewußtseins; ich arbeite mit allen Mitteln. Und ich finde ständig neue Methoden heraus –

was immer notwendig erscheint. Mein übergeordneter Standpunkt ist jedoch der, daß der Mensch wichtig ist, der Suchende – alles andere ist unwichtig. Ich habe dir keine festen Ideologien zu bieten; ich habe keine Struktur. Ich werde dich nicht in irgendeine Struktur zwängen. Ich höre einfach auf dich, auf dein Herz, und ich erschaffe eine Struktur für dich. Tatsächlich braucht jedes Individuum etwas ganz Eigenartiges für sich. Kein System kann da helfen.

Am Anfang ist es also unvermeidlich, daß du über mich verwirrt bist, aber das ist ein gutes Zeichen. Denn wenn du verwirrt bist, so bedeutet das, daß ich an dir zu arbeiten angefangen habe. Es bedeutet, daß ich jetzt Klarheit schaffen muß. Und du mußt mir dabei behilflich sein, Klarheit zu schaffen.

Ein Macher zu sein bringt Sorgen mit sich. Wenn du einfach ein Medium bleibst, fallen die Sorgen weg. Als Macher wirst du bald ermüden. Zuviel Druck wird dich zum Wahnsinn treiben. Als Nicht-Macher dagegen kann dich nichts und niemand auslaugen. Ein Nicht-Macher ist nie ausgelaugt; er ist unausschöpfbar, denn ein Nicht-Macher steht mit dem Unendlichen in Verbindung.

In dem Moment, da du dich dazu entschließt, ein Nicht-Macher zu sein, nur noch ein Medium – in diesem Augenblick der Hingabe wirst du mit der Quelle verbunden. Dann fallen alle Probleme weg. Du wirst zwar vieles tun; doch sobald es getan ist, hast du es auch schon vergessen. Du trägst keine Vergangenheit mehr mit dir herum, und das Ego hebt nicht mehr den Kopf. Es ist das Ego, das dich erdrückt, das dich vergiftet. Überlasse daher einfach alles mir.

Darum lehre ich euch soviel über die Hingabe. Die Leute, die sich zur Zeit bei mir aufhalten, sind sich nicht bewußt, was noch alles geschehen wird. Ich bereite sie auf vieles vor, von dem sie keine blasse Ahnung haben. Und Hingabe wird der Schlüssel dazu sein, denn wenn die Dinge ins Rollen kommen, wenn sie zur Explosion kommen, wird man es sonst nicht verkraften können, wird man verrückt werden. Der Druck wird sonst zu groß, er wird einen umbringen.

Wenn meine Leute jedoch die Hingabe kennen, gibt es kein Problem. So können sie sich einfach treiben lassen ... was immer auch geschieht, sie lassen sich treiben. Auch wenn die ganze Welt in ein Chaos gestürzt wird, bleiben meine Leute still, ruhig, gesammelt und zentriert. Sie werden davon nicht betroffen sein.

Eine Sannyasin sagt, sie habe das Gefühl, sie sollte eigentlich immer genau das Gegenteil von dem tun, was Osho ihr auftrage, weil es dem Kern ihres Problems eher entsprechen würde.

Manchmal kann das wirklich so sein. Wenn es sich gut anfühlt, das Gegenteil zu tun, so tue das Gegenteil. Es geht einzig darum, darauf zu achten, was dir ein Gefühl von Glückseligkeit bringt. Man sollte ständig in seinem Inneren nachprüfen und schauen, ob einem etwas gut tut, ob man sich gesünder fühlt, ob es eine Harmonie in einem erzeugt. Wenn ja, ist es gut. Dann mache dir keine Sorgen – mache nur weiter so.

Das Problem entsteht erst, wenn du eine Disharmonie zu fühlen beginnst, wenn du eine gewisse Spannung verspürst. Denn Spannung ist nur ein Hinweis darauf, daß irgendeine Angst entsteht. Solange alles gut geht, ist der Verstand nicht angespannt. Spannung ist ein sehr schöner Mechanismus in dir drin, der dir sogleich einen Hinweis gibt, mit etwas aufzuhören. Er sagt dir, daß du dich in die falsche Richtung bewegst, daß du gegen deine Natur gehst.

Wenn du deshalb wirklich auf mich hören willst, so höre auf dein Herz und folge ihm. Ich bin nicht hier, um dir irgendeine Disziplin aufzuerlegen. Ich bin hier, um dich von aller Disziplin zu befreien, damit dein natürliches Wesen aufblühen kann.

Höre auf das Herz – das ist wahrer Gehorsam. Das Wort Gehorsam stammt von einer Wurzel mit der Bedeutung: die Kunst des Hörens, hat sich jedoch sehr weit von seiner Wurzel entfernt. Die grundlegende Kunst des Hörens ist, auf das Herz zu hören, denn dort kommt es zur Erfüllung. Dazu braucht es eine sehr feinfühlige Aufmerksamkeit.

Höre also auf deinen Körper, wenn du etwas mit deinem Körper tust. Kümmere dich in in diesem Zustand nie um den Verstand, denn der Verstand hat nichts über den Körper zu sagen. Der Körper weiß selber, was gut und was falsch ist. Wenn es also um den Körper geht, so höre auf den Körper. Wenn es ums Denken, Planen, um Ideen, Träume, Logik und Vernunft geht, so höre auf den Verstand. Wenn es um deine Ganzheit geht, so höre auf das Herz.

Und lerne zuzuhören. Es ist nicht sehr schwierig, denn ständig kommen Hinweise, obwohl sie immer schwächer werden, wenn du nicht auf sie hörst.

Höre darum einfach nur hin. Und kümmere dich nicht darum, was ich wörtlich sage, denn manchmal sage ich genau das Gegenteil. Dieses Gegenteil kreiert eine gewisse Situation. Wenn ich möchte, daß du nach rechts gehst, sage ich manchmal, du sollst nach links gehen. Wenn ich das Gefühl habe, dein Verstand werde dir einreden, nach rechts zu gehen, wenn ich dir sage, du sollst nach links gehen, dann sage ich immer, du sollst nach links gehen. Es hängt also ganz von der Person ab, zu der ich spreche. Nimm es daher nie wörtlich.

Eine Sannyasin sagt, sie versuche, ihm zu entkommen, und träume absichtlich in den Tag hinein, um ihm auszuweichen.

Versuche es nur – aber du kannst mir nicht entkommen. Wohin du auch gehst, werde ich dich heimsuchen! Einmal gefangen, ist es sehr schwierig zu entkommen. Laß es also besser bleiben. Aber das muß jedem Sannyasin irgendwann passieren. Wenn du wirklich beginnst, mir näherzukommen, kriegst du es mit der Angst zu tun, denn du brauchst nur noch ein bißchen näher zu rücken, und du verschwindest. Dann wirst du nie wieder zu deinem alten Selbst zurückfinden können, und das ist das einzige Selbst, das du kennst. Du wirst zwar ein neues Selbst haben, nur weißt du das jetzt noch nicht, wie könntest du dir dessen also sicher sein?

Falls du wirklich entkommen willst, wirst du meine Hilfe benötigen (Schmunzeln). Ohne meine Hilfe wird es dir nicht gelingen. Du kannst es aber ruhig versuchen, nichts ist verkehrt daran.

Du weißt nur eins sicher: Wenn du dich diesem Mann noch weiter näherst, wirst du verschwinden. Deine Angst ist deshalb ganz natürlich und verständlich. Du kannst mir nicht entkommen, denn die Verlockung ist ungeheuer groß. Du wirst in mich hineinstolpern. Der Abgrund ist nicht einfach nur ein Abgrund, er ist auch sehr magnetisch. Er macht dir angst, lockt dich aber gleichzeitig an. Das ist sehr paradox.

Aber das wird allen so gehen. Wenn du mir in die Augen schaust, mußt du in einen tiefen Abgrund blicken ... einen Abgrund, so tief wie der Tod. Für dich ist es der Tod.

Jemand Neuer wird daraus hervorgehen – es wird dein wahres Selbst sein. Du bist dir dessen jedoch in keiner Weise bewußt. Dein falsches Selbst wird gehen, und das neue Selbst wird kommen. Tief in deinem Inneren willst du deshalb gar nicht entfliehen, doch an der Oberfläche wird der Verstand versuchen, Fluchtwege zu finden. Es liegt also an dir. Falls du diese Angst wirklich loswerden willst, so laß dich kopfüber in mich hineinfallen.

Ein Lehrer ist nur dazu da, um dir Informationen zu vermitteln. Ein Meister muß dir zur Transformation verhelfen – das ist etwas völlig anderes. Information ist etwas Einfaches, du kannst sie dir merken. Genau das tun Schulen, Gymnasien, Universitäten: Sie füttern deinen Biocomputer, sie stecken immer mehr

Informationen in dich hinein. Der Meister muß dich transformieren; darum braucht es eine tiefe Hingabe, denn der Meister wird an dir zu arbeiten anfangen, und das tut weh – es ist chirurgisch.

Und in dem Augenblick, da er zum Schwert greift und dich zu zerschneiden beginnt, wirst du die Flucht ergreifen, wenn keine Liebe und Hingabe da ist. Aber denke daran, daß es sehr gefährlich ist, vom Operationstisch wegzurennen. Vielleicht hat der Chirurg bereits ein paar Stellen geöffnet, und wenn du jetzt wegrennst ...

Man muß sich der Liebe völlig hingeben, ohne etwas zurückzuhalten. Solange du etwas zurückhältst, wirst du keine Liebe erfahren. Man muß eine Spielernatur sein, ohne Kalkül, bereit, alles zu riskieren. Setze alles, was du hast, auf eine Karte, und in ebendiesem Augenblick kommt es zur Transformation.

Hingabe passiert einfach. Es ist keine Frage des Tuns. Du kannst zu tausendundeinem Meister gehen, aber nur mit einem passiert es. Und es läßt sich nicht bewerkstelligen, es ist nichts, was du tun kannst. Wenn du es bewerkstelligst, nützt es wenig, denn du tust es ja – was soll es da schon nützen? Es passiert ganz von selbst, es ist eine Liebesgeschichte.

Und natürlich muß ein Sucher zu vielen Leuten gehen. Irgendwo klickt dann etwas. Es kann überall klicken. Es hängt von der Art von Energie ab, die der Meister hat, und von der Art von Energie, die du hast. Wenn sie sich begegnen, wenn sie dieselbe Wellenlänge haben, kommt es zur Hingabe. Dann fühlst du dich plötzlich hingezogen ...

Das ist Hingabe. Es hat nichts mit deinen Glaubenssätzen zu tun. Es ist eine blinde Liebe. Du verliebst dich in eine Frau – ohne es zu arrangieren, ohne die Liebe herzustellen. Du merkst einfach, daß du dich verliebt hast. Das gleiche geschieht auch auf dem spirituellen Weg. Plötzlich hast du dich in einen Gott verliebt, und es gibt kein Entrinnen mehr. Auch wenn du entrinnen möchtest, es gibt kein Entrinnen mehr. Plötzlich stellt sich dein ganzes bisheriges Leben nur als ein Vorwärtsschreiten zu diesem Punkt hin dar. Du magst zu diesem oder zu jenem Meister gegangen sein – all das hat dir geholfen, zu mir zu kommen.

Hier gibt es keine Autorität. Es gleicht aber Autorität, und das schafft Probleme. Hingabe ist das genaue Gegenteil von Autorität, aber Gegensätze haben eine gewisse Ähnlichkeit. Sieh den Unterschied! In einer autoritären Beziehung wird dir die Autorität aufgezwungen. Sie ist nicht freiwillig, sie ist ein Zwang. In der Hingabe wird dir keine Autorität aufgezwungen, niemand zwingt dich; du gibst dich aus freien Stücken hin. Von außen sieht es sich ähnlich. Wenn jemand von außen zusieht, wird er keinen Unterschied finden, denn seiner Ansicht nach wird die Autorität befehlen und der sich Hingebende gehorchen. Der Unterschied ist jedoch der: In einer autoritären Beziehung ist das Befehlen wichtig, bei der Hingabe das Gehorchen. Doch oberflächlich gesehen gibt es bei beiden Befehle und Gehorsam, darum meinen alle, die von außen zuschauen, es sei dasselbe. Es besteht aber ein großer Unterschied. Dieser Unterschied ist so groß, daß man ihn fühlen muß, nur so kann man ihn erkennen.

Hier gibt es keine Autorität. Ich bin nicht autoritär. Gewiß, du hast dich mir hingegeben, aber aus eigenem Entschluß. Wenn du deine Hingabe zurücknehmen willst, steht dir das frei, niemand wird dich daran hindern. Du hast die Wahl. Du hast dich dafür entschieden, du kannst dich auch dagegen entscheiden. Bei einer Autorität steht dir keine Entscheidung zu. Ob du sie wählst oder nicht, sie ist da; du mußt gehorchen, du mußt folgen. Und hin und wieder geschieht es, daß du einer autoritären Person nicht gehorchst, denn du kannst nicht immer nur gehorsam sein. Die Leute finden Wege, um ungehorsam zu sein, kleine Tricks, um ihr Selbst intakt zu halten. Hast du dich jedoch einer nichtautoritären Person hingegeben, kannst du ihr den Gehorsam nicht verweigern.

Alexander dem Großen beispielsweise kannst du den Gehorsam verweigern, Buddha jedoch kannst du den Gehorsam nicht verweigern. Du kannst gegen Alexander rebellieren, gegen Buddha aber kannst du nicht rebellieren, denn das Rebellieren ist sinnlos – du bist frei!

Du hast mich aus deiner Freiheit heraus gewählt – und deine Freiheit bleibt intakt. Du kannst sie jeden Tag zurückfordern; im selben Augenblick bist du frei. Wenn du dich jedoch zum Gehorsam entschließt, ist das deine eigene Wahl, ist das deine Freiheit.

Ein Schüler gehorcht, weil er gern gehorchen möchte. Er sehnt sich danach, er wünscht sich Anordnungen. Er möchte etwas beitragen. Keiner ist daran interessiert, dir irgendwelche Reglementierungen aufzuzwingen; niemand hat das geringste Interesse daran. Der Schüler befolgt die Disziplin aus eigenem Antrieb. Wir sind hier nicht in der Armee!

Ganz langsam solltest du den Unterschied erkennen. Es sieht ähnlich aus. Und alle haben das schon erfahren. Die Eltern haben dir befohlen und dir Dinge abverlangt, dann haben dir die Lehrer befohlen und dir Dinge abverlangt. Wo du auch warst, war jemand, der befahl und forderte. Natürlich hat man von alledem die Nase voll! Ich befehle nicht – du aber gehorchst. Ich befehle nicht, damit du gehorchen sollst, sondern weil du gehorchen willst.

Das ist eine völlig neue Erfahrung. Du hast sie bisher nicht gemacht, die Vergangenheit kann also nichts dazu sagen. Du wirst sie kennenlernen müssen, und dann wirst du den Unterschied sehen. Der Unterschied ist enorm, obwohl es an der Oberfläche sehr schwer fällt, diesen Unterschied auszumachen.

Du hast dich allein aus deiner Freiheit und Liebe heraus hingegeben, weil es dir Freude macht, etwas für mich zu tun. Es kann etwas ganz Kleines sein – den Boden zu fegen –, aber es bereitet dir Freude, weil du etwas für mich tust. Auf diese Weise teilst du deine Energie mit mir. Es ist wertvoll – nicht etwa wegen des ökonomischen Wertes der Arbeit. Es ist wertvoll wegen deiner Liebe und deines Vertrauens.

Sei darum auf der Hut. Dein Kopf kann konfus werden, und du könntest eine große Gelegenheit verpassen.

Sannyas ist *deine* Entscheidung. Gewiß, es ist eine Hingabe, aber die Entscheidung liegt bei dir. Und wenn die Hingabe aus deiner eigenen Entscheidung herrührt, hat sie etwas Schönes, denn sie stinkt nicht nach Sklaverei, sie duftet nach Freiheit.

Sich mit Zweifeln hinzugeben ist wirkungslos, denn damit Hingabe einen Sinn hat, muß sie total sein. Eine halbherzige Hingabe ist eine Fehlbezeichnung. So wie es keine halben Kreise gibt – ein Kreis bedeutet immer einen vollen Kreis –, so gibt es auch keine halbe Hingabe. Es kann keinen halben Kreis geben – das ist etwas anderes, aber nicht ein Kreis. Man darf es nicht als halben Kreis bezeichnen, es ist nur ein Kreisbogen.

Damit die Hingabe einen Sinn hat, muß sie ein paar Bedingungen erfüllen. Erstens muß sie total sein. Solange Zweifel bestehen, mußt du mit Sannyas warten. Du solltest es nicht mit Bedenken nehmen, du sollst es nur nehmen, wenn sich alle Zweifel aufgelöst haben. Dann folgt das zweite ganz natürlich: Es geschieht von selbst – du tust es nicht. Dein Tun zeigt an, daß du Zweifel hegst. Du mußt es gegen deine Zweifel *tun,* du mußt dich anstrengen.

Hingabe ist ein Geschehen. Wenn die Zeit reif ist, siehst du auf einmal, wie es von selbst geschieht. Gewiß, wenn du es verhindern willst, kannst du das. Das stimmt. Aber du kannst es nicht *tun* – denke daran. Du kannst es töten, aber du kannst es nicht erschaffen. Der Mensch hat mehr Fähigkeit zum Zerstören als zum Erschaffen. Unsere Fähigkeit zum Zerstören ist viel größer als unsere Fähigkeit zum Erschaffen – und es gibt ein paar Dinge, die man überhaupt nicht erschaffen kann. Die Liebe zum Beispiel können wir nicht erschaffen. Wem sie geschieht, geschieht sie. Wir können sie jedoch verhindern. Wir können die Hingabe nicht erschaffen, wir können sie jedoch verhindern. Wir können nichts erschaffen, was wirklich von Wert ist, aber wir können alles verhindern. Und das tun wir auch ständig.

Als erstes also: Die Hingabe muß total sein.

Als zweites: Sie muß von selbst geschehen, ohne dein Dazutun. Eine bewirkte Hingabe ist von Anfang an tot. Du kannst sie nicht bewirken, versuche es lieber gar nicht!

Du bist hierhergekommen ... Warte einfach, sei hier, sei nicht in Eile; es eilt nicht. Höre mir einfach nur zu, fühle mich, und wenn du nicht über die Hingabe nachdenkst, werden die Zweifel bald verschwinden. Solange du zu sehr über Hingabe nachdenkst, werden diese Zweifel weiternagen. Wenn du nicht über Hingabe nachdenkst, wozu sollten diese Zweifel aufkommen? Sie sind unnötig. Und eines Tages, ohne daß du es merkst, ist sie da. Das wird eine wahre Freude sein!

Halte dir nur eines vor Augen: Verhindere diesen Moment nicht! Du kannst ihn verhindern; du kannst die Tür verschließen – das liegt in deiner Macht. Bleibe in diesem Moment offen und laß es zu!

Es ist der Tod des Egos, deshalb kannst du es nicht bewirken. Du selbst wirst darin verschwinden, wie könntest du es daher bewirken?

Hingabe ist nicht etwas, was sich gegen dich richtet. Wie könnte Hingabe gegen dich sein? Deiner Ansicht nach bedeutet Hingabe, daß du deine natürliche Art völlig verändern mußt; das stimmt nicht. Hingabe bedeutet, völlig natürlich zu sein.

Wenn du dich mir hingibst, heißt das nur, daß ich dich auffordern werde, dich in deinem Wesen völlig zu entspannen.

Wenn es dich nach Norden zieht, gehe nach Norden; wenn es dich nach Süden zieht, gehe nach Süden. Gönne dir das Vergnügen. Und eines Tages wird es damit aufhören, aber das wird nicht mit Gewalt geschehen. Es wird durch mehr Bewußtheit, durch wachsende Erfahrung herbeigeführt. Und das hat nichts mit Kämpfen zu tun.

Lauf, soviel du willst – bleibe nur wachsam dabei, und kämpfe nicht gegen dich selbst an. Kampf erzeugt eine Spaltung, und eine Spaltung führt unweigerlich zu Schizophrenie, zum Wahnsinn. Sei einheitlich! Und mit einheitlich meine ich nicht, daß du deine Fragmente zusammenhalten mußt.

Wenn du wirklich in Fragmente zerfallen bist, dann sei zerfallen und akzeptiere diese Tatsache. Allein schon in diesem Akzeptieren wirst du merken, daß so etwas wie eine Einheit entsteht. Es wird keine erzwungene Einheit sein, es wird nicht wie am Stück sein. Es ist eher wie ein Orchester – viele Instrumente spielen, aber in einem tiefen Grundrhythmus, in Gemeinsamkeit.

Wenn die Einheit nicht wie ein Orchester ist, wird sie sehr langweilig. Es gibt Leute, die nicht verzettelt sind, doch das sind sehr langweilige und dumme Leute. Sobald du eines Tages das Gefühl hast, eine Art Transzendenz mache sich bemerkbar, werden alle deine Bruchstücke zwar weiterhin da sein, nur bewegen sie sich jetzt in einem gewissen Rhythmus zueinander; sie schwingen auf derselben Wellenlänge. Sie sind nicht eins geworden, aber jetzt singen sie zusammen – ein Chor ist entstanden. Die Sänger sind verzettelt, doch sie singen im Chor zusammen. Im Lied sind sie miteinander verbunden, sonst sind sie alle voneinander getrennt.

Dieser Klang kann nicht durch Anstrengung, nicht durch Disziplin entstehen. Er kommt einzig durch eine tiefe Ruhe und Entspannung in deinem Wesen zustande.

Die erste Hingabe, die man verspürt, ist eher so etwas wie

der Reiz des Neuen. Es ist wie Flitterwochen. Bald klingt es wieder ab, hmm? Dann verschwinden Euphorie und Flitterwochen; dann beginnt die wirkliche Arbeit. Und falls du weitermachst, kommt es eines Tages zur wahren Hingabe. Dann sind es keine Flitterwochen mehr.

Das ist nur natürlich. Zuerst soll es ruhig wie Flitterwochen sein. Es ist eine Art Verliebtheit. Wenn du aufgeregt und euphorisch bist, fühlst du wirklich Hingabe in dir. Schon bald jedoch wirst du von der Realität und den harten Tatsachen des Lebens Notiz nehmen müssen, und es wird tausendundeine Situation geben, wo du dir sagen wirst: »Das Ja stellt sich nicht ein; das Nein kommt, Zweifel taucht auf. Mein Vertrauen ist nicht total.« Aber das ist nur natürlich – es hat nicht speziell mit dir zu tun, es geht allen so.

Und so wächst man: zögernd, zweifelnd, einmal ja, einmal nein, hin und her – so wächst man. Wenn man aber durchhält, wenn man genug Geduld hat, verschwinden eines Tages alle Neins. Der endgültige Sieg gehört immer dem Ja. Aber man muß warten können. Die Ungeduldigen verlieren, die Geduldigen gewinnen. Sei darum geduldig.

Wenn du alles mir überläßt, geschehen die Dinge von selbst. Sobald du dich einfach hingibst, ist die kosmische Energie da. Ich bin nur ein Vorwand für dich, damit du dich hingeben kannst. Ich brauche nicht selbst herauszukommen und zu arbeiten – sobald du dich mir hingegeben hast, ist die kosmische Energie da. Sie ist immer da. Sogar wenn du allein an dir arbeitest, arbeitet die kosmische Energie. Nur kommt es dann wegen dir zu tausendundeinem Hindernis.

Sie ist wie eine Flut, du aber bietest ihr nur eine ganz kleine Öffnung. Anstatt daß alles ganz einfach wird, stehen deine kleine Öffnung und die flutartige Energie in ständigem Konflikt miteinander. Das erzeugt Spannung. Benutze mich nur als Vorwand, um dich hinzugeben; damit stehst du nicht mehr im

Weg. Die Flut weitet sich aus, und alles beginnt von selbst zu geschehen. Es geschieht immer von selbst – wenn du das einmal verstehst, ist alles sehr einfach und sehr befriedigend. Dann kann nichts schiefgehen.

Nichts geht je schief; was immer auch geschieht, ist richtig. Solange du aber der Macher bist, geht alles schief. Wenn du einmal nicht mehr der Macher bist, ist alles in Ordnung.

Jede Führung kommt von Gott, und Führung kommt immerzu – wir müssen nur hinhören lernen. Es ist eine stille, leise Stimme im Herzen. Wenn der Verstand zu sehr mit Lärm angefüllt ist, wirst du sie nicht hören können. Sobald der Verstand still ist, erhebt sich jene leise, kleine Stimme. Und sie ist absolut klar, sie zögert nicht, sie schwankt nicht. Sie läßt keine Wahl frei, sie ist sehr bestimmt. Sie läßt keine Alternativen. Man muß einfach tun, was sie sagt, etwas anderes kann man nicht tun. Wir hören sie jedoch nicht – unser Verstand ist in einem solchen Aufruhr, der Verkehrslärm der Gedanken ist so laut.

Der Führer ist nicht außen, der Führer ist in dir. Man muß tiefer in sein eigenes Wesen eintauchen, um Gott und den Führer zu finden. Sobald du den inneren Führer gefunden hast, gibt es keine Fehler, keine Reue, keine Schuld mehr. Dann ist es nicht mehr eine Frage von Gut oder Böse. Was auch immer du tust, ist gut. Es ist auch keine Frage der Moral mehr. Dein wahres Wesen ist gut, und was immer auch aus ihm herrührt, ist gut. Du gehst im Licht, leichten Schrittes, denn jetzt ist die Last des Kopfes nicht mehr da. Und wenn du im Licht gehst, leichten Schrittes, wird das Leben zum Lachen, zur Liebe, zur Freude.

Bis der innere Führer gefunden wird, brauchst du einen Meister. Wenn du den inneren Führer einmal gefunden hast, hast du den Meister in dir selbst gefunden. Der Meister ist nur da, um dir etwas zu sagen, was bereits von deinem Herz gesagt worden ist; weil du es aber nicht hören kannst, muß es von außen gesagt werden, denn wir können leichter auf etwas hören, das von außen kommt, als auf etwas, das von innen kommt.

Der äußere Meister ist nur eine Repräsentation des inneren Führers. Der innere Führer und der äußere Meister sind also nicht zwei Erscheinungen; sie sprechen die gleiche Sprache. Dich dem Meister hinzugeben heißt in Wirklichkeit, dich deinem eigenen inneren Führer hinzugeben, denn der äußere Meister funktioniert nur als Echo, als Spiegel: Er reflektiert dich. Er macht Dinge klar, die dir nicht klar sind, das ist alles. Er sagt einfach nur laut, was leise von deinem Herzen gesagt wird. Er verstärkt die stille, kleine Stimme.

Denke stets daran: Wenn du hier bist, mußt du eins begreifen – daß ich hinter allem stehe, was hier geschieht. Niemand anderes tut es – du brauchst dir also keine Sorgen zu machen. Wenn du nicht hierherkommen willst, komme nicht hierher. Ich habe mich entschieden, so zu sein. Du brauchst es nicht zu verstehen. Es ist überhaupt nicht dein Problem! Wenn du nicht hier sein möchtest, brauchst du nicht hier zu sein. Wenn du gerne hier sein möchtest, dann sei hier; dann mußt du aber alles akzeptieren, was hier geschieht. Wenn du mit mir sein willst, mußt du auch mit allem mitgehen, was hier ist. Und wenn du das nicht willst, steht es dir frei zu gehen.

Für alles, was hier passiert, bin nur ich verantwortlich. Und ich habe mich entschieden, so zu sein. Ich weiß warum, aber ich bin niemandem eine Erklärung dafür schuldig. Das ist meine Art, meine Arbeitsmethode. Das ist meine Art, Leute auszuwählen. Das ist meine Art, Leute loszuwerden, die nichts taugen.

Denn dies ist nur der Anfang der Hingabe. Wenn dich schon kleine Dinge stören, wird es sehr schwierig sein, wenn ich dir den Kopf abhaue. Wenn du also hier mit mir sein willst, so sei dir absolut und ein für allemal im klaren, daß ich über alles und jedes, was hier geschieht, Bescheid weiß und daß ich dahinterstehe.

Schiebe nie die Verantwortung auf andere. Das ist ein phantastischer Trick des Verstandes. Du kannst dir denken: »Da steht Osho nicht dahinter. Diese Leute da – diese Maneesha, dieser Haridas – diese Leute da tun es.« Du kannst wütend auf sie sein und mich dabei aussparen. Das ist nicht richtig. Sie tun, was *ich* will.

Niemand tut etwas, worüber ich nicht Bescheid wüßte. Und nichts geschieht, was gegen meinen Willen geschieht. Das mußt du verstehen.

Hingabe ist schwierig, deshalb brauchst du dich nicht schuldig zu fühlen; es ist nichts Persönliches. Der eigentliche Prozeß der Hingabe ist der schwierigste Prozeß überhaupt. Sie erfordert die größte Anstrengung, und so paradox es auch erscheinen mag, sie erfordert den größten Willen der Welt. Schwächlinge können sich nicht hingeben; nur sehr, sehr starke Menschen können sich hingeben. Es verlangt Kraft, Stehvermögen.

Dich hinzugeben bedeutet, deine allerelementarsten Überlebensinstinkte fallenzulassen. Hingabe bedeutet, daß du dich ungeschützt, ohne Abwehr, verletzlich zeigst.

Wenn Hingabe geschieht, kommt sie fast einem Wunder gleich, und deshalb bringt sie auch eine so tiefe Transformation mit sich. Denn im normalen Leben kommt sie nie vor. Die Leute reden bloß davon. Davon zu reden ist eins, es zu tun etwas ganz anderes. Wann immer sie jedoch geschieht – und das sind seltene Momente –, ist sie magisch. Sie transformiert dich in einem einzigen Augenblick.

Es ist daher schwierig, es ist mühevoll, es ist eine mühselige Aufgabe. Es ist, als würde man mit bloßen Händen ohne Hilfe den Everest besteigen.

Wenn die Sehnsucht aber da ist, ist es möglich.

Alle leben in soviel Elend, in soviel Pein. Es herrscht keine Freude, kein Gesang, kein Tanz – aus dem einfachen Grund, weil all das Gott gehört und nicht uns.

Es kann uns nur gehören, wenn wir verschwinden, wenn wir nicht im Weg stehen, wenn wir Gott erlauben, durch uns hindurch zu fließen. In diesem absoluten Loslassen, in dieser Hingabe besteht Sannyas.

Sannyas ist nicht eine Hingabe an mich, ist keine Hingabe an jemand Bestimmtes, es ist einfach die Hingabe ans Ganze, an diese riesige, unendliche Existenz. In dem Moment, wo du dich in sie auflöst, wird das Leben zur reinsten Freude.

Ich sage nicht, du sollst dich hingeben. Es ist nicht leicht für mich, wenn du dich hingibst. Auch tust du ja gar nichts, wenn du dich mir hingibst. Was tust du beim Hingeben? Was hast du hinzugeben? Ich übernehme Verantwortung. Ich nehme jemandes Leben in meine Hände, und ich muß vorsichtig sein damit. Es ist etwas Delikates.

Vielleicht bist du einfach nur neugierig; vielleicht tust du es nur, weil du so viele Leute in Hingabe siehst, und so sagst du: »Versuchen wir es mal.« Vielleicht ist es nur Imitation. Für mich jedoch ist es nicht so einfach. Wenn du dich mir hingibst, übernehme ich die Verantwortung für dich. Wenn du jetzt versagst, versage ich mit dir. Wenn du zur Hölle fährst, wird ein Teil von mir zur Hölle mitgezerrt. Wenn du unglücklich bist, bin auch ich unglücklich. Dein Leben ist jetzt mein Leben.

Ein Sannyasin sagt, er habe versucht zu lernen, sich hinzugeben.

Dann gib dich hin! Etwas anderes brauchst du nicht zu tun. Es ist ganz einfach. Es erfordert keine Anstrengung, keine Vorbereitung. Ein Entschluß genügt.

Hingabe ist nichts, was du arrangieren oder steuern müßtest. Es ist nichts, worauf du dich vorbereiten mußt. Wenn du versuchst, dich darauf vorzubereiten, wirst du dich nie hingeben können. Es ist eine Einsicht – daß du für dich allein nichts zustande gebracht hast, daß du für dich allein umsonst gekämpft hast. Warum also nicht alles sein lassen und etwas ganz Neues versuchen?

Hingabe benötigt nur Hingabe, sonst nichts. Sie ist nicht sehr komplex. Es ist eine einfache Geste.

Man lernt, indem man etwas tut – anders geht es nicht. Du gehst zum Fluß und fängst an, schwimmen zu lernen. Je mehr du schwimmst, desto besser kannst du schwimmen. Hingabe bedeutet, sich in die Tiefe des Bewußtseins zu begeben, es ist ein Schwimmen. Je mehr du es tust, desto mehr weißt du. Je mehr du weißt, desto mehr Abenteuer werden sich dir öffnen und desto mehr Herausforderungen werden sich dir stellen. Und ich werde dich vor immer mehr Herausforderungen stellen. Je mehr du dich hingibst, desto mehr wirst du dich zur Hingabe fähig fühlen.

Ein Sannyasin hat gesagt, er fühle keine Hingabe und habe soeben sein Sannyas zurückgegeben.

Das wird dich befreien und dir die Hingabe eher ermöglichen. Wenn du dich nicht hingegeben fühlst, wird Sannyas zu einer konstanten Provokation, und du beginnst gegen mich anzukämpfen. Sei einfach ein Nicht-Sannyasin. Das ist überhaupt kein Problem. Die Hingabe wird eines Tages kommen, und nur wenn sie kommt, hat Sannyas eine Bedeutung; andernfalls ist es bedeutungslos. Ich mache dich hiermit absolut frei, damit du nicht gegen mich anzukämpfen brauchst.

Und sobald du zu kämpfen aufhörst, muß die Hingabe kommen, ist sie auf dem Weg.

Eigentlich möchtest du dich hingeben, deshalb taucht das Problem auf, deine Hingabe sei nicht total, du seist nicht wirklich hingegeben. Wer sich gar nicht hingeben will, kann sich leicht selbst betrügen und denken, er sei hingegeben. Bei ihm ist es nichts Ehrliches, es ist nicht authentisch. Ein authentischer Mensch wird sich immer fragen, ob er sich hingegeben hat oder nicht. Wenn er sich nicht wirklich hingegeben hat, was dann? Auf diese Weise kommt es eines Tages zur wahren Hingabe.

Mache dir keine Sorgen, fühle dich nicht schuldig. Sannyas wird aus Freiheit wiederkommen. Diesmal hast du es verpaßt, aber die Leute verpassen es oft ... und es ist nicht billig. Man verpaßt es, man versucht es von neuem, man verpaßt es wieder, man versucht es von neuem ... Wenn man es jedoch immer wieder versucht, geschieht es eines Tages.

Es ist das Größte, was einem Menschenwesen passieren kann, denn nur in der Hingabe wirst du von Segen überschüttet, nur in der Hingabe erfährst du Gnade. Nur in der Hingabe weißt du, was Leben ist. Sonst ist da nur Kampf, Anspannung, Streß und Angst, und das ganze Leben bleibt ein ständiger Teufelskreis von alledem. Es bewegt sich wie ein Rad, dieselben Speichen kommen immer wieder nach oben und gehen wieder nach unten, wieder hoch und wieder hinunter. Hingabe ist ein Sprung aus diesem Rad der Angst.

Es ist nur natürlich und menschlich, hin und wieder mit dem Meister nicht übereinzustimmen, hin und wieder zu fühlen, daß man nein sagen möchte. Das ist gut so; daraus wird erst das wahre Ja geboren. Wenn du zu leicht ja sagst, ohne je nein zu sagen, ist dein Ja impotent. Wenn daher ein rebellischer Mensch gehorsam wird, ist das wahrer Gehorsam. Wenn ein gehorsamer Mensch gehorsam wird, ist nicht viel daran.

Es ist also sehr gut. Mache dir deswegen keine Sorgen und unterdrücke es nicht. Es ist in Ordnung, völlig in Ordnung. Und es wird vorübergehen.

Wenn du mit mir zu einem Prozent übereinstimmst, kannst du nicht entkommen. Du bist vielleicht zu neunundneunzig Prozent anderer Meinung, aber darauf kommt es nicht an. Wenn ich nur einen winzigen Platz in dir erhalte, nur ein Prozent, werde ich tiefer in dich eindringen. Dann wird aus diesem einen Prozent zwei Prozent, und aus zwei Prozent drei – und ganz langsam wirst du sehen, daß du verschwunden bist.

Wenn du soeben Sannyas genommen hast, kann die Hingabe nicht total sein – jedenfalls ist sie das nur selten. Hin und wieder ist sie total, aber nur sehr selten. Du stehst am Anfang der Hingabe. Dann wächst sie. Langsam gibst du dich immer mehr hin. Je mehr du mich verstehst, desto mehr wird es dir möglich. Je mehr du dich selbst verstehst, desto mehr wird es dir möglich.

Am Anfang zögerst du, dich hinzugeben – es fühlt sich an, als würdest du deine Persönlichkeit, deine Individualität verlieren. Am Anfang hast du das Gefühl: Warum? Warum sollte ich mich jemand anderem hingeben?

Ganz langsam fängst du an zu verstehen, daß der andere nicht der andere ist. Du gibst dich nicht mir hin – du gibst dich deiner eigenen Zukunft hin, du gibst dich deinem eigenen Potential hin, du gibst dich deinem eigenen Zentrum hin. Ich bin nur eine *via media* ... ein Mittler. Ich bin nur ein Postbote – du schreibst einen Brief, und ich liefere ihn dir aus. Dein Brief ist an dich selbst adressiert. Schließlich wird dir ganz langsam bewußt werden, daß Hingabe nicht gegen deine Individualität gerichtet ist; in Wirklichkeit wird sie dir wahre Individualität bringen. Eines Tages wirst du erkennen, daß du dich dir selbst hingegeben hast – ich war überhaupt nicht im Spiel. Anfangs war ich jedoch notwendig, weil es dir sonst schwerfallen würde, dich vor dir selbst zu verneigen. Es sähe sehr töricht aus. Du verneigst dich deshalb vor mir – doch all dies erfolgt nur in der Übergangsperiode.

Eines Tages wirst du dich vor dir selbst verneigen können.

Die Funktion des Meisters besteht darin, deine Bestimmung zu finden. Und das ist nur möglich, wenn sich zwischen dem

Meister und dem Schüler eine tiefe Sympathie entwickelt, denn es ist eine sehr delikate Angelegenheit, dein Potential zu erspüren. Wenn du nicht völlig zugänglich bist, ohne Bedingungen, ohne einen Haken, ist es nicht möglich.

Sannyas bedeutet daher völlige Hingabe. Schüler zu sein ist eine Liebesbeziehung. Du läßt dein Ego los und wirst einfach ein Teil der Welt des Meisters. Du beginnst dich zu vermischen, zu verschmelzen und zu verschwinden. Und dann ist alles ganz einfach, die Dinge geschehen von selbst. Nichts wird gesagt, nichts wird gehört – aber etwas beginnt zu geschehen.

Ich gebe dir keine Gebote: Tue dies, unterlasse jenes – kein *Du sollst,* kein *Du sollst nicht.* Ich erlege dir keine Disziplin auf, ich rufe dir nur zu, die Augen aufzuschlagen und das Licht zu sehen. Und danach kannst du unmöglich etwas falsch machen. Dann entsteht Selbstdisziplin aus sich heraus.

Und wenn sich Disziplin von selbst einstellt, hat sie ihre eigene Schönheit, hat sie Spontanität, hat sie Freude, ist sie wie ein Tanz.

Wenn du die Vorstellung zugelassen hättest, daß du alles für mich hingeben könntest, sogar deine Frau, so hätte dir allein schon diese Vorstellung geholfen. Nicht daß ich dir je auftragen werde, so etwas zu tun. Ich werde nicht von dir verlangen, daß du etwas losläßt – es hat nichts mit dem Loslassen zu tun. Aber schon die bloße Vorstellung, daß du alles loslassen könntest, daß du sogar deine Geliebte gehenlassen könntest, wenn ich es sage – allein schon diese Vorstellung hätte eine unglaubliche Wirkung in deiner Seele ausgeübt. Sie hätte dich integriert.

Wenn du etwas losläßt, das für dich wertlos ist, so ist es, als würdest du überhaupt nichts loslassen. Wenn du aber etwas losläßt, was du gar nicht loslassen willst, was für dich fast den Tod bedeutet, wirst du durch diese Vorstellung integriert, wirst du zentriert.

Nicht daß ich es von dir verlangen würde! Ich wäre der Letzte, der das tun würde. Aber du hast die Gelegenheit verpaßt. Jetzt wird es nicht mehr helfen, denn du weißt, daß ich nicht von dir verlangen werde, etwas loszulassen. Wir müssen also eine andere Gelegenheit abwarten.

Wenn ich eine Botschaft schicke, meine ich es auch! Und wenn du es in diesem bestimmten Moment ausführst, geschieht etwas; sonst geschieht nichts.

Du sollst nicht darüber nachdenken! Wenn ich eine Botschaft schicke, sollst du es einfach ausführen. Du sollst nicht darüber nachdenken, ob du es tun sollst oder nicht – ich biete dir keine Alternative –, sonst verpaßt du diese Momente. Sie kommen nur sehr selten! Hast du sie verpaßt, kannst du nie wissen, wann sie wiederkommen. Komme aus dem Kopf! Du schaffst dir deine Probleme selbst.

Von diesem Augenblick an mußt du alles tun, was man dir sagt. Es ist schwierig, ich weiß. Genau deshalb mußt du es tun.

Hör auf zu denken! Tue einfach, was ich dir sage, und innerhalb von zwei oder drei Monaten wird viel geschehen. Sonst stolperst du über Nichtigkeiten. Dann wirst du verwirrt, dann fühlst du dich schuldig, und dann beginnst du an Selbstmord zu denken und an dieses und jenes ... und all das ist absolut unnötig. Wieviel mehr Selbstmord brauchst du denn noch? Wenn du einmal Sannyasin geworden bist, hast du Selbstmord begangen! Ja?

George Gurdjieff pflegte für seine Bücher Phantasiepreise zu verlangen ...

Er verkaufte sie nicht in den Buchläden. Er verlangte für sie, was ihm gerade einfiel ... und auch Phantasiepreise für seine Vorträge. Diese Vorträge wurden erst eine Stunde vorher angekündigt, auch wenn jemand vielleicht zwanzig Meilen entfernt wohnte. Er wurde telefonisch benachrichtigt: »Der Vortrag findet um zwanzig Uhr statt – beeilen Sie sich!« Es kam vor, daß Leute eiligst von sehr weit herfuhren; kaum waren sie da, wurde ihnen gesagt, der Vortrag sei verschoben worden – auf morgen!

Einmal tat er das acht Tage hintereinander. In letzter Minute wurden die Leute benachrichtigt. Sie kamen, sie hatten dafür bezahlt, und der Vortrag wurde annuliert. Am ersten Tag erschienen vierhundert Leute; am achten Tag waren noch vier übrig. Er schaute sie an und sagte: »Jetzt sind die richtigen Leute übriggeblieben. Jetzt kann ich reden.« Er sagte: »Das sind die Leute, die mich verstehen werden. Sie sind bereit, dafür zu bezahlen, acht Tage hintereinander, ohne sich zu beklagen, ohne zu sagen: ›Was soll der Unsinn? Warum ärgerst du uns?‹ Kein Wort des Grolls, keine Beschwerde.« Das ist Hingabe, das ist Vertrauen – »Wenn er das tut, muß etwas dahinterstecken!«

Ein Meister muß auf sehr geschickte Weise am Schüler arbeiten. Er muß ihn besitzen, darf aber seine Freiheit nicht zerstören. Er muß ihn nähren, darf ihn aber nicht abhängig machen. Einerseits muß er ihm helfen, sich hinzugeben, anderseits muß er aber auch seinen Willen stärken. Die Funktion des Meisters ist sehr paradox. Das Paradoxe daran ist, daß er einerseits sagt: »Gib dich hin!« und anderseits: »Hüte dich vor mir!«

In Friedrich Nietzsches *Also sprach Zarathustra* sagt Zarathustra als letztes zu seinen Jüngern: »Ich werde euch jetzt verlassen; doch hütet euch vor mir, auch wenn ich gegangen bin. Ich muß euch verlassen, denn ich muß euch völlig frei machen, absolut frei.« Am Anfang hilft dir der Meister, er überredet dich zur Hingabe. Sobald du dich einmal hingegeben hast, verändert sich seine Funktion radikal. Er beginnt dir zu helfen, selbständig zu werden.

Ich glaube, das fehlt irgendwie in deiner Hingabe [zu deinem Guru]. Die Hingabe ist da, nicht aber das Gegenstück. Auf diese Weise kann die Besitzergreifung beinahe destruktiv sein. Bis zu einem gewissen Grad wird es dich nähren, aber dann wirst du das Gefühl erhalten, jetzt sei es zu spät, denn du verlierst deine eigenen Wurzeln. Du wirst zum Zombie.

Der Meister kann dir Mut machen, er kann dir das Vertrauen geben, daß die Erleuchtung wirklich geschieht. Du kannst fühlen, daß sie ihm geschehen ist. Schon dieses Gefühl allein genügt, um dich auf dem Weg zu halten, denn das Ziel ist sehr weit, und es wimmelt nur so von Gefahren. Jeder Schritt kann dich vom Weg abbringen, auf jedem Schritt wird es Frustration und Hoffnungslosigkeit geben. Viele Male wirst du dich zur Umkehr entschließen, und viele Male wirst du das Gefühl haben, daß du dich in eine Welt der Einbildung begeben hast – eine Welt der Illusionen, der Träume. Viele Male wirst du das Gefühl haben, daß es besser gewesen wäre, weltlich geblieben zu sein und nicht diesen Pfad gewählt zu haben ... denn wo ist das Ziel? Das Ziel ist hinter vielen Wolkenschichten verborgen.

Wenn du mit einem Meister gewesen bist, wird dir das helfen. Wenn du von Hoffnungslosigkeit umgeben bist, werden dir seine Liebe, seine Präsenz und die Erfahrungen mit ihm Hoffnung verleihen. Sie werden dich auf dem Weg halten. Schließlich mußt du jedoch zu deinem eigenen Wesen gelangen.

Die neue Energie, die sich einstellt, ist im Vergleich mit der alten Persönlichkeit immer etwas Delikates. Die alte Persönlichkeit ist sehr stark, denn du hast sie lange Zeit genährt. Du mußt deshalb bewußt die neue nähren, und du mußt bewußt damit aufhören, die alte zu nähren. Am besten geht das, wenn du ganz verschwinden kannst und mir die Arbeit überläßt, dann wirst du dich nicht überfordert fühlen; andernfalls fühlst du dich überfordert. Verschwinde einfach ... nimm einfach Abschied von dir selbst.

Arbeite jetzt für mich und bringe dich nicht ein. Das wird der beste Schutz für die wachsende Energie sein. Und wenn du für mich zu arbeiten beginnst, wenn du mir erlaubst, durch dich zu arbeiten, so fürchte dich vor nichts, was immer auch geschieht. Denn mit mir besteht immer ein Risiko, doch durch dieses Risiko wirst du wachsen, wirst du reifen. Risiko ist das Feuer, daß das innere Wesen reifen läßt. Also Schluß mit dem Versteckspiel!

Du kannst meine Sannyasins sehen ... durch ihre Hingabe sind sie keine Zombies geworden. Sie sind authentischer individuell geworden. Vorher waren sie keine Individuen – sie waren Zombies! Sie waren benebelt von ihrem Ego. Sie haben das Ego fallenlassen – jetzt können sie feiern. Diese Fessel ist gefallen.

Hingabe ist in keiner Weise Abhängigkeit. Hingabe macht dich so unabhängig wie sonst nichts. Hingabe nimmt dir nicht dein Selbst – sie nimmt dir nur dein Ego. Und das sind zwei völlig verschiedene Dinge. Wenn das Ego fallengelassen wird, wirst du zum ersten Mal wirklich zum Individuum. Das Ego war nur eine Pseudoindividualität, ein Angeber, eine Fälschung; es war nichts Echtes. In der Hingabe läßt du die Fälschung fallen, um das zu werden, was du wirklich bist. Das ist in keiner Weise Abhängigkeit.

Und wenn du dich mir hingibst, gibst du dich in Wirklichkeit niemandem hin, denn es ist niemand da. Du gibst dich einem Nichts hin – einem großen Nichts. Du kannst mich anschauen ... Ich bin nur eine Tür, ein großer Durchgang, durch den man hindurchschreiten kann. Ich bin nur eine Leere. Du kannst durch mich hindurchgehen, durch mich kannst du zu deinem eigenen Wesen finden. Ich bin kein Hindernis.

Vergiß also nicht: Wenn Hingabe zur Abhängigkeit führt, läuft etwas schief. Dann spielst du wiederum das gleiche Egospiel, jetzt spielt das Ego das Spiel der Hingabe.

Wenn du dich wirklich hingegeben hast, ist niemand da, der sagt: »Ich habe mich hingegeben.« Nichts bleibt übrig, nur eine klare Sicht, eine transparente Sicht. Du siehst die Dinge leichter, ohne dich auf sie zu projizieren. Entscheidungen kommen von Moment zu Moment – du manipulierst sie nicht, du kontrollierst dein Leben nicht mehr. Du lebst losgelöst und reagierst auf jeden Moment neu.

Es gibt zwei Arten, ein Leben zu leben. Die eine Art ist, es zu managen, es zu kontrollieren, es zu planen, Entscheidungen aus der Vergangenheit zu treffen und die Zukunft der Vergangenheit entsprechend einzuzwängen. Das tun alle, und alle machen damit aus dem Leben eine Hölle. Eine andere Art zu leben – die erleuchtete Art – ist die: keine Entscheidung aus der Vergangenheit zu treffen, sondern einfach den nächsten Moment abzuwarten und mit deiner Totalität darauf zu antworten.

Durch Hingabe wirst du total. Wenn du das Ego hingibst, gibst du deine Pläne, deine Vergangenheit, deine Zukunft hin. Du gibst deinen Verstand hin. Jetzt bleibt nur noch Leere zurück. Aus dieser Leere heraus wirst du handeln. Es werden keine Reaktionen sein, es werden Aktionen sein. Nicht daß *du* über sie entscheidest – sie werden aus deiner Totalität heraus entschieden.

Ich bin hier, um dir zu helfen, so unabhängig wie möglich zu werden. Wenn du von mir abhängig wirst, ist alles umsonst. Ich möchte nicht, daß du dich auf mich stützt, denn das würde dich verkrüppeln. Wenn du anfängst, mit meinen Beinen zu gehen und durch meine Augen zu sehen, wirst du erblinden, wirst du gelähmt sein.

Lerne von mir, aber sei du selbst. Bleibe mir gegenüber zugänglich, aber werde nicht zum Nachahmer. Bleibe offen und verletzlich, aber du brauchst mir nicht zu folgen. Es ist etwas Delikates, und es braucht eine tiefe Empfindsamkeit, um es zu verstehen.

Zwei Dinge sind einfach: Entweder wirst du ein Egoist und sagst: »Ich kann mich nicht hingeben«; oder du sagst: »Ich gebe mich hin. Jetzt werde ich abhängig.« Beides ist einfach.

Ich ziele darauf ab, sich hinzugeben und zugleich sich selbst zu bleiben. Ich möchte etwas Paradoxes, aber in genau diesem Paradox liegt Schönheit und Segen.

Hingabe ist gut, um zu lernen; sie ist sehr gut, um zu vertrauen. Man sollte sich jedoch stets bewußt bleiben, daß Hingabe nur ein Anfang ist. Das Ziel ist Freiheit.

Manchmal passiert es ... viele Leute denken, sie seien angekommen, nur weil sie Sannyasin geworden sind. Es ist nur ein Anfang, es ist nicht das Ende. Es ist nur das ABC. Man muß weitergehen, viel weiter ... man muß einen langen Weg gehen. Das Ziel liegt weit jenseits der Sterne.

Wenn du aber den ersten Schritt getan hast, wirst du auch den letzten tun.

Der erste Schritt ist der wichtigste, denn die Leute hängen dauernd mit ihrer Unentschlossenheit herum, ob sie nun Sannyas nehmen sollen oder nicht. Hat man den ersten Schritt getan, ist das schon fast die halbe Reise.

Du hast also Mut gesammelt und dich entschlossen ... und der Entschluß ist sehr bedeutungsvoll. Damit verpflichtest du dich, intensiv an dir selbst zu arbeiten. Und ein Mensch wächst nur durch Verpflichtung, durch tiefes Engagement, durch aufrichtige Arbeit ...

Werde zu einem geliebten Schüler. Und wenn ich dir auftrage, ein geliebter Schüler zu werden, meine ich nicht *mein* Schüler. Meine Sannyasins sind meine Freunde ... Du mußt ein Schüler der Existenz sein. Du mußt ein Schüler der Sonne, des Mondes, der Sterne, der Bäume, dieser ganzen schönen Existenz sein, die dich umgibt. Du mußt ein Schüler von Gott selber sein.

Der wahre Meister hilft dir nur, deine versteckten Geheimnisse zu entdecken. Und das ist der Schlüssel. Funktionierst du aus Wissen heraus, bleibst du dumm. Funktionierst du aus einem Zustand des Nicht-Wissens heraus, wirst du weise.

Eine Sannyasin sagt, sie sei sehr verwirrt. Auf Oshos Frage nach dem Grund äußert sie den Wunsch, von ihm gesehen zu werden, ohne sich erklären zu müssen.

Ich kann dich sehen, aber das wird dir nicht helfen. Ich kann dich sehen, aber du mußt es *sagen;* das macht einen Riesenunterschied. Das ist etwas, was sehr, sehr nötig für dich ist. Du mußt deine Frage aussprechen; zumindest soviel Arbeit mußt du leisten. Ich kann sehen, wo das Problem liegt. Wenn du willst, kann ich es dir sagen, nur wird dir das nicht helfen.

Das Problem liegt darin, daß du unabhängig sein willst, und trotzdem möchtest du, daß ich mich voll und ganz um dich kümmere. Das ist das Problem. Du möchtest, daß ich mich voll und ganz um dich kümmere – und ich bin auch dazu bereit –, aber gleichzeitig möchtest du auch absolut unabhängig von mir sein. Das ist jedoch ein Widerspruch. Du wirst dich für eines von beiden entscheiden müssen. Wenn du dich für die Unabhängigkeit entschließt – prima! Sei unabhängig! Dann erwarte aber nicht von mir, daß ich mich um dich kümmere; schlage dir das aus dem Kopf. Beides zusammen ist unmöglich. Du mußt dich also entscheiden.

Oder gib dich total hin – dann muß jedoch alle Unabhängigkeit und aller Unsinn ein Ende haben.

Beides ist gut, nur versuchst du leider, auf zwei Hochzeiten zu tanzen, daher die Verwirrung. Du hast Angst, dich hinzugeben, und du hast Angst, unabhängig zu bleiben. Im Grunde geht es genau darum.

Wenn du unabhängig sein willst, so versuche es. Nichts ist verkehrt daran, es ist absolut in Ordnung. Tatsächlich werde ich dich, wenn du dich mir hingibst, letztlich genau zu dem machen – absolut unabhängig. Hingabe ist nur ein vorbereitender Übergang. Doch wenn jemand schon vorher unabhängig sein will, soll er es ruhig versuchen. Dabei macht sich aber nur wieder das Ego geltend.

Ich fühle, daß dieser Augenblick gelebt werden muß. Ich fühle es wirklich.

Dann lebe ihn!

Ich habe das Gefühl, daß es Hingabe nur geben kann, wenn ich mich um alles selbst bemühe. Dann werde ich in Verwirrung geraten und kann zusammenbrechen ... und das wird dann eine wahre Hingabe sein. Ich will keine falsche Hingabe.

Gut, dann lebe danach, hmm?

Ich will keine falsche Hingabe. Ich will nicht sagen: »Ja, ich gebe mich hin, weil ich ...«

Nein, etwas sagen hilft nicht, hmm? Etwas sagen hilft nicht. Lebe es! Wenn die Hingabe auf diese Weise eintreten soll, so gehe da hindurch. Aber suche dann nicht nach Trost – denn du wirst leiden. Und sage dann nicht, du seist eben verwirrt – du wirst wirklich verwirrt sein. Akzeptiere es und lebe es! Du wirst zerbrechen, und zu zerbrechen ist nichts Leichtes; es ist schmerzhaft, es ist ein Zusammenbruch. Wenn du es leben kannst, wirst du zerbrechen, soviel ist sicher. Aber sei dann nicht in Eile, um irgendeine Lösung zu finden. Lebe es einfach ... und leide es! Es ist absolut in Ordnung, die ganze Qual durchzustehen. Das mag Licht bringen, das mag Klarheit bringen.

Und genau darum geht es mir. Ich sage nicht, du sollst wählen – wie könntest du wählen? Ich kann nur sagen: Versuche das Ganze zu sehen. Man muß sehen, wo das Problem liegt. Erkenne die Verwirrung und wie die Verwirrung von dir selbst erzeugt wird. Du versuchst zwei Dinge gleichzeitig zu tun, zwei Dinge, die sich diametral gegenüberstehen, daher die Verwirrung. Sieh es und gehe da hindurch!

Wenn du es in seiner Ganzheit gesehen hast, wirst du wieder herauskommen. Wie immer das auch aussehen mag, es wird gut sein. Wenn daraus Hingabe folgt, ist es gut; wenn daraus Unabhängigkeit folgt, ist es gut. Du brauchst also keine vorgefaßte Meinung zu haben – daß Hingabe daraus entstehen müsse –, nein. Sonst wird sie wieder manipuliert.

Bleibe einfach offen und gehe da hindurch. Ein paar Monate lang wird es jedoch sehr qualvoll sein, bereite dich also darauf vor ... Und suche dann keinen billigen Trost. Du wählst den schwierigen Weg.

Welches ist der einfache Weg?

Nein, nein. Du kannst jetzt nicht einfach etwas anderes wählen. Du befindest dich bereits auf dem schwierigen Weg. Nicht alle hier sind verwirrt, es muß also auch Wege geben, welche man wählen kann, die nicht so schwierig sind. Nicht alle sind gleich verwirrt wie du. Du mußt es so gewählt haben, aber vielleicht ist es der einzige Weg, wie du da hindurchgehen kannst. Und jeder muß seinen eigenen Weg gehen. Wenn es hart ist, ist es hart. Kein Grund zur Aufregung.

Ja.

Noch etwas?

Ja. Ich habe das Gefühl, daß du mir all dies sagst, als wärst du böse auf mich.

Nein, nein, nein! Ich bin dir nicht böse.

Es macht mir Schuldgefühle.

Nein, nein, nein, das ist nicht nötig! Das ist deine Verwirrung, die du ständig erzeugst. Das habe ich gemeint, als ich sagte, ich würde das Problem lieber nicht benennen. Hättest du selber die Frage gestellt, wäre es etwas anderes gewesen; dann würdest du nicht denken, ich sei böse auf dich ... denn du hättest es gefragt. Weil ich es aber beim Namen nenne, sieht es so aus, als wäre ich böse. Ich sage nur, daß sich dein Kopf momentan in dieser Situation befindet. Beobachte sie, erkenne sie, gehe durch sie hindurch und berichte mir in einem Monat, wie du dich fühlst.

Solange du nicht den Glauben an allen Glauben aufgibst, wird sich kein Vertrauen einstellen, denn dies ist eine ganz andere Dimension. Ein Glaube blickt nach außen zu jemand anderem als Erlöser hin. Die Christen glauben an Christus, und die Buddhisten glauben an Buddha; sie blicken nach jemandem, als ob *er* die Verantwortung tragen würde. Niemand ist verantwortlich für dich, nur du selbst. Vertrauen ist nicht nach außen gerichtet. Vertrauen ist einfach eine innere Qualität, wie der Duft einer Blume, einfach da, nicht zielgerichtet. Niemand kann dir das Vertrauen wegnehmen, denn du hast es in niemanden gesetzt.

Der wahre Meister erzeugt nie einen Glauben, die falschen Meister jedoch erzeugen immer einen Glauben. Im Namen des

Vertrauens erzeugen sie Glauben. Der wahre Meister zerstört den Glauben. Darum sagen die Zen-Leute: »Triffst du Buddha auf dem Weg, so töte ihn.« Damit meinen sie, man solle den Glauben an Buddha töten, damit das eigene Vertrauen von allen Objekten befreit werden kann.

Vertrauen ist eine Qualität deines Herzens, genau wie Intelligenz eine Qualität deines Verstandes ist. Und je weniger du mit Glauben vollgestopft bist, desto mehr wirst du merken, wie Vertrauen wächst. Wer könnte es dir wegnehmen? Niemand. Niemand kann es erschüttern. Du vertraust, weil du Freude daran hast zu vertrauen. Es steckt keine Motivation dahinter; es ist Vertrauen um des Vertrauens willen. Wenn dich jemand betrügt, ist das *seine* Sache; eigentlich bietet er dir nur eine Gelegenheit, dein Vertrauen zu prüfen. Wer wirklich vertraut, lacht darüber – er hat eine weitere Hürde genommen!

Wenn du dich einem Meister hingibst, gibst du dich nicht wirklich einem Meister hin. Du nimmst nur die Hilfe eines Meisters an, damit du dich dir selbst hingeben kannst. Der Meister ist nur ein Spiegel: Er reflektiert dich.

Und hin und wieder passiert es, daß dich sogar die falschen Wege, denen du folgst, vielleicht auf den richtigen Weg führen. Falsche Leute, mit denen du zusammen bist, helfen dir vielleicht, nach der richtigen Person zu suchen. Das Falsche als das Falsche zu erkennen ist ein großer Schritt, um das Wahre als das Wahre zu erkennen.

Wenn man daher zurückblickt und alles in Betracht zieht, paßt schließlich alles bestens zusammen. Wer dich betrogen hat und wer dir geholfen hat – du mußt allen dankbar sein.

Verurteile nie jemanden. Was immer die Leute tun können, tun sie. Weshalb sollten wir mehr von ihnen erwarten? Wer sind wir denn? Was immer du nehmen, lernen und erfahren kannst, sollst du nehmen, lernen und erfahren, und dann gehe weiter – bis du an einen Ort gelangst, wo du wirklich verschwinden kannst und nirgendwo anders mehr hinzugehen brauchst. Diese

Tür kommt, doch man muß an vielen Türen anklopfen, bevor man zu dieser Tür kommt.

Neunhundertneunundneunzig falsche Meister ... und dann kommt man zum wahren Meister. Und manchmal ist es eine Überraschung, beim wahren Meister anzulangen: Er hat vielleicht gleich nebenan gelebt, er war vielleicht dein Nachbar.

Es gibt eine berühmte Geschichte aus Tibet ...

Ein junger Mann kam und gab sich einem Meister hin, einem falschen, einem Betrüger. Doch die Hingabe des Schülers war so unglaublich, daß er das Ziel erreichte. Der Meister war zwar falsch, der Meister wußte nichts, aber die Hingabe des Schülers war total, sein Vertrauen war total, und in seinem Leben begannen sich Wunder zu ereignen. Sogar der Meister war überrascht, er konnte es kaum glauben – ihm selbst war so etwas unmöglich. Der Schüler ging beispielsweise auf dem Wasser. Der Meister versuchte es ebenfalls, denn er dachte: »Wenn mein Schüler auf dem Wasser gehen kann, warum nicht auch ich? Vielleicht, weil ich es noch nie versucht habe.« Er fragte den Schüler: »Wie machst du das?«

Der Schüler sagte: »Was gibt es da schon zu machen? Ich rufe mir einfach deinen Namen ins Gedächtnis, und alles wird möglich. Ich bin durch Feuer gegangen, ohne versengt zu werden. Ich bin auf dem Wasser gegangen. Ich bin von einer Klippe gesprungen, ohne mich zu verletzen. Nur dein Name! Und du weißt es ja – warum fragst du mich?«

Der Meister versuchte es und sprach seinen eigenen Namen aus; auf dem Wasser versuchte er sich an sich selbst zu erinnern. Aber er hatte Angst; Zweifel stiegen auf. Er ertrank beinahe. Bloß seinen Namen wiederholen? Er konnte nicht glauben, daß dies möglich sei.

Es geht also nicht darum, mit wem du bist. Die eigentliche Frage lautet: Wie groß ist dein Vertrauen?

Ein Leben ohne Liebe ist ein lebloses Leben

Ein Sannyasin muß daran denken, seiner Liebe nie eine Grenze zu setzen. Die Liebe sollte sich nicht auf ein Objekt richten. Sobald du dich auf ein Objekt richtest, gehst du in die Falle. Wenn du beispielsweise eine bestimmte Person liebst, so heißt das, daß damit die ganze restliche Existenz ausgeklammert wird. Du hast sie aus deiner Liebe ausgeschlossen; deine Liebe ist sehr eng geworden, und eine enge Liebe wird zu einem Gefängnis.

Die Liebe sollte nie einem Tunnel gleichen. Sie sollte nach allen Seiten hin offen bleiben. Man sollte so viele Leute, so viele Aspekte des Lebens, so viele Dimensionen lieben wie nur möglich. Man sollte ständig weiterforschen.

Liebe ohne jeden Grund! Liebe um der reinen Freude des Liebens willen. Liebe, denn durch die Liebe wirst du erfahren können, was dies alles bedeutet – diese ganze Existenz, dieses Leben, dieses wunderbare Universum, das dich umgibt.

Es gibt ein schönes Gleichnis aus Buddhas Leben ...

Buddha begegnete einem Mörder; er war einer der berühmtesten Mörder in der ganzen Menschheitsgeschichte. Er war so gefährlich, daß sich sogar Könige und ganze Armeen vor ihm fürchteten. Er war ganz einfach verrückt und außerdem sehr, sehr stark, fast wie ein wildes Tier.

Dieser Mörder hatte den Schwur abgelegt, er werde eintausend Menschen umbringen, und er machte sich eine Girlande aus den Fingern seiner Opfer. Er hatte bereits neunhundertneunundneunzig Menschen umgebracht, doch inzwischen waren alle Leute gewarnt, und er wußte nicht, wie er das eintausendste Opfer finden konnte. Die Menschen mieden die Gegend, wenn sie hörten, wo er sich aufhielt. Der Verkehr auf den Straßen versiegte ... das Gerücht sprach sich herum.

Da kam Buddha vorbei, und die Leute sagten zu ihm: »Gehe nicht diese Straße! Dieser verrückte Angulimal ist dort, und er wartet schon seit Monaten, um noch einen Menschen zu töten und seinen Schwur zu erfüllen. Er wird nicht sehen, daß du ein Buddha bist, er wird nicht sehen, wen er da umbringt; er ist wie blind. Zur Zeit würde er sogar seine Mutter umbringen, wenn sie dort auftauchen würde – nicht einmal sie besucht ihn mehr.«

Buddha aber sagte: »Hätte ich dies nicht erfahren, so hätte ich vielleicht einen anderen Weg eingeschlagen, aber jetzt, da ihr mich darauf aufmerksam gemacht habt und ich es weiß, *muß* ich diesen Weg nehmen. Was soll dieser arme Mann sonst tun? Seit Monaten wartet er, aber niemand kommt ihm nahe. Schon aus Mitleid muß sein Schwur erfüllt werden. Ich gehe!«

Seine eigenen Jünger fingen an zu verschwinden. Fünftausend Sannyasins waren mit ihm gekommen, doch als er sich in den Wald begab, verschwanden sie alle einer nach dem andern. Und als er schließlich Angulimal gegenüberstand, war er allein.

Angulimal sah ihn an. Angulimal war gewiß verrückt, und doch verspürte er Mitleid mit diesem Menschen, mit diesem stillen Menschen, der so friedlich dahinging, so unschuldig wie ein Kind. Er schrie Buddha an: »Wohin gehst du? Warum kommst du mir nahe? Ich werde dich umbringen. Ich habe noch nie für jemanden Mitleid verspürt, für dich jedoch verspüre ich Mitleid. Ich bin ein gefährlicher Mensch. Wenn du noch einen einzigen Schritt weitergehst, werde ich dich töten. Zurück! Verschwinde von hier!«

Buddha aber sagte: »Wo soll ich denn hin? Der Tod ist überall; wo immer ich auch hingehe, wird man mich töten. Warum sollte ich davonlaufen, Angulimal? Es ist gut, du kannst mich töten. Jemand muß sich dafür hergeben.«

Und er kommt immer näher – aber sein Gesicht, seine Stille, seine Liebe ... Er strahlt Liebe aus, und Angulimal gerät etwas durcheinander. Er sagt: »Halt! Hast du noch nie von mir gehört? Ich sage dir, ich bin ein gefährlicher Mensch. Siehst du nicht diese Kette aus Fingern an meinem Hals? Ich brauche nur noch einen einzigen Menschen. Also keinen Schritt weiter!«

Buddha aber sagte: »Was für Unsinn redest du da? Ich habe vor langer Zeit aufgehört, mich zu bewegen. Ich bewege mich seit Jahren nicht mehr. *Du* bist es, der läuft; ich bewege mich überhaupt nicht!«

Angulimal lachte. Er sagte: »Ich glaube, du bist noch verrückter als ich! Du gehst auf mich zu und sagst, du hättest angehalten; ich sitze hier, und du sagst, ich laufe.«

Und Buddha sagte: »Genau, denn mein Verstand hat angehalten. Ich gehe nirgendwohin. Wo soll ich hingehen? Was soll ich erreichen? Ich eile und laufe nicht. Ich bin nur hier und jetzt. Äußerlich sitzt du ruhig da; dahinter jedoch verstecken sich tausend Wünsche. Du läufst in alle Richtungen, Angulimal.«

Und so begann ein Gespräch zwischen den beiden, während Buddha näherkam. Je näher er kam, desto schwieriger wurde es für Angulimal. Es war eine große Herausforderung.

Dann vergaß er, daß er Buddha töten wollte. Buddha sagte: »Hast du vergessen, daß du mich töten mußt? Vergeude deine Zeit nicht mit Reden, denn viele Leute, alle meine Anhänger werden bald nachkommen, und dann wird es schwieriger für dich werden. Tue es! Aber bevor du es tust, möchte ich dich eines fragen: Warum tust du es? Was willst du damit beweisen?«

Angulimal sagte: »Ich will damit beweisen, daß ich der stärkste Mann im Land bin – nicht nur in dieser Zeit, sondern überhaupt. Ich möchte als der größte Mörder in die Geschichte eingehen.«

Buddha lachte und sagte: »Gut! Bevor du mich tötest, würdest du mir, einem Sterbenden, noch einen Gefallen tun? Mein letzter Wunsch!«

Angulimal erwiderte: »Natürlich. Worum geht es?«

Buddha sagte: »Schneide einen Ast von diesem Baum ab und gib ihn mir.«

Angulimal schnitt den Ast mit seinem Schwert ab und reichte ihn Buddha. Buddha sagte: »Nun füge den Ast wieder an den Baum.«

Angulimal sagte: »Was verlangst du da? Das ist unmöglich. Ich kann den ganzen Wald fällen, das ist einfach. Aber ich kann diesen Ast nicht wieder an den Baum fügen – das ist unmöglich!«

Buddha sagte: »Jetzt töte mich; aber vergiß nicht, das ist kinderleicht. Zerstören kann jeder. Aber nur im Erschaffen bist du Mensch. Wenn du nicht einmal diesen Ast wieder an den Baum fügen kannst, dann töte auch keine Menschen!«

Das Erschaffen ist sehr begrenzt – das Zerstören ist unbegrenzt. Unsere Fähigkeit zum Zerstören ist weit größer als unsere Fähigkeit zum Erschaffen ... und es gibt ein paar Dinge, die man überhaupt nicht erschaffen kann. Die Liebe zum Beispiel können wir nicht erschaffen. Wenn sie kommt, kommt sie. Wir können sie verhindern. Wir können auch die Hingabe nicht erschaffen – wir können sie verhindern. Wir können nichts erschaffen, was *wirklich* Wert besitzt, wir können jedoch alles verhindern – und das tun wir auch ständig.

Ich sage zu meinen Sannyasins nicht: »Geht und helft der Menschheit!« Von dieser Art Hilfe wurde bereits genug geleistet und damit genug Schaden angerichtet. Schluß damit! Ich bestehe darauf: Hilf dir selbst! Und wenn du zum Licht gelangen kannst, zu Glückseligkeit, zu einer Erfahrung des Göttlichen, dann hilfst du automatisch auch den anderen. Du brauchst gar nichts zu sagen – es wird überfließen, du wirst anfangen, vor Freude überzufließen. Und denke daran: Nur ein glückseliger

Mensch kann hilfreich sein; ein unglücklicher Mensch kann nur Schaden anrichten.

Das Erste, was es also zu bedenken gilt, das Elementarste, ist, glückselig zu werden. Sei absolut eigennützig, nur so kannst du altruistisch sein. Das klingt sonderbar, denn seit Jahrhunderten wurde den Leuten gesagt: »Seid nicht eigennützig, dann seid ihr altruistisch.« Ich sage genau das Gegenteil: Sei absolut eigennützig ... denn nur aus deinem Eigennutz wächst Altruismus – die beiden sind sich nicht feind.

Wer sich selbst geliebt hat, wird auch andere lieben können. Wer Wonne verspürt hat, wird sie verbreiten können. Man gibt immer weiter, was man hat – man strahlt es aus. Man kann es nicht verstecken, es beginnt von selbst zu wirken. Es ist ein wahres Wunder, die reinste Magie.

Wenn deine Liebe mit deinem Liebsten nicht fließt, kann es auch schwierig für dich sein, mit *mir* in Verbindung zu treten. Wenn deine Liebe jedoch fließt, ist es sehr leicht, dich mit mir zu verbinden.

Wenn sich eine Liebeserfahrung als bitter erweist, wenn etwas schiefläuft, weiß das Herz nicht, daß du nicht diesen einzigen Menschen lieben sollst. Das Herz zieht sich zusammen, es wird ihm angst vor der Liebe.

Das geschieht hier öfter, auf vielerlei Arten. Jemand kommt beispielsweise hierher und trennt sich nach seiner Ankunft von seiner Ehefrau, seiner Freundin, dem Freund oder dem Ehemann. Es ist ein Schock für den ganzen Gefühlsmechanismus; plötzlich stagniert alles, die Lebenssäfte vertrocknen. Dann ist es auch schwierig, mit mir in Beziehung zu bleiben, weil diese Lebenssäfte zu mir hin fließen müssen. Andere Lebenssäfte haben wir nicht, es sind dieselben Lebenssäfte. Diese Erfahrung läßt dich daher etwas zögern.

Zuweilen geschieht dasselbe im anderen Extrem. Jemand kommt hierher auf der Suche nach mir und möchte nur mit mir sein – und dann verliebt er sich in eine Frau. Seine ganzen Lebenssäfte konzentrieren sich jetzt auf die Frau; auch auf diese Weise fühlt er langsam, daß er nicht mit mir verbunden ist. Es ist dasselbe, es handelt sich um dasselbe Phänomen. Jetzt beschäftigt er sich zu sehr mit der Frau, alle seine Gedanken drehen sich um die Frau; er kann mich leicht vergessen.

Wann immer jedoch die Liebe mühelos fließt und sie weder von Angst noch von Besessenheit geprägt ist – wenn man weder sehr dafür noch sehr dagegen eingestellt ist, wenn alles normal und ausgewogen verläuft, ist es sehr einfach und leicht, hier mit mir in Kontakt zu sein. Die Lebenssäfte fließen, es gibt keine Angst und auch keine Flitterwochen, man muß also nicht seine gesamte Aufmerksamkeit auf sein Gegenüber richten.

Solange die Liebschaften der Leute gutgehen, sind sie auch mir gegenüber sehr offen. Sie sind aber nicht mir gegenüber offen – sie sind ganz einfach offen für die Liebe und für den Traum. In diesem Traum träumen sie, sie seien mir gegenüber offen. Wenn ihre Liebschaft vorbei ist, fühlen sie sich auch mir gegenüber verschlossen – denn sie waren niemals offen.

Diese Liebschaften, diese Beziehungen sind gut, aber sie müssen verschwinden. Ich bin nicht dagegen. Wenn ich sie als Illusionen bezeichne, sage ich damit nicht, daß ich dagegen bin. Ich bin ganz dafür, denn du kannst nur wachsen, indem du durch diese Illusionen hindurchgehst. Nur durch Enttäuschungen kannst du wachsen, anders kannst du nicht wachsen. Die Niederlage bringt mehr als der Erfolg, denn der Erfolg kann die Illusion weiterhin nähren; die Niederlage öffnet dir die Augen für die Realität. Der Verstand will die Realität nicht sehen, darum webt er immerzu neue Träume.

Nun denkt sich der Verstand: »Vielleicht sind wir Seelenpartner.« Niemand ist ein Seelenpartner. Doch die Wahrheit schmerzt, darum mögen die Leute sie nicht. Die Leute wollen in Illusionen leben; sie möchten, daß man ihre Illusionen fördert und unterstützt.

Sieh einfach nur tief in dein Herz hinein: Du möchtest, daß deine Illusion genährt wird, du möchtest, daß ich sie unterstütze, daß ich sie füttere, daß ich sie nähre, daß ich sie aufpäpple. Das kann ich jedoch nicht. Und du benötigst sie auch nicht mehr. Wenn ich sehe, daß jemand sie benötigt, unterstütze ich sie. Ich unterstütze sie, und ich unterstütze sie so lange, bis ich an den Punkt gelange, wo ich weiß, daß sie zerstört werden kann.

Deine Zeit ist gekommen: Sie muß zerstört werden – keine Illusionen mehr! Es gibt eine Art von Liebe, die entsteht, nachdem alle Illusionen verschwunden sind, und dies nenne ich wahre Liebe. Alles außer dieser Liebe ist bloß kindisch ... was man als Schwärmerei bezeichnet. Du kannst jetzt wachsen, oder du kannst wieder in den Teufelskreis zurückkehren. Und darum hast du dich bisher bemüht – du warst mit Leuten zusammen, um nach dieser Ekstase zu suchen. Sie wird nicht kommen.

Ein Sannyasin sagt, er fühle sich zu abhängig von seiner Freundin, und fügt hinzu, er habe das Gefühl, sich vor Osho versteckt zu haben.

Ein paar Dinge ... Erstens: Gewöhnlich sind neunundneunzig Prozent von dem, was die Leute als Liebe bezeichnen, nichts als Bedürftigkeit. Laß dich also deswegen nicht aus der Ruhe bringen, es ist nur natürlich. Und weil du bedürftig bist, wirst du natürlich auch abhängig. Darum bringt jede Liebe Gefangenschaft mit sich, und darauf gerät man in einen Teufelskreis: Man möchte nicht abhängig sein, es verletzt das Ego, und so zieht man sich zurück; wenn man sich aber zurückzieht, werden die eigenen Bedürfnisse nicht mehr erfüllt, man ist hungrig, so kommt man wieder zusammen. Das wird zu einer ständigen Bewegung – sich näherkommen, auseinandergehen. So bewegt sich das Pendel des Verstandes hin und her. Und es ist unmöglich, zu einer Entscheidung zu gelangen, denn solange du auf Distanz bleibst, verspürst du das Bedürfnis.

Liebe ist Nahrung! Dein Körper braucht sie, dein Verstand braucht sie, dein Wesen braucht sie. Ohne Liebe wirst du dich in eine kalte Welt verstoßen fühlen. Niemand, der dich umarmt, niemand, der dir Wärme gibt! Du fühlst dich wie ein verlassenes Kind. Darum fürchtest du dich, wenn du allein bist. Dann gehst du zu dem Menschen hin, den du liebst. Du vergißt alles über Abhängigkeit und über das Gefangensein. Halte Liebende getrennt, und sie beginnen sehr starke Liebe zueinander zu verspüren; bringe sie zusammen, und nach wenigen Tagen hassen sie einander.

Und diese Haßliebe geht immer weiter, sie ist ein Teufelskreis. Der Haß treibt dich weg; und wenn du weggehst, entsteht wieder Liebe. Liebe bringt dich nahe; wenn du dich aber annäherst, fühlst du dich abhängig, bist du gefangen, fühlst du dich wie in einem Käfig, wie in einem Gefängnis. Wieder beginnst du dich von diesem Menschen wegzubewegen.

Dies ist der natürliche Zustand eines unbewußten Denkens – sehne dich darum nicht nach etwas Besserem. So wie die Dinge stehen, ist nichts Besseres möglich. Wenn du etwas Besseres willst, mußt du deinen Geisteszustand verändern, nicht deine Beziehung. Verstehst du ...? Du versuchst deine Beziehung zu ändern – das ist nicht möglich. Mit diesem Denken ist nur das möglich, was bereits geschieht. Du mußt es akzeptieren und genießen. Genieße es so ausgiebig, wie du nur kannst, ändern aber kannst du es nicht. Wenn du es ändern willst, darfst du es nicht direkt verändern: Du mußt dein Denken ändern, du mußt meditativer werden, du mußt bewußter werden, nur das kann eine Veränderung in deiner Liebe herbeiführen. Nur wenn dein Geist höhersteigt, auf eine höhere Bewußtseinsebene, steigt auch die Liebe höher. Mit einem bestimmten Denken geht auch eine bestimmte Liebe Hand in Hand. Du kannst die Liebe nicht ändern. Die Liebe hängt vom Geisteszustand ab.

In diesem Geisteszustand solltest du dir deshalb kein unnötiges Elend bereiten. Akzeptiere es, es ist nun einmal so. Sie braucht dich; du brauchst sie; es ist eine gegenseitige Ausbeutung. Sei nur gerecht, das ist alles. Sei fair. Beute sie soviel aus, wie du nur kannst, aber laß auch sie dich ausbeuten, soviel sie nur kann, das ist alles. Mehr ist zur Zeit nicht möglich. Mache ihr nichts vor, das ist alles. Sei ehrlich in deiner Ausbeutung, und erlaube auch ihr, dich auszubeuten, denn sie braucht dich genauso. Glaube nicht, daß nur du es bist, der sie benutzt; sie benutzt auch dich. Mache dir nichts vor. Ihr beide benutzt euch gegenseitig, aber so ist das nun einmal, und so soll es auf dieser Stufe auch sein. Niemand kann die Liebe direkt ändern. Akzeptiere sie und fange an, mehr an deiner Bewußtheit zu arbeiten. Nur mit dieser Veränderung wird sich auch ganz langsam die Qualität der Liebe ändern.

Und zweitens: Wenn deine Liebe von dieser Art ist, wird auch deine Beziehung zu mir von der gleichen Art sein, denn auch sie ist eine Liebesbeziehung, sie kann also nicht mehr als das sein. Nur eines ist anders in unserer Beziehung: Für mich gibt es nichts zu nehmen von dir – sie ist nicht gegenseitig. Du kannst von mir nehmen, soviel du willst. In Wirklichkeit bin ich den Leuten, die ständig von mir nehmen, sehr dankbar. Sie erleichtern mich. Ich bin dankbar. Sie selber brauchen mir nicht dankbar zu sein.

Darum brauchst du dich also nicht zu kümmern – du kannst mich soviel ausbeuten, wie du nur willst, ohne jedes Schuldgefühl. Auch das wird sich erst ändern, wenn sich dein Geisteszustand verändert. Wenn du das einmal begriffen hast, wird alles sehr einfach.

Meditiere mehr, und versuche es mit Bewußtseinsmethoden. Hast du schon Vipassana gemacht? Dann benutze Vipassana als eine Methode. Gehe und bewege dich immer mehr in der Vipassana-Haltung. Sitze mindestens zwei Stunden lang still – eine am Morgen, eine am Abend. Statt das Problem der Liebe direkt anzugehen, gehst du indirekt vor. Und du wirst überrascht sein. Ein einziger Zoll mehr Bewußtheit, und du wirst sehen, wie sich auch die Qualität deiner Liebe automatisch verändert.

Mit mir durchläufst du viele Phasen. Wenn du sehr offen hierherkommst, kannst du nicht ewig offenbleiben. Du wirst dich verschließen, du wirst gleichgültig werden. Und wieder kommt die Öffnung, doch diesmal wird es etwas völlig anderes sein.

Das erste Gefühl der Offenheit war Einbildung; diesmal wirkt sie viel wirklichkeitsnäher. Und manchmal kann das auch angst machen, das ist natürlich. Man wird nervös und fragt sich, was eigentlich los sei. Nichts ist verkehrt daran. Wenn du zum ersten Mal hierherkommst, kommst du mit all deinen Projektionen, mit all deinen Phantasien. Du lebst in einer Phantasiewelt.

Dann kommst du hierher und beginnst zu arbeiten – du kommst auf den Boden. Die Phantasiewelt weicht, die Projektionen verschwinden. Du hast das Gefühl, als fehle etwas. Du wirst eine andere Art von Offenheit erfahren; sie ist keine Einbildung, und sie geht auch nicht wieder verloren, hmm?

Kennt ihr den schon ...?

Ein junger Mann fragte Sokrates, ob er sich verheiraten solle, obwohl er sehr wohl wußte, daß Sokrates' Frau eine häßliche und brutale Nörglerin war, die ihn immer wieder verprügelte.

Sokrates sagte: »Heirate unbedingt! Wenn du eine gute Frau findest – sehr gut! Wenn du eine Frau wie meine findest, wirst du ein großer Philosoph.«

Wie kann eine kleine Welle des Ozeans hoffen, gegen den großen Ozean gewinnen zu können? Schon der Wunsch allein ist verrückt. Und der Verstand brütet alle möglichen Verrücktheiten aus. Sie alle entkeimen aus dem Samen der Unzufriedenheit.

Ein Sannyasin muß seine Energie vom Verstand ins Herz umlenken, von der Logik zur Liebe. Sobald du liebevoll bist, beginnst du mit der Existenz übereinzustimmen. Genau darum geht es in der Liebe: um eine Übereinstimmung, die nicht zögernd, sondern mit Freude getroffen wird, die nicht unwillig, sondern im Tanz, mit Wonne und Genuß getroffen wird, als würde man endlich heimfinden.

Die Liebe kann ihren höchsten Gipfel nur erreichen, wenn sie zur Freundlichkeit wird. Liebe ist auf drei Arten möglich. Die eine ist Lust – sie ist biologisch. Nichts ist verkehrt daran, aber es ist die niedrigste Form von Energie – alle Tiere haben sie. Wenn der Mensch sie hat, ist das also nichts besonderes; die Lust verbindet die Menschheit mit dem Tierreich.

Liebe ist nicht biologisch, sie ist psychologisch. Es ist eine höhere Dimension. Sie ist nicht reproduktiv, sie ist kreativ. Sobald zwei Leute in tiefer Liebe verbunden sind, explodiert ihre Kreativität. Vielleicht beginnen sie etwas zu tun, was sie nie zuvor getan haben – vielleicht fangen sie an zu malen, vielleicht fangen sie an zu musizieren, vielleicht fangen sie an zu tanzen. Aber nur sehr wenige Leute gelangen zur Liebe. Neunundneunzigkommaneun Prozent aller Leute bleiben auf die Tierwelt, auf die Lust beschränkt.

Liebe ist die Freiheit, kein Tier zu sein. Sie ist die Geburt des Menschseins. Doch es gibt noch einen höheren Gipfel als die Liebe, weil der Liebe, obwohl sie viel schöner als Lust und von Kreativität geschwängert ist, noch immer ein Rest von Lust anhaftet. Darum ist die Liebe auch besitzgierig, eifersüchtig, neidisch. Das sind häßliche Züge, Überbleibsel aus der Vergangenheit; sie zerstören die Schönheit der Liebe. Und wenn sich die Liebe langsam legt, strecken sie ihren Kopf hervor.

Man kann noch etwas höher gehen. Wenn die Liebe zu reiner Freundlichkeit wird – ich nenne es nicht Freundschaft, denn das könnte dich auf die Idee einer Beziehung bringen, ich nenne es Freundlichkeit –, wenn Liebe zu reiner Freundlichkeit wird, ohne Besitzgier, ohne Eifersucht, ohne den Wunsch zu dominieren ... wenn Liebe anfängt, dem anderen Freiheit zu gewähren, absolute Freiheit, bedingungslose Freiheit, dann wird sie zu Freundlichkeit. Und das ist das Höchste, was das menschliche Bewußtsein erlangen kann.

Meine Sannyasins müssen die Lust in Liebe und die Liebe in Freundlichkeit umwandeln. Sobald du den Zustand der Freundlichkeit erlangt hast, bist du zu Hause angekommen.

Ein Leben ohne Liebe ist ein lebloses Leben. Man lebt es auf Sparflamme, schlägt sich so durch, aber es ist eine Last. Es ist langweilig, bedeutungslos, wie ein Warten darauf, daß nichts geschieht. Es ist ein langsames Sterben.

Liebe jedoch bringt eine Transformation mit sich. Liebe ist wie ein Frühling – plötzlich beginnen verborgene Quellen zu fließen. Zum ersten Mal fühlst du den Zauber der Existenz, das Abenteuer, den unwiderstehlichen Lockruf des Unbekannten.

Meine Sannyasins müssen sich das stets vor Augen halten ... denn seit Jahrhunderten ist das Denken des Menschen fehlgeleitet worden. Das Leben ist zu einem Mittel für einen anderen Zweck geworden. Das Leben ist jedoch kein Mittel, das Leben ist Selbstzweck. Und sobald das Leben Selbstzweck ist, ist es nichts als reine Liebe.

Liebe sollte unsere ständige Wahl sein. Finde in jeder Situation Mittel und Wege, um lieben zu können. Selbst jemand, der dich abstößt, hat vielleicht etwas, was du in ihm lieben kannst.

Man kann selbst im schlimmsten Menschen immer etwas finden, man muß es nur suchen. Und man kann auch im besten Menschen das Schlimmste finden, man muß es nur suchen. Es ist nur eine Frage des Blickwinkels.

Als Sannyasin mußt du alle die Aspekte des Lebens und der Menschen auswählen, die in dir Liebe hervorrufen, damit dein Leben langsam zu einem Kontinuum der Liebe wird. Von einem Moment zum anderen beginnt es tiefer und tiefer in die Liebe hineinzuwachsen. Wenn du das Unauslotbare erreicht hast, bist du zu Hause angelangt.

Eine Sannyasin sagt, sie fühle sich wie zweigeteilt: Manchmal möchte sie in die USA zurückkehren, manchmal möchte sie bleiben.

Dann gehe zurück, denn immer, wenn irgendein Konflikt zwischen mir und etwas anderem entsteht, mußt du das andere wählen, weil ich dich nicht halbherzig möchte. Wenn du das Gefühl hast, daß ein Konflikt besteht und du zurückkehren möchtest, dann gehe zurück, hmm? Das ist besser. Zumindest wirst du dich dort an mich erinnern. Solange du hier bist, denkst du an deinen Geliebten, der dort sein wird, und bist wütend auf mich. Das ist sinnlos.

Eins muß also jedem Sannyasin klarwerden: wenn ein Konflikt zwischen mir und etwas anderem besteht, stets das andere zu wählen und mich gar nicht erst zu fragen. Auf diese Weise wirst du viel reibungsloser wachsen als auf irgendeine andere Art. Andernfalls wirst du nur abgestumpft, du wirst traurig und deprimiert und wirst dir einbilden, daß du für mich leidest, daß du für mich zum Märtyrer geworden bist und vieles geopfert hast, obwohl es gar nichts zu opfern gibt! So wirst du aus einer Mücke einen Elefanten machen und glauben, du hättest so viel getan und ...

Gehe nur, hmm? Und wenn du dort fertig bist, kannst du immer wieder zurückkommen. Wann immer du dich danach fühlst, komme zurück, hmm?

Ich habe auch Angst vor ...
(Sie seufzt angesichts ihrer Unfähigkeit, ihr Gefühl auszudrücken.)

Nein, ich verstehe, ich verstehe deine Schwierigkeiten, aber wenn das dein Problem ist, mußt du gehen. Kannst du mir folgen? Meine Logik ist einfach. Meine Logik ist die, daß du mir näher sein wirst, wenn du dort bist, daß du dort an mich denken wirst, daß du viele Male denken wirst, es wäre besser gewesen, wenn du in Poona geblieben wärst. Und das ist gut. Wenn du hierbleibst, wirst du nur unglücklich sein und an deinen Geliebten denken; das hilft aber überhaupt nichts. Kannst du mir folgen? Während du dort bei deinem Geliebten bist, wirst du mir näher sein, darum sage ich, daß du gehen sollst, hmm? Mache dir keine Sorgen ...

Wenn es darum geht, zwischen dem Göttlichen und dem Menschlichen zu entscheiden, zwischen dem Höheren und dem Niedrigeren, wähle stets das Niedrigere, denn wenn du nicht durch das Niedrigere hindurchgehst, wirst du nie zum Höheren gelangen. Und wenn du zum Höheren springst, bevor das Niedrigere beendet ist, wirst du wieder zurückfallen.

Mache dir also keine Sorgen!

Seid noch mindestens einen Monat lang glücklich zusammen. Ich bin hier, und auch er ist noch hier. Nach einem Monat gehst du, hmm? Das ist ganz einfach, mache kein Problem daraus.

Diese Art von Problemen – wählen zu müssen – wird sich im Leben noch oft einstellen: Der Weg gabelt sich, und man muß in die eine Richtung gehen. Es ist aber besser so. Ich hatte mir schon gedacht, daß du gehen müssest, darum sagte ich dir, nicht wegzugehen, damit sich alles klärt. Was ich sage, ist nicht immer genau das, was ich meine (Gelächter), und was ich meine, ist nicht immer das, was ich sage! Ich wußte, daß du gehen würdest, darum sagte ich dir, du solltest bleiben, damit sich die Dinge klären. Jetzt bist du jedoch schlecht drauf.

Laß diese schlechte Stimmung los. Es gibt kein Problem, hmm? Gehe und komme wieder, sobald du kannst. Entweder kommt ihr zusammen, oder wenn ihr nicht zusammen seid, so komme allein, aber ziehe einen Strich darunter.

Sich zwischen diesem oder jenem entscheiden zu müssen ist etwas, was auf alle zukommt, und das Problem stellt sich ständig von neuem. Meine Erfahrung hat folgendes gezeigt: Wenn ich jemandem sage, er solle hierbleiben, denkt er ans Weggehen; wenn ich ihn wegschicke, gedenkt er hierzubleiben. Fange darum gar nicht erst an, ans Hierbleiben zu denken, sonst wird ein Monat sehr lang ... du könntest das Problem, daß du nicht gehen solltest, daß du hierbleiben solltest, von neuem aufrollen. Gehe einfach, hmm?

(Sieht besorgt aus) Es ist wirklich schwierig.

Wir werden sehen. Wenn es schwierig ist, ist es schwierig. Was kann man da schon machen? Es gibt nur diese zwei Möglichkeiten. Du kannst nicht halb hier und halb dort sein, hmm? Du mußt dich entscheiden.

Trage dich also einen Monat mit dem Gedanken herum, daß du gehen mußt, wenn sich alles einrenkt. Und wie renkt sich alles ein? Wenn du dich besser fühlst als jetzt, ist es gut zu gehen. Wenn du dich schlechter fühlst als jetzt, werden wir weitersehen. Und wenn du dich zu nichts entschließen kannst, so wirf eine Münze oder versuche es mit dem I Ging, hmm? Aber meinem Gefühl nach wirst du dich gut fühlen.

(Sie beginnt zu schluchzen. Osho schmunzelt freundlich.)

Mache dir keine Sorgen, hmm? Mache dir keine Sorgen. Du wirst dich gut fühlen!

(Unter Tränen) Manchmal habe ich das Gefühl, es gebe keinen anderen Ort als diesen, wo man hingehen kann.

Dazu ist es noch zu früh. Diese Zeit wird schon noch kommen, aber es ist noch zu früh. Auch für viele Leute, die hier sind, ist es noch zu früh; darum sind sie auch nur soso hier. Die Zeit wird kommen, aber laß sie kommen, hmm? Wenn sie wirklich kommt – wenn man nirgendwo anders mehr hingehen kann –, wird das kein Problem sein und keine Schwierigkeiten machen. Dann bist du ganz einfach hier; dies ist deine Welt, und alles andere ist zweitrangig. Diese Zeit wird kommen! Aber warte ab, hmm? Jetzt solltest du an deine Abreise denken, damit eine andere Stimmung in dir aufkommt. Dann werden wir sehen. Und ein Monat ist eine lange Zeit ... Beobachte einfach, welche Stimmung dieser Gedanke in dir auslöst, hmm?

Hier sein heißt, verspielt zu sein

Hier mit mir zu sein bedeutet einfach nur, verspielt zu sein, unernst, voller Freude.

Ich lehre nicht Entsagung, ich lehre Freude. Und je mehr du dich freust, desto mehr wirst du fähig, neue Geschenke des Göttlichen zu empfangen. Je verspielter du bist, desto mehr ist Gott mit dir, desto frischer, jünger, lebendiger bist du.

Ein zehnjähriger Junge sagt zu Osho, er fühle sich ihm nicht nahe, weil meistens eine Mauer zwischen ihnen stehe und ein Tor, durch das er gehen müsse, um einzutreten. Er fragt, weshalb die Leute nicht einfach hereinkommen können, wann immer sie wollen.

Bald wirst du es wissen! Die Mauer ist nicht da, um die Leute am Eintreten zu hindern. Die Mauer ist da, damit ich nicht entkommen kann. Sonst würde ich nämlich entkommen, und du würdest mich nicht mehr finden!

Alle meine Bemühungen hier zielen darauf, euch zu helfen, wieder ein Kind zu sein. Es ist schwierig. Es ist sehr schwierig, denn eure ganze Lebenserfahrung, euer ganzes Muster, euer ganzer Charakter sträubt sich dagegen und sagt: »Was tust du da? Das sieht doch dumm aus!« Sei aber ruhig dumm und laß es immer stärker werden. Du wirst dich befreit fühlen, so neu und so frisch wie ein Tautropfen. Diese Frische kommt vom Geist, denn dein Körper ist alt, doch dein Bewußtsein kann neu und jung sein.

Ich verhelfe dir jetzt zu einer Neugeburt, damit du die Vergangenheit, deine Kindheit, deine Eltern, die Art, wie du bis jetzt gewesen bist, und die Art, wie du bisher gelebt hast, vergessen kannst. Laß es zu einem klaren Bruch kommen. Fühle den Bruch mit der Vergangenheit, und fange von diesem Augenblick zu leben an. Dies ist dein Geburtstag. Vergiß den alten Geburtstag – er hat nichts mit dir zu tun, denn du hast noch nie richtig gelebt, es war also nicht dein Leben. Du hast eine Rolle in einer Geschichte verkörpert – das Drehbuch wurde von anderen geschrieben.

Indem du mein Sannyasin wirst, mache ich dich frei, deine eigene Geschichte zu schreiben und deine eigene Rolle zu spielen. Ich mache dich völlig frei, alles zu tun, was immer du tun möchtest. Ich gebe dir keine Disziplin auf. Ich gebe dir nur Liebe, eine Achtung für das Leben.

Es ist dein Leben – du mußt ihm Achtung entgegenbringen. Es ist dein Leben – du mußt ihm vertrauen, du mußt mit ihm gehen, wo immer es auch hinführt. Auch wenn du vom Weg abkommen mußt, so gehe. Nichts ist verkehrt daran, vom Weg abzukommen, denn nur wer vom Weg abkommt, kehrt zurück. Selbst wenn du einen Fehler machen mußt, so mache ihn ruhig – denn nur durch Fehler können wir lernen. Anders können wir nicht lernen.

Wer nie einen Fehler macht, lernt auch nie etwas dazu, wird nie wachsen. Alles Wachstum braucht den Mut, Fehler zu machen. Tue von diesem Augenblick an nur noch das, was du gerne tun möchtest, koste es, was es wolle.

Es gibt eine berühmte Geschichte über einen König aus Lucknow …

Er war ein großer Musikliebhaber und lud einen meisterhaften Musiker an seinen Hof ein. Der Musiker war jedoch sehr exzentrisch. Er sagte: »Ich werde auf meiner Sitar spielen, aber nur unter einer Bedingung: Niemand darf den Kopf wiegen. Die Leute müssen ruhig wie Statuen bleiben. Wenn sich jemand wiegt, soll man ihm den Kopf abhauen.«

Der König war überrascht, aber auch er war ein Verrückter, und so sagte er: »In Ordnung!« Er ließ die ganze Stadt wissen, daß sich nur Leute einfinden sollten, die sich vollkommen in der Gewalt hatten, denn sie würden sonst ihr Leben aufs Spiel setzen. Eigentlich wollten Tausende von Leuten kommen, aber sie hatten Angst. Doch ein paar wenige kamen trotzdem, und der Musiker begann zu spielen. Eine halbe Stunde verging, und zehn oder zwölf Zuhörer waren so betrunken von der Musik, daß sich ihre Energie in Bewegung setzte und sie ihre Köpfe wiegten. Der König war überrascht – »Kann Musik eine solche Macht ausüben? Die Leute riskieren ihr Leben!«

Nach der Darbietung brachte man diese zehn, zwölf Leute vor den Musiker, und der König sagte: »Was sagst du nun? Sollen wir ihnen die Köpfe abhauen?« Der Musiker erwiderte: »Nein. Das sind die Leute, für die ich eine besondere Vorstellung geben möchte. Ich wollte mir nur die Richtigen aussuchen. Jemand, der sogar sein Leben aufs Spiel setzen kann – vor dem möchte ich spielen. Das sind die wahren Trunkenen.«

Der König fragte die zwölf Leute: »Wart ihr euch denn nicht bewußt? Weshalb habt ihr euch gewiegt? Weshalb wart ihr von der Musik gepackt, wo doch euer Leben auf dem Spiel stand?« Sie sagten: »Wir wissen es nicht. Bis zu einem bestimmten Moment versuchten wir, uns völlig unter Kontrolle zu halten – dann waren wir nicht mehr da, wir können deshalb nicht sagen, ob wir uns wiegten oder nicht. Wir versuchten alles mögliche, um uns nicht zu bewegen, aber dann kam der Augenblick, da wir hilflos waren ... Die Musik war so schön und so eindringlich, daß alle Vorstellungen eines Ichs verschwanden. Es war also niemand mehr da, der hätte kontrollieren können. Wir waren bereit, den Tod zu erleiden, wenn es sein mußte.«

Eine Sufi-Geschichte ...

Ein Sufi-Mystiker, der für verrückt gehalten wurde – wie

schon seit jeher alle Mystiker für verrückt gehalten werden –, hielt sich bei einem Freund auf. Die Familie machte sich Sorgen, denn der Mann war unberechenbar. Um in der Nachbarschaft kein Aufsehen zu erregen, bereiteten sie ihm sein Nachtlager im Untergeschoß zu, im Keller des Hauses, damit niemand davon wußte. In der Nacht wurde die Familie plötzlich von einem lauten Gelächter aufgeweckt. Sie stürzten hinaus – sie argwöhnten bereits, daß es der Mystiker war, und sie hatten recht. Er wälzte sich auf der Terrasse und lachte wie wahnsinnig.

Sie fragten: »Was ist denn los? Warum lachst du wie ein Wahnsinniger, und warum wälzt du dich auf dem Boden?« Er sagte: »Ich fing plötzlich an, nach oben zu fallen! Ich war im Keller, und plötzlich fiel ich nach oben. Darum muß ich lachen, denn das ist mir noch nie passiert – plötzlich fand ich mich auf der Terrasse wieder.«

Die Geschichte ist symbolisch. Eines Tages erlebt man, daß man nach oben fällt. Der Durchschnittsmensch lebt im Keller.

Je stiller du wirst, desto mehr wirst du in der Lage sein, alles in einer klaren Perspektive zu sehen. Und du wirst überrascht sein, wie unglaublich schön alles ist, wie die ganze Existenz kichert ... Blicke stets auf die humorvolle Seite der Existenz, und du wirst immer mehr in Einklang mit dir selbst und mit der Welt kommen. Sinn für Humor macht einen Menschen sehr einfach; für mich ist diese Einfachheit jedoch in Wirklichkeit das Außergewöhnlichste, was es überhaupt gibt. Und Sinn für Humor beschenkt dich reichlich. Wenn du dein eigenes Leben in seiner ganzen Lächerlichkeit siehst, fängst du zu lachen an – was hast du bloß gemacht? Du beginnst über deine eigenen Handlungen zu lachen, und dies bringt dir eine ungeheure Erleichterung.

Und wenn du über dich selbst lachen kannst, kannst du auch mit anderen nicht streng sein.

Liebe ist nicht ernst, sie ist lebendig, sie ist verspielt. Liebe macht das Leben zum Spaß, zu einer Freudenfeier. Und mein ganzes Bemühen hier zielt darauf, zum ersten Mal in der ganzen Menschheitsgeschichte eine neue Art eines religiösen Menschen zu schaffen, für den das Lachen viel wertvoller ist als das Gebet, für den Verspieltheit viel spiritueller ist als Ernsthaftigkeit; einen Menschen, der der Poesie nähersteht als der Prosa, der Musik näher als der Mathematik, der sensibel ist, nicht abgestumpft, nicht rundherum eingekerkert, der keine Angst vor dem Leben hat, der nicht vor dem Leben davonläuft und ihm entsagt, denn das ist nicht der Weg eines meiner Sannyasins.

Statt dem Leben zu entsagen, sollen sich meine Sannyasins ihres Lebens freuen. Und der Weg zur Freude führt über die Liebe!

Akzeptieren heißt, stark zu sein. Akzeptieren heißt, religiös zu sein. Ohne Urteil, ohne Bedingung zu akzeptieren heißt, sich in eine völlig andere Dimension zu begeben – du kannst sie göttlich nennen oder was auch immer. Und diese Möglichkeit liegt jeweils gleich um die Ecke. Jeden Augenblick, sobald du deine Probleme losläßt, liegt sie vor dir.

Ich beantworte immer wieder eure Fragen, und ich löse immer wieder eure Probleme, obwohl ich ganz genau weiß, daß ihr keine habt. Du kannst mich jetzt fragen, weshalb ich dir denn weiterhin eine Antwort gebe. Ich könnte ja einfach sagen, das sei sinnlos, doch das würdest du nicht verstehen.

Du gibst mir ein Problem, ich gebe dir eine Lösung. Du stellst mir eine Frage, ich gebe dir eine Antwort. Ich werde zum Mitspieler. Wenn du dieses Spiel gerne spielst, spiele ich mit. Nach und nach wird dir klar werden, was du da tust. Und denke daran, es ist nur deine Zeit, die vergeudet wird, nicht meine, denn ich habe nichts mehr zu erreichen, also wird auch nichts vergeudet, bloß deine Zeit. Sobald du das einmal verstehst, läßt du alle Probleme fallen und fängst an, dich zu freuen und zu feiern. Tanze lieber, als nachzudenken; singe lieber, als nachzudenken; mache lieber einen langen Spaziergang, gehe lieber im Fluß schwimmen, als nachzudenken.

Gott offenbart sich auf so viele Arten. Nur durch das Denken offenbart er sich nicht, denn Denken ist ein Mittel, um ihm auszuweichen.

Versuche nach dieser Einsicht zu leben, und fürchte dich nicht. Ich weiß, daß es angst macht, ungeheuer angst macht. Ich weiß, wie schwierig es ist, ohne Probleme zu sein. Ich bin selbst da hindurchgegangen.

Dir fällt immer wieder etwas Neues ein. Wenn du ein Problem hast – das Leben ist kein Problem! –, kannst du dich beschäftigt halten. Aber diese ganze Geschäftigkeit ist kein gutes Geschäft.

Schaue es dir gründlich an. Schon in diesem Sehen wird der Knoten durchschnitten.

Sei, wie du bist. Genieße mich einfach nur, sei entzückt von mir. Feiere mich und sei glücklich – ohne jeden Grund!

Das Leben ist ein Geheimnis, das gelebt sein will, kein Problem, das man lösen müßte.

Der Verstand ist so groß geworden, daß der Mensch beinahe von ihm erdrückt wird. Der Verstand ist wie ein Berg geworden, und der Mensch ist nicht einmal fähig, darunter hervorzukriechen. Weil wir ihn aber erzeugt haben und er nur ein leerer Ballon ist, genügt schon ein Nadelstich, mehr braucht es nicht.

Sannyas ist dieser Nadelstich – der Ballon zerplatzt, und plötzlich ist Freude da. Während dem Ballon die Luft entweicht, die heiße Luft – und sie ist sehr heiß –, entsteht plötzlich eine kühle Brise in dir. Statt der Dunkelheit – Licht. Statt eines mühsamen Lebens – ein Tanz. Statt für morgen zu leben, läßt du die Freude des Augenblicks von dir Besitz ergreifen.

Es gibt Leute, die die Dornen zählen, wenn du sie zu einem Rosenstock führst. Erst zählen sie die Dornen – die Rosen bedeuten ihnen nichts, nur die Dornen sind wichtig –, und wenn ihre Finger bluten und schmerzen, werden sie zornig, und ihre Augen füllen sich mit soviel Feindseligkeit gegenüber dem Rosenstock, daß sie die Rosen nicht mehr sehen können. Sie sind von einem dicken Nebel aus Wut eingehüllt.

So funktionieren wir.

Ein Sannyasin muß sich all dieses Unsinns bewußt sein. Wenn du zu einem Rosenstock gehst, tanze um ihn herum. Schaue dir die Rosen an, freue dich an den Rosen, erblicke dieses Wunder unter Tausenden von Blumen. Eine Rose ist aufgeblüht – könnte es ein größeres Geheimnis geben? Eine Rose, die inmitten von Dornen wächst, ist wirklich ein Wunder! Und wenn du die Rose, das Positive, einmal gesehen hast, schaltest du um vom Verstand zum Herzen, von der Schläue zur Unschuld, vom Negativen zum Positiven. So wird das Leben ein ewiges Lied.

Gerade heute habe ich eine Geschichte gelesen ...

Ein Mann, der als Narr, als Zirkusclown arbeitete, hatte den ganzen Zauber satt. Er trat darum in ein Kloster ein und wurde Sannyasin. Die Leute dort waren jedoch todernst. Er hatte mit Humor gelebt, und dort war er ein Außenseiter. Er durfte nicht tanzen, er durfte nicht herumhüpfen und herumzuckeln und die Leute zum Lachen bringen. Es waren düstere Leute mit langen Gesichtern – große Heilige und Mönche und alle sehr, sehr asketisch. Er fühlte sich nicht mehr in seinem Element. Er konnte es nicht fassen. Wie sollte er da beten? Wie sollte er meditieren? Er war ein Mann, der nur lachen und andere Menschen zum Lachen bringen konnte.

Ein paar Tage lang litt er sehr. Dann fand er einen kleinen Tempel, weit abseits in einer Ecke des Klosters gelegen. Niemand suchte ihn je auf. Dort stand eine Buddhastatue, und so wandte er sich an Buddha und sagte: »Hilf mir. Ich bin ein Narr, und alle diese Leute sind weise. Mein ganzes Leben lang habe ich als Narr gearbeitet, und jetzt fällt es mir sehr schwer, meine alten Gewohnheiten abzulegen. Ich glaube, du verstehst mich.« Er sagte zu Buddha: »Ich kann nicht beten, denn ich weiß nicht, wie das geht, und ich glaube nicht, daß ich es je lernen werde. Es ist derart ernst. Ich kann auch nicht meditieren. Also will ich das tun, was ich kann. Wenn es dir gefällt – gut. Wenn nicht, so dulde mich trotzdem hier.«

So fing er vor der Buddhastatue zu tanzen an und vollführte die Tricks, die er früher im Zirkus vorgeführt hatte. Das machte ihn sehr glücklich. Dem ganzen Kloster schien es, daß mit dem Narren etwas geschehen sein müsse, denn auf einmal strahlte er. Jeden Morgen verschwand er plötzlich, jeden Abend verschwand er. Der Obermönch wurde neugierig: Was war mit diesem Mann geschehen? Er war fast leuchtend geworden.

Eines Tages folgten sie ihm. Der Obermönch konnte nicht glauben, was dort geschah, denn der Narr sprach zu Buddha, machte Späße, tanzte, hopste und alberte herum. Der Obermönch war entgeistert!

Dann geschah das Wunder ... ob es wirklich passiert ist oder nicht, ist unwichtig. Das Wunder geschah: Die Buddhastatue erhob sich und fing an, Hand in Hand mit dem Narren zu tanzen und zu spaßen.

T
E
I
L

2

IHR SEID REBELLEN

Die totale Entprogrammierung

Als Sannyasin mußt du eine kleine Reise vom Kopf zum Herz, vom Künstlichen zum Natürlichen, vom Willkürlichen zum Spontanen, vom Gesellschaftlichen zum Individuellen machen. Ich werfe meine Sannyasins aus ihrem kollektiven Denken in ihren individuellen Kern zurück.

Für mich ist das die größte Revolution. Keine andere Revolution kann sich mit ihr messen, denn nur durch diese Revolution kannst du zu einem transzendentalen, ekstatischen Dasein gelangen, kannst du über den Tod hinausgehen.

Sannyas ist im wesentlichen Rebellion – Rebellion gegen die Massenpsychologie, Rebellion gegen die Vergangenheit, Rebellion gegen Geschichte und Zeit, Rebellion gegen Tradition und Schriften. Nur wenn du all das los wirst, erlangst du die Freiheit, du selbst zu sein. Und solange du nicht du selbst bist, bleibst du kindisch, wächst du nicht. Nur in Freiheit kannst du reifen. Das Leben ist eine Gelegenheit zum Wachstum, doch nur in Freiheit kannst du wachsen. Rebellisch zu sein heißt, religiös zu sein.

Fürchte dich also nicht davor, ein Rebell zu sein!

Sobald ein Kind sprechen kann, hat es bereits angefangen, die Wege der Welt zu erlernen – die Sprache der Welt, ihr Verhalten. Wir konditionieren das Kind auf jede erdenkliche Weise. Ganz langsam vergißt es alles; es ist sich seiner selbst nicht mehr bewußt. Und genau so leben und sterben Millionen von Menschen. Ihr ganzes Leben ist ein fruchtloses Unterfangen. Sie gewinnen nichts, sie entdecken nichts, sie freuen sich an nichts, sie fühlen nie irgendeine Wahrheit. Und wenn du deine eigene Wahrheit nicht fühlen kannst, wie kannst du sie da mit anderen teilen? Das aber ist der eigentliche Zweck, wozu wir auf die Welt kommen – um etwas vom Jenseits mitzubringen und es zu teilen.

Man muß es wiederentdecken. Wir müssen alle Schranken zerstören, die sich darum gebildet haben. Und das ist der ganze Prozeß von Sannyas. Sannyas bedeutet einen totalen Entprogrammierungsprozeß. Was immer man ist – Christ, Hindu, Mohammedaner, Inder, Deutscher, Japaner – ist unwichtig: Wir müssen es entprogrammieren. Wir müssen alles zerstören, was rund um dein natürliches Selbst gewachsen ist. Und wenn einmal alle Schranken gefallen sind, wächst eine große Freude. Plötzlich erinnerst du dich, wer du bist und welchen Zweck du hier erfüllst.

Die Funktion des Meisters besteht darin, alles zunichte zu machen, was dir auferlegt worden ist, was dir die Gesellschaft angetan hat. Sie besteht darin, alles auszulöschen, was dir eingegeben worden ist. Und sobald diese dicken Schichten aus Konditionierungen entfernt worden sind, fängt dein Ego an, sich aufzulösen. Es ist das Ego, das dich vom Ganzen getrennt hält und dich unglücklich sein läßt.

Ein Sannyasin beginnt sein Wertsystem zu verändern, seine Gestalt zu verändern. Es ist, wie wenn du ein Buch liest. Du springst von einem Wort zum andern und verpaßt dabei jeweils den Raum zwischen den Wörtern, der immer da ist. Du kannst die Gestalt verändern; du kannst von einem Zwischenraum zum nächsten springen und die Worte auslassen. Und dann wirst du überrascht sein: Es ist dasselbe Buch, aber die Botschaft ist völlig verschieden. Ob du Hebräisch, Latein oder Griechisch liest, spielt dann keine Rolle mehr, denn du liest nur die Zwischenräume, und die sind weder in Hebräisch noch Sanskrit noch Griechisch noch Latein, es sind einfach nur Zwischenräume.

Das gleiche gilt auch für unser Leben: Wir müssen seine Gestalt verändern. Wir suchen das Elend und finden es. Fange an, nach Freude zu suchen, und du wirst Freude finden. Wir suchen nach den Dornen, und schon sind sie da. Fange an, nach Blumen zu suchen – sie sind immer schon da und warten darauf, daß du sie anschaust.

Kein Kind interessiert sich für Geld. Kein Kind interessiert sich für das Ego. Kein Kind interessiert sich für Macht. Wir aber treiben sie diesen Zielen zu. Wir erziehen sie, wir nennen das Erziehung. Diesen ganzen Prozeß der Korruption nennen wir Erziehung! Wir machen sie ehrgeizig, egoistisch und machtgierig. Und langsam, langsam, nachdem sie ihr Studium abgeschlossen haben, ist bereits ein Drittel ihres Lebens mit dieser Programmierung vergeudet worden. Ein langer Prozeß – fünfundzwanzig Jahre. Nun ist es schwierig geworden, all das wieder zu entprogrammieren. Und wenn der Betroffene nicht selber bereit ist, es zu entprogrammieren, ist es unmöglich.

Sannyas bedeutet einfach deine Bereitschaft, entprogrammiert zu werden. Wenn du bereit bist, kann es sehr schnell geschehen. Wenn du dich jedoch an dein Programm klammerst, ist es sehr schwierig; es kann nicht gegen deinen Willen geschehen. Es kann nur mit deiner willigen Mitarbeit geschehen, nur mit deiner tiefen Hingabe, nur mit deinem Entschluß, ein neues Leben einzuschlagen.

Sannyasin zu werden ist eine Deklaration an sich selbst: Ich werde mich nicht länger darum kümmern, was andere über mich sagen.

Dieses Einzelkriterium kann zum Zentrum deiner ganzen Veränderung werden. Du wirst dein ganzes Leben in einem völlig anderen Licht leben. Du wirst eine wirkliche Perspektive haben. Du wirst nicht von der Gesellschaft, ihrem wechselnden Sittenkodex und ihren wechselnden Moralvorstellungen eingeschränkt sein. Die Moral ändert sich wie die Mode. Was heute gut ist, gilt morgen als schlecht.

Krieg galt jahrhundertelang als gut, heute ist er schlecht. Für Vegetarier bedeutet nichtvegetarisches Essen die größte Sünde, für Nichtvegetarier hingegen ist das überhaupt kein Problem; sie finden die Vegetarier ein wenig exzentrisch, verrückt, übergeschnappt – Spinner!

Für die wahren Probleme des Lebens sind alle diese Meinungen belanglos. Man muß auf eigenen Füßen stehen, und als einziges Kriterium sollte gelten: Was immer ich tue, muß meinem Licht, meinem inneren Licht entsprechen. Mein Bewußtsein sollte der einzig entscheidende Faktor sein.

Ich gebe dir keine Ideale. Solange du Ideale hast, kannst du straucheln. Ich gebe dir keinerlei Ideale, ich gebe dir nur Einsicht. Wenn ich versuche, dich vollkommen zu machen, wirst du bloß straucheln, denn vollkommen zu bleiben ist unmöglich.

Wenn ein Lehrer dich lehrt, niemals wütend zu sein, kannst du straucheln, denn er verlangt etwas Unmenschliches von dir. Es wird immer Augenblicke der Wut geben. Und manchmal ist es ganz in Ordnung, wütend zu sein.

Die sogenannt guten Menschen, die sagen, man dürfe nie wütend sein, werden stets zu einem festen Teil der Gesellschaft, egal, wie häßlich, tyrannisch und ausbeuterisch sie ist. Sie werden ein Teil von ihr, weil sie nicht wütend sein können, weil sie nicht rebellieren können. Und Rebellion hat etwas Schönes; sie ist der wahre Geist des Menschen.

Ihr seid nicht meine Anhänger

Dies ist die Funktion, ein Schüler zu sein: dir selbst zu erlauben, die Gnade des einen zu fühlen, der sie gekostet hat. Durch die Augen des Meisters zu sehen, mit seinen Händen zu fühlen ist die einzige Form eines indirekten Gottesbeweises. Wenn du dich einmal in die Gnade des Meisters verliebt hast, verändert sich dein Leben radikal. Doch man muß zugänglich sein, und man muß mutig genug sein, das Vergangene sterben zu lassen, damit das Neue in dir geboren werden kann.

Mir geht es nicht darum, was du tun wirst, wenn du dich geöffnet hast. Mir geht es darum, daß du dich zuerst öffnest – und das ist das Wesentliche und Zentrale. Man sollte sehr selbstsüchtig sein, bevor man sich öffnet, andernfalls kann man sein Leben vergeuden. Man sollte seine ganze Energie ins eigene Sich-Öffnen setzen. Wenn es sich geöffnet hat, gebe ich dir keine Richtlinien. Ich sage dir, daß du deine Richtlinien jetzt von Gott selbst beziehen kannst.

Ein Meister ist nur nötig, um dir zu helfen, dich zu öffnen – dann ist seine Arbeit getan. Dann stehst du von Angesicht zu Angesicht mit deinem Gott. Dann kannst du mich vergessen. Du kannst einfach mit deinem Gott mitgehen, wohin er dich auch führt, hmm? Wenn er ins Tanzen führt, dann tanze. Wenn er ins Singen führt, dann singe. Wenn er zum Dienst an den Armen führt, dann diene. Und wenn er sagt: »Setze dich einfach unter einen Baum – auf diese Weise wirst du mir dienen«, dann setze dich unter einen Baum und lasse deine Schwingung die ganze Erde umfangen. Es kommt ganz darauf an, denn es ist etwas Individuelles. Und ich erlege dir diesbezüglich keine Disziplin auf.

Die Funktion des Meisters besteht darin, dir zu helfen, dir Mut zu machen, dich zu verführen, dir einen Stoß zu versetzen, damit du den Sprung wagst. Und wenn man den Meister liebt, dem Meister vertraut, wird alles sehr einfach. Genau darum geht es bei Sannyas – es ist bloß ein Vertrauen. Und im Vertrauen ist es leicht, den Sprung zu wagen; ohne Vertrauen ist es unmöglich. Im Zweifel kannst du den Sprung nicht wagen, denn du wirst dich ständig fragen, ob du es tun sollst oder besser nicht, und es wird dauernd bei einem Entweder-oder, Entweder-oder, Entweder-oder bleiben. Es ist unmöglich, mit dem Verstand zu entscheiden, denn der Verstand weiß keinen Weg, das Unbekannte zu kennen, er bleibt auf das Bekannte beschränkt. Und du hast noch nie eine Begegnung mit dem Ganzen erfahren, also ist es ein Glücksspiel. Wer zweifelt, kann nicht riskieren. Es braucht wirklich Mumm, eine große Beherztheit, um zu vertrauen, um alle Zweifel beiseitezuschieben.

Trotz aller Zweifel verliebt man sich in jemanden, der weiß, der den Sprung gewagt hat, der gefunden hat. Und im Vertrauen wagt man den Quantensprung. Es ist ein einziger Schritt. Sobald du gesprungen bist, kann dich nichts mehr hindern. Selbst wenn du im Zweifel bist – und auf dem Weg kannst du ruhig zweifeln, mache dir deswegen keine Sorgen –, wirst du trotzdem auf dem See landen, denn du kannst nicht irgendwo in der Luft schweben bleiben.

Wenn jemand also gesprungen ist, kümmere ich mich überhaupt nicht um seinen Sprung. Ich schaue gar nicht hin – es ist abgeschlossen. Ich beginne mit jemand anderem zu arbeiten, denn jetzt kannst du nicht mehr irgendwo in der Luft anhalten, du mußt ganz hinunter tauchen. Wenn also jemand den Sprung gewagt hat, ist meine Arbeit zu Ende.

Eine Sannyasin sagt, sie habe viele Zweifel an ihm, doch gerade jetzt habe sie ein paar Augenblicke lang zu zweifeln aufgehört.

Der Zweifel entsteht, weil du versuchst, an mich zu glauben. Wer hat dir gesagt, daß du an mich glauben sollst? Alle, die glauben, haben Zweifel. Höre also damit auf, an mich zu glauben, dann hört auch der Zweifel auf – denn wenn du nicht glaubst, können Zweifel gar nicht erst aufkommen. Und wenn du nicht glaubst, wirst du mich sehen können, und dann wird Vertrauen wachsen. Und das ist etwas ganz anderes.

Das ist der Unterschied zwischen Vertrauen und Glauben. Glauben ist pseudo, er erfordert eine Anstrengung. Du versuchst an mich zu glauben, du gibst dir die größte Mühe. Aber wie lange kannst du dir die größte Mühe geben? Zuweilen entspannst du dich, dann blubbern wieder Zweifel hoch. Dein Glaube ist eine Art Spannung, du erzwingst ihn. Kein Glaube kann je den Zweifel abtöten. Bestenfalls kann er ihn überwältigen, doch dann mußt du vierundzwanzig Stunden am Tag kämpfen, und das macht müde. Wenn du so lange kämpfst, mußt du dich ausruhen. Und wenn du dich ausruhst, wird sich dir der Zweifel auf die Brust setzen. Dann fängst du erneut zu kämpfen an ...

Laß den Glauben fahren, und der Zweifel wird verschwinden. Und wenn weder Glaube noch Zweifel da sind, sind die Augen offen.

Sieh mich einfach. Sei einfach mit mir, das reicht. Es ist unnötig zu glauben. Vergiß allen Glauben. Genau das ist soeben geschehen. Du hast hier gesessen und es nicht versucht. Du hast deinen Kampf zwischen Glauben und Zweifel vergessen. Du hast mir einfach zugehört, du hast mich einfach gespürt. Du hast gesagt, daß in diesen wenigen Augenblicken kein Zweifel bestand. Aber du hast nicht begriffen, wie das geschah. In diesen wenigen Augenblicken war kein Glauben und war kein Zweifel da. Es war eine völlig andere Dimension.

Du bist einfach hier gewesen. Du hast meine Präsenz gespürt. Es war eine direkte Begegnung, das ist alles. Interpretiere es nun nicht als einen Glauben – daß du einige wenige Augenblicke geglaubt hättest und dann der Zweifel zurückgekehrt sei.

Versuche zu verstehen, wie das geschieht, hier und jetzt. Ich bin derselbe, du bist dieselbe. Wieso ist es in diesen wenigen Augenblicken passiert? Und wieso kann es dann nicht für immer passieren? Versuche einfach den Mechanismus zu begreifen, wie es passiert ist, und entspanne dich mehr und mehr in solche Augenblicke. Es ist unnötig, an mich zu glauben; dann ist es auch zwecklos, an mir zu zweifeln. Ich gewähre dir völlige Freiheit vom Glauben.

Eine Meditation, die ihm aufgetragen wurde, hat die Situation dieses Sannyasins nicht gelöst.

Meine Frage dreht sich um mein Vertrauen zu dir ... Als sich mein Problem nicht gelöst hat, habe ich mich zu fragen begonnen, ob du mich wirklich kennst oder ob du einfach nur mit mir herumexperimentierst.

Ich kenne dich, hmm? Es hätte sich lösen können – doch was immer ich über die Zukunft sage, ist stets nur eine Möglichkeit, nie eine Gewißheit. Ich sage nicht, es *werde* sich lösen – das zu sagen, kann sogar Probleme schaffen –, ich sage bloß, daß es sich lösen *kann.* Aber du wolltest es gar nicht. Wenn es sich gelöst hätte, hättest du dich nicht so sehr im Recht gefühlt, wie du es tust.

Und die Zukunft ist immer offen. Wir können nur über die

Vergangenheit Gewißheit haben, nie über die Zukunft. Ich kann sehen, was möglich ist, doch es gibt tausend Möglichkeiten, und nur eine wird sich aktualisieren. Ich habe dir die Methode zum Ausprobieren gegeben. Wenn du wirklich gewillt gewesen wärst, wäre es passiert – aber nichts kann gegen deinen Willen geschehen.

Beobachte dein eigenes Denken. Tief unten, sehr tief unten wolltest du nicht, daß es gelang. An der Oberfläche hast du alles versucht; weil ich es dir gesagt habe, hast du es versucht. Du hast mir vertraut und es deshalb versucht, doch tief unten war ein Element, das nicht wollte, daß es passierte – vielleicht ganz unbewußt, vielleicht bist du dir dessen noch immer nicht gewahr. Und so ist es nicht passiert.

Nichts kann gegen deinen Willen geschehen, und ich bin nicht hier, um etwas gegen deinen Willen zu erzwingen. Ich kann dir nur den Weg weisen und dich auffordern, es zu versuchen. Deshalb fühlst du dich so im Recht. Du bist froh, daß es nicht passiert ist.

Und noch etwas anderes: Gleichzeitig hattest du auch eine gute Gelegenheit, um an mir zu zweifeln. Auch das ist immer da – hinter dem Vertrauen verbirgt sich stets Zweifel. Und ich sage nicht, daß etwas verkehrt daran sei, es ist ganz natürlich. Du hast rein gar nichts total gemacht, wie könntest du mir da total vertrauen? Das ist unmöglich, unmenschlich ... Ich erwarte es auch nicht.

Dein Vertrauen ist eine Schicht; hinter dieser Schicht liegt tiefster Zweifel. Du wirst alle möglichen Gelegenheiten finden, zu zweifeln, und wann immer du eine Gelegenheit finden kannst, wirst du sie nie verpassen. In Wahrheit wirst du viele Gelegenheiten verpassen, wo du vertrauen könntest, aber keine einzige Gelegenheit, zu zweifeln. Beobachte es selbst!

Ich biete dir hundert Gelegenheiten, und neunundneunzig dienen dazu, dein Vertrauen zu fördern. Du kannst sie verpassen; die eine jedoch, die Zweifel weckt, wirst du nicht verpassen.

Es ist genauso, als würde ich neunundneunzigmal liebevoll mit dir umgehen und eines Tages böse auf dich sein – ein einziger Wutausbruch, doch du kannst ihn nicht vergessen, du kannst ihn nicht vergeben. Du vergißt alle die neunundneunzig Liebesbeweise. Ein einziger Wutausbruch wird ungeheuer wichtig, denn tief drin wartet der Verstand nur darauf, sich an jeder möglichen Negativität zu nähren.

Beobachte einfach, wie der Verstand funktioniert, und denke immer daran – nicht nur diesbezüglich, sondern auch in Zukunft –, daß alles, was ich sage, nur eine Möglichkeit darstellt. Es liegt an dir, ob du sie verwirklichst oder nicht.

Und ich gebe dir absolute Freiheit – das ist meine Art zu arbeiten. Ich hätte es bewerkstelligen können, ich hätte dir etwas aufzwingen können, doch so arbeite ich nicht; das ist nicht meine Art, und das hätte dich auch nicht glücklich gemacht.

Denke darum auch in Zukunft daran. Mein Vertrauen steht nicht auf dem Spiel. Dein Vertrauen mir gegenüber muß bedingungslos sein, nur dann ist es Vertrauen. Wenn es Bedingungen stellt, wird es nicht lange anhalten, es ist bereits tot.

Eine Sannyasin sagt, ihre Gefühle über Sannyas und ihren Meister seien prekär. Sie weiß, daß sie die Verantwortung übernehmen muß, was mit ihr geschieht, weiß aber nicht, was sie in ihrer Verwirrung tun soll.

Am Anfang herrscht immer Verwirrung, aber all das, was dir jetzt noch zu schaffen macht, wird sich als große Hilfe erweisen. Es ist beinahe wie das Ausheben eines Brunnens. Wenn du ein Loch zu graben beginnst, stößt du nicht sogleich auf Wasser. Zuerst stößt du auf Steine, auf trockene Erde, auf Unrat, dann immer mehr auf saubere Erde, dann auf feuchte Erde, danach auf lehmiges Wasser, und schließlich erhältst du reines Wasser.

In sich hineinzugraben ist genau dasselbe. Am Anfang stößt du nur auf Unrat, denn daraus besteht deine erste Schicht – aus Wut, aus Eifersucht, aus Haß, aus Traurigkeit. All dieser Müll ist da. Und wenn du dich durchzugraben beginnst, mußt du dich als erstes damit auseinandersetzen. Mache dir also deswegen keine Sorgen, es ist ein Teil des Prozesses. Wenn du noch ein bißchen tiefer gehst, wird Besseres auftauchen. Nachdem die Wut ausgeschöpft ist, taucht Mitgefühl auf – es liegt gleich unter der Wut. Jeder wütende Mensch ist potentiell auch ein mitfühlender Mensch.

Zuerst gehst du nach innen und findest Gier. Wenn du weitergräbst und dich die Gier nicht daran hindert, wirst du bald merken, wie du zu teilen anfängst. Und so ist es mit allem! Gleich hinter deiner Eifersucht liegt die Qualität der Liebe.

Man muß unablässig weitergraben. Sicher, am Anfang ist man verwirrt, denn es wird soviel aufgewühlt. Wenn du das nächste Mal hier sein wirst, wird sich vieles beruhigen. Meditiere jedoch in der Zwischenzeit weiter, damit nichts von allem, was sich in dir geregt hat, von dir wieder zunichte gemacht wird; sonst mußt du wieder bei ABC anfangen.

Auch wenn du also zuweilen das Gefühl hast, es sei beschwerlich ... es *ist* beschwerlich! Es ist nicht angenehm, und du wirst dich nie wieder so behaglich fühlen wie zuvor, wenn du da nicht hindurchgehst. Erst danach wirst du dich erstmals wirklich behaglich und wohl fühlen.

Bevor diese Verwirrung und diese Unannehmlichkeiten anfingen, waren dein Wohlgefühl und deine Behaglichkeit nur etwas Aufgesetztes. Du hast auf einem Vulkan gesessen und dabei gedacht, alles sei bestens – doch der Vulkan kann jeden Moment ausbrechen.

Jetzt bist du dir des Vulkans gewahr geworden – du weißt, daß er unter dir ist, deshalb kannst du nicht mehr so bequem dasitzen. Diese Situation ist jedoch viel besser als die vorige, denn damals warst du dir des Vulkans in keiner Weise bewußt; du hast frohen Mutes darauf gesessen. Nun kannst du dich nicht mehr freuen, denn du weißt jetzt, daß der Vulkan da ist. Und du mußt etwas dagegen tun, sonst kann er jeden Tag ausbrechen, und dann ist es zu spät. Du mußt von dort weggehen, du mußt einen anderen Ort für dein Wesen finden, einen anderen Lebensstil. Das ist der Grund deiner Verwirrung. Diese Verwirrung sagt dir, daß der Lebensstil, den du bis jetzt gepflegt hast, nicht richtig gewesen ist.

Und es ist nur natürlich, daß du die ganze Verantwortung auf mich abschiebst. Ich erwarte es nicht anders. Nichts ist verkehrt daran. Auch das ist ein Teil deiner Einstellung – wer will schon je die Verantwortung übernehmen? Wenn du wütend bist, wenn du verwirrt bist, sagst du: »Irgend jemand hat mir das angetan. Jetzt ist es Osho – er hat es mir angetan!« Das ist jedoch deine Vergangenheit. Stets hast du die Verantwortung auf jemand anderen abgeschoben – auf Mutter, Vater, Gesellschaft, Freund, Feind, auf irgend jemand anderen!

Sobald man die ganze Verantwortung auf sich nimmt, wird man religiös. An dem Tag, da man sagt: »Jetzt bin *ich* verantwortlich. Was immer mir auch zustößt, *ich* bin verantwortlich dafür«, wird man reif.

Nichts stößt dir je zu, wofür du nicht verantwortlich wärst. Letztlich liegt die ganze Verantwortung bei dir. Das ist jedoch sehr beängstigend, hmm? – die ganze Verantwortung zu übernehmen. Es ist, als würde man versinken; es ist eine zu große Last. Solange du aber diese Verantwortung nicht übernimmst, bleibst du kindisch und siehst dich weiterhin nach einer Vaterfigur um.

Und ich bin keine Vaterfigur.

Osho hat ein paar Minuten zu einem Gruppenleiter über dessen Arbeit mit seiner neuen Gruppe gesprochen und ihn daran erinnert, daß um so mehr Freiheit für die Teilnehmer möglich sei, je weniger er wisse. Wenn sich der Gruppenleiter selbst als Therapeut sieht, schafft er damit Abhängigkeit, meint Osho.

Wir versuchen den Leuten auf eine Art und Weise zu helfen,

daß sie unabhängig werden, daß sie zu einem Punkt gelangen, wo keine Hilfe mehr nötig ist, wo sie dir danken können, sich dankbar fühlen können und du ihnen Lebewohl sagen kannst. Die Gesellschaft hat die Menschen hilflos und impotent gemacht. Und die Angst ist derart tief eingepflanzt worden, daß sie sich dauernd nach jemand anderem umsehen, der für sie entscheidet – irgendein Experte, ein Führer, jemand, der ihnen sagen kann: »Das und das mußt du machen!« Erst dann fühlen sie sich gut; sie wissen, daß einer das gesagt hat, der Bescheid weiß.

Das führt zum Konflikt, den ich mit dir habe. Siehst du, ich weiß nicht, ob ich dich brauche ... Ich glaube schon, nur höre ich dich dann solche Sachen sagen und denke mir, daß du mich lehrst, dich nicht zu brauchen.

Ich lehre dich, daß du mich nicht brauchst – aber *dafür* brauchst du mich. Und darin liegt mein ganzes Bemühen: dich frei zu machen. Ich nehme deine Hand in meine Hand, aber nicht, um sie für immer und ewig zu halten, denn das wäre eine Fessel für dich und für mich eine Bürde. Das würde dich nicht befreien und mich genauso zum Gefangenen machen wie dich. Ich nehme deine Hand, um sie so bald wie möglich wieder loszulassen. Und mein ganzer Segen und mein ganzes Gebet wird dir zuteil, wenn du meine Hand so schnell als möglich wieder loslassen kannst ...

Den Zeitpunkt mußt du mir überlassen, denn wenn *du* entscheidest, besteht jede Möglichkeit, daß das Ego entscheidet. Und darin liegt das Problem: Wenn das Ego entscheidet, wirst du meine Hand loslassen, bevor die Zeit gekommen ist, und dann wirst du abhängig bleiben.

Siehst du, der Trick in meinem Kopf ist der, daß du meine Hand solange halten wirst, bis ich sie selbst zurückzuziehen beginne. An diesem Punkt wirst du mir zustimmen, aber ich muß sie von mir aus wegziehen.

Das ist das Ego, das sich wieder an etwas festklammert – daß du etwas tun müßtest. Nein. Sobald du bereit bist, wirst du meine Hand nirgends mehr finden. Eigentlich sollte ich das jetzt nicht sagen, doch meine Hand ist überhaupt nicht da. Sobald du dazu bereit bist, wirst du merken, daß du völlig frei bist – niemand hat dir die Hand gehalten.

Genau das habe ich vermutet. (Lachend) Da liegt das Problem, genau das ist mein Verdacht.

Auch das ist ein Spiel des Egos – es argwöhnt, es sagt dir, du müssest etwas tun, du müssest deine eigene Hand wegziehen. Und das geht immer so weiter und weiter und weiter.

Höre es dir an, aber verhalte dich nicht danach. Es braucht nur etwas Zeit.

Ein Sannyasin fragt, wie er Oshos Autorität akzeptieren könne.

Nein, akzeptiere meine Autorität nicht, versuche vielmehr zu verstehen, was ich sage. Man kann dasselbe als etwas Autoritäres ansehen oder es verstehen, doch das sind zwei ganz verschiedene Dinge.

Ich sage etwas ... Wenn du es akzeptierst, ohne es zu verstehen, wenn du dir einredest, daß du es tun mußt, weil ich es gesagt habe, bin ich wieder dein Pappi. Damit würde ich dich vom Weg abbringen. Es geht nicht darum, wer der Pappi ist. Sobald du jemandes Autorität ohne eigenes Verständnis akzeptierst, bist du vom richtigen Weg abgekommen. Jetzt wirst du keine Fehler mehr machen, du wirst deine eigene Suche nicht mehr fortsetzen. Du willst nicht mehr im Dunkeln herumtasten. Du willst etwas Einfaches, Vorgefertigtes.

Was immer ich sage, versuche es zu verstehen! Wenn du es versteht und es befolgst, weil es jetzt zu deinem Verständnis geworden ist, ist das etwas völlig anderes.

Verstehst du mich? Letzten Endes muß dein Verständnis der entscheidende Faktor sein. Verständnis ist die einzige Autorität.

Was immer ich sage, ist nicht theoretisch, es ist rein faktisch. Ich brauche dir deshalb keine Autorität aufzuzwingen – ich weiß, daß du es verstehen wirst, sofern du dich darum bemühst. Autorität ist nötig, wenn etwas gesagt wird, was nicht den Tatsachen entspricht. Wenn ich dir sage, daß du etwas tun sollst, weil Gott es so gewollt hat, wird es zum Problem. Du kennst Gott nicht, du weißt nicht, ob Gott es wirklich so angeordnet hat – und es ist unmöglich, es auf irgendeine Art zu beweisen. Aber alles, was ich sage, ist eine einfache Wahrheit, ohne jeden theoretischen Jargon als Verpackung.

Laß dich von keiner Autorität ablenken – auch von mir nicht. Gehe allein weiter. Wenn du allein weitergehst und dabei das Gefühl hast, daß dieser Mann dir helfen kann, und wenn du dich dazu entschließt, meine Hilfe anzunehmen, so nimm sie mit Verständnis an. Nicht alles, was dieser Mann sagt, ist wahr – erst dein Verständnis macht es wahr. Dein Verständnis ist der einzige Beweis.

Meine Sannyasins sind nicht meine Anhänger, sondern meine Geliebten, meine Freunde. Ich bin nicht hier, um dich in allem und jedem zu führen, sondern nur, um hier und dort ein paar Hinweise zu geben, hier und dort ein paar Pinselstriche anzubringen. Dann lasse ich dich allein, damit du deine eigene Landkarte verfertigen, dein Kleid nach deiner eigenen Größe und Gestalt zurechtschneidern und selbst in das unbekannte Territorium in dir vordringen kannst, das mit nichts vergleichbar ist, das dir und nur dir allein gehört.

Betrachte mich nicht als große Autorität – das bin ich nicht!

Wenn du mich als große Autorität ansiehst, wirst du eines schönen Tages gegen mich rebellieren, und das Nein wird sich melden.

Allein schon das Wort Autorität paßt in keiner Weise zu mir; ich bin überhaupt nicht autoritär. Ich gebe dir keinerlei Gebote, ich sage dir nicht, was du tun oder nicht tun sollst, ich sage dir auch nicht, daß du gepriesen und belohnt werden wirst, wenn du dieses tust, aber bestraft und in die Hölle geworfen wirst, wenn du jenes tust – kein Wort davon! Ich sage nicht, du seist tugendhaft, wenn du etwas tust, und wenn du es nicht tust, seist du ein Sünder. Ich verdamme dich nicht. Ich bewerte dich in keiner Weise. Wie könnte ich da autoritär sein?

Ich nehme dich so an, wie du bist; mein Annehmen ist absolut und total. Ich liebe dich. Ich bin keine Autorität. Wenn ich etwas vorschlage, dann aus Liebe, nicht aus Autorität. Und es liegt an dir, ob du diesen Vorschlag annimmst oder nicht. Wenn du ihn annimmst – gut; wenn du ihn nicht annimmst – genauso gut! Ich bin dir deswegen nicht böse. Es ist deine Entscheidung, es ist deine Freiheit, ihn zu akzeptieren oder nicht.

Ein autoritärer Mensch ist jemand, der wütend wird, der dich bestraft, wenn du nicht tust, was er sagt.

Im Alten Testament sagt der jüdische Gott: »Ich bin ein sehr zorniger Gott, und wenn du mir nicht folgst, zermalme ich dich!« Dieser zornige Gott gibt den Juden zehn Gebote und sagt: »Ich bin nicht nur zornig, ich bin auch sehr eifersüchtig. Falls ihr andere Götter anbetet, werfe ich euch in die ewige Hölle!«

Das ist autoritär.

Die östliche Welt ist völlig anders. Buddha sagt: »Sei dein eigenes Licht.« Ein Buddha wird sagen: »Ich bin höchstens ein Freund. Ich kann auf den Weg hinweisen; ich kann ihn dir nicht aufzwingen. Wenn du dich entscheidest, entscheidest du dich aus freien Stücken, und wenn du dich entscheidest, liegt die Verantwortung bei dir.«

Das sollte man sich stets vor Augen halten.

Eine autoritäre Person hat natürlich auch ihr Gutes: Du bist nicht verantwortlich, *sie* ist verantwortlich. Deshalb mögen die Leute Autoritäten so sehr – weil man die ganze Verantwortung auf sie abschieben kann. Du brauchst nur ihre Befehle zu befolgen. Wenn dir einer sagt, du sollst diesen Weg nehmen, nimmst du diesen Weg; und wenn etwas schiefgeht, ist er dafür verantwortlich.

Die Leute wollen Autoritäten – jemand, der ihnen sagt, daß man dieses tun muß und jenes nicht tun darf. Sie wollen Führer wie Adolf Hitler oder Josef Stalin oder Mao Tse-tung, die auf sehr arrogante Weise autoritär sind, die denken, sie seien unfehlbar. Hmm? Das ist eines der Konzepte der christlichen Päpste – daß sie unfehlbar seien.

Aber die Leute wünschen es sich so. Warum? Weil sie so ihre Verantwortung abschieben können; sie können zu Sklaven werden. So gibt es keine Probleme für sie, sie brauchen keine Angst zu haben, der Führer kümmert sich um alles.

Die Leute wollen nicht frei sein, sie wollen Sklaven sein. Sie mögen sagen, was sie wollen, doch tief im Innern möchten sie Sklaven sein. Deshalb suchen sie nach Autoritäten.

Wenn du jedoch einer Autorität in die Hände fällst, entsteht eine Dichotomie in dir. Ein Teil von dir möchte, daß ich autoritär bin, damit du deine Verantwortung abschieben kannst. Ein anderer Teil von dir, dein echter Teil, dein authentischer Teil, will frei sein und sagt nein. So wird ein Konflikt entstehen ... Ich bin jedoch für dein Nein, denn es ist schöner.

Höre mir also zu, aber du brauchst mir nicht zu folgen. Und wenn du nicht gezwungen bist, mir zu folgen, kannst du besser hinhören, weil auf diese Weise kein Problem entsteht; du hörst einfach nur zu. Wenn es dich anspricht – gut; doch wenn es dich anspricht, folgst du damit deinem eigenen Verstand, weil es dich angesprochen hat. Du wirst mir nicht einfach blind folgen, und die Verantwortung liegt bei dir.

Mein ganzes Bemühen zielt dahin, dich so verantwortungsbewußt wie nur möglich zu machen. Ich möchte keine Krüppel aus euch machen, ich möchte nicht, daß ihr von mir abhängig werdet. Wie könnte ich das wollen? Ich liebe euch! Ich liebe euch so sehr, daß ich euch so unabhängig wie nur möglich möchte, in reinster Unabhängigkeit, denn nur dann ist ein Mensch schön. Dann hat er eine Seele!

Dein Nein entstammt also nur deiner Vorstellung von Autorität. Mache Schluß mit dieser Vorstellung, und das Nein wird verschwinden. Ich bin absolut keine Autorität! Sobald du diese Vorstellung fallenläßt, woher soll dann das Nein kommen? Dann ist das Nein nicht mehr möglich.

Ich bin nur ein Freund.

Es liegt an dir, hinzuhören oder nicht hinzuhören; es liegt an dir, dich entsprechend zu verhalten. Ob du es tust oder nicht – wenn du mir nur liebevoll zuhörst, wird dein Verständnis wachsen ... und genau darum geht es im Grunde. Du wirst aus deinem Verständnis heraus handeln. Wie könntest du anders handeln? Darum rede ich immer weiter. Morgens und abends rede ich weiter. Mein ganzes Bemühen hat zum Ziel, deinen Verstand klarer und einsichtiger zu machen, damit du selbständiger handeln kannst.

Du brauchst dir keine Sorgen zu machen mit deinem Nein – ich bin dabei! Denke daran.

Ein Sannyasin sagt, er neige dazu, sich von seiner Partnerin kontrollieren zu lassen. Sich darauf von ihr loszulösen gebe ihm sehr viel Energie. Danach verliere er jedoch die Orientierung, bis ihm nichts anderes mehr übrigzubleiben scheint, als zu ihr zurückzukehren.

Ja, so ist es! Erkenne es einfach – daß dies zu deinem Verhaltensmuster geworden ist. Du wirst einige Tage in einem Vakuum aushalten müssen, nur so kannst du es durchbrechen, sonst nicht.

Das ist eine Falle. Verhältst du dich so, fühlst du dich gut. Hmm? Jemand ist deine Autorität, und du folgst ihr, und alles läuft bestens. Dann taucht ein Problem auf, und dein innerer Geist beginnt zu rebellieren. Auch das fühlt sich gut an, denn in diesem Nein spürst du ebenfalls Energie, Macht. Diese Macht kann man jedoch nur spüren, solange eine Autorität da ist. Du bist also in einer Zwickmühle.

Ohne Autoritätsperson kannst du nicht nein sagen. Wenn du die Autorität sein läßt, verschwindet das Nein. Dann bist du wieder ratlos, denn dann ist die Energie weg. Wieder suchst du eine Autorität; und mit der Autorität kommt auch das Nein. Du mußt diesen Teufelskreis erkennen: Die Autorität bringt das Nein, das Nein bringt die Autorität.

Wenn du das siehst, wirst du verstehen, daß du in deiner Vergangenheit zu sehr von deinen Eltern abhängig geworden bist und sich dieses Muster immer wieder wiederholt. Du hast dich noch nicht von deinen Eltern befreien können; du hast sie noch nicht umgebracht.

Vor ein paar Tagen sprach ich über Buddhas Sutra. Buddha sagt – ein Sannyasin geht weit weg, um einen Auftrag auszuführen, und Buddha sagt: »Seht ihr diesen glücklichen Mann? Er hat seinen Vater und seine Mutter umgebracht und ist seitdem unendlich glücklich.«

Natürlich sind die Jünger verwirrt und verstört über das, was er da sagt – »Er hat seinen Vater und seine Mutter umgebracht, und seither ist er glücklich.« Darum fragen sie: »Was sagst du da, Meister? Das ist doch das größte Verbrechen der Welt! Wie kann er glücklich werden, indem er seinen Vater und seine Mutter umbringt?«

Darauf erklärt Buddha: »Es ist nicht der äußere Vater, nicht die äußere Mutter, sondern deren Prägung in seinem Innern; er hat den elterlichen Griff in seinem Innern völlig vernichtet.«

Das meint auch Jesus, wenn er sagt: »Solange du deine Mutter und deinen Vater nicht haßt, kannst du mir nicht folgen.«

Die Christen haben diese Stelle nie erklären können. Sie sind immer etwas verlegen, wenn die Frage auftaucht, warum Jesus dies gesagt hat. Ein Mann wie Jesus, der von Liebe und Mitgefühl spricht, sagt: »Solange du deinen Vater und deine Mutter nicht haßt ...«?

Meiner Auffassung nach werden dir dein Vater und deine Mutter solange weiter Probleme machen, bis du dich von ihnen befreit hast. Und es ist nicht ihr Fehler; es geht um dich, es liegt an dir.

Eine Zeitlang war es notwendig, daß dein Vater eine Autorität war, daß deine Mutter eine Autorität war, sonst wärst du überhaupt nicht gewachsen, hmm? Du warst noch ganz unbewußt, was die Welt und ihre Probleme betrifft – sie mußten dich darauf vorbereiten.

Das Kind kann noch keine Begründungen verstehen, es kann keine Argumente verstehen, es kann sich nicht auf tiefgründige Analysen und Ursachen und Ähnliches einlassen. Man muß ihm ganz einfach sagen: »Tue das!« Man kann nicht philosophieren, man kann nicht predigen, man kann nicht zu den tieferen Gründen vordringen; das Kind würde es nicht verstehen. Man muß sehr klar mit ihm sein.

Die Psychologen sagen, die Frauen seien deswegen sehr autoritär geworden – weil sie sich mit Kindern abgeben müssen. Der Vater geht tagsüber ins Büro oder in die Fabrik oder woandershin; die Mutter muß zu einer Autorität werden, denn die Kinder setzen ihr ständig zu. Wenn sie alles erklären würde, käme sie zu nichts mehr ... und Erklärungen helfen auch nicht weiter. Sie sagt: »Sei still! Hör auf damit! Frage mich nicht ständig dummes Zeug! Das ist so, weil ich es dir sage!«

Eine Frau lernt das immer besser, und mit der Zeit verhält sie sich auch ihrem Mann gegenüber so. Sie ist autoritär geworden. Dann vergißt sie ganz, daß sie zu ihrem Mann eigentlich nicht autoritär sein sollte. Sie sagt: »Wenn ich es dir doch sage, dann ist es auch so. Heute schauen wir uns diesen Film im Kino an, woanders gehen wir nicht hin. Etwas anderes liegt nicht drin.«

Die Psychologen haben herausgefunden, daß die Stimmen der Frauen vor der Heirat nicht so fest, nicht so sicher klingen, daß ein gewisses Zögern festzustellen ist. Nach der Heirat und besonders nachdem die Kinder geboren sind, werden ihre Stimmen sehr, sehr fest und autoritär.

Eltern müssen autoritär sein; weil sie es jedoch unbewußt tun, helfen sie dem Kind und schaden ihm zugleich. Für den Augenblick helfen sie, später jedoch klingt diese autoritäre Stimme im Kopf weiter, und du wirst immer nach einer Vater- oder Mutterfigur suchen – nach jemandem, der die Verantwortung für dich übernimmt. Du wirst ein Baby bleiben, du wirst nicht erwachsen werden. Wachstum wird dir schmerzhaft erscheinen ... und weshalb auch wachsen, wenn du einen Vater finden kannst? Doch gleichzeitig hast du ständig das Gefühl, du seist kindisch, und verspürst den Drang zu wachsen. Wie kannst du diesen Drang zu wachsen wieder loswerden? ... Und so hält der Konflikt an.

Versuche es zu verstehen. Sieh es dir genau an und bleibe in einem Vakuum. Löse dich diesmal von der Vorstellung, ich sei eine Autorität, und beobachte, wie das Nein zu verschwinden beginnt, wenn du diese Vorstellung aufgibst. Es kann nicht ohne das Positive existieren – es ist der Schatten des Positiven –, und so verschwindet es. Bleibe danach weiterhin in einem Vakuum.

Sei allein, bleibe mit dir allein. Auch wenn du etwas verkehrt machst, ist nichts falsch daran. Auch das ist gut – aber tue es allein. Bleibe einfach drei oder vier Monate lang allein. Höre auf dein Herz und verhalte dich entsprechend. Es geht in Ordnung, wenn du ein paar Fehler machst, du brauchst dir deswegen keine Sorgen zu machen. Man muß viele Fehler machen, um zu lernen; in Wirklichkeit lernt man nur, indem man Fehler macht. Du sollst zwar den gleichen Fehler nie zweimal machen, das stimmt; mache jedoch jeden Tag neue Fehler. Finde etwas

Neues und erforsche neue Ideen, neue Dimensionen. Und mache ruhig weiter Fehler, nichts ist verkehrt daran.

Bleibe zwei oder drei Monate lang in einem Vakuum mit dir allein, und dann besteht die Möglichkeit, daß du mich als Freund und nicht als Autorität ansehen kannst. So werde ich dir besser helfen können, denn ich werde nicht dein Feind sein, ich werde dich nicht in deiner Kindheit zurückbehalten: Ich werde zur Öffnung für deinen Reifeprozeß.

Und darin besteht die ganze Funktion eines Meisters: dir zur Reife zu verhelfen. Doch unter hundert sogenannten Meistern bieten dir neunundneunzig nur einen Vaterersatz an. Es ist nicht etwa bloß Zufall, daß Papst Vater bedeutet, daß *bapu* Vater bedeutet, daß christliche Priester und auch Gott mit Vater angesprochen werden. Das sind alles Projektionen derselben Idee.

Löse dich von dieser Vorstellung. Vergiß das ganze. Laß Gott deinen Freund sein. So kommst du zur Freiheit, und mit dieser Freiheit geht Wachstum einher.

Wer anderen folgt, hat kein Vertrauen in sich selbst; darum folgt er anderen. Wer sich selbst vertraut, lernt von anderen, folgt ihnen aber nicht. Er folgt seiner eigenen Einsicht. Was immer auch auf dem Spiel steht – er macht nie Kompromisse.

Es braucht Mut, sich selbst zu sein, und erfordert eine ungeheure Loyalität seinem eigenen Wesen gegenüber. Die Einweihung in Sannyas ist keine Einweihung in eine gewisse Gefolgschaft; ich bin gegen alle Gefolgschaften. Die Einweihung in Sannyas dient nur dazu, dich darauf vorzubereiten, du selbst zu sein, dich darauf vorzubereiten, mutig zu sein und gegen alles Elend und alle Programme, die die Menschen unglücklich machen, zu rebellieren.

Sannyas bedeutet Individualität. Du mußt meinen Geist in dich aufnehmen, an meinem Wesen teilnehmen, aber kein Anhänger, kein Nachahmer werden. Doch genau das haben alle Religionen bis heute getan: Sie erzeugen Nachahmer, falsche, scheinheilige Heuchler. Mein ganzes Bemühen geht dahin, dir zu helfen, mutig zu sein, deinem eigenen Wesen zu vertrauen, deiner eigenen Stimme zu vertrauen. Ich lehre dich nicht Loyalität mir gegenüber, ich lehre dich Loyalität deinem eigenen Potential gegenüber.

Der wahre Meister wirft den Schüler stets auf seine eigenen inneren Tiefen zurück. Er erlaubt dem Schüler nicht, sich an ihn zu klammern. Der Schüler möchte sich gern festklammern, der Schüler möchte gern abhängig sein, der Schüler möchte gern geführt und geleitet werden, ein Programm erhalten; doch der wahre Meister muß gegen den Schüler ankämpfen. Er muß etwas tun, das dem Schüler gegen den Strich geht. Und darin liegt der Unterschied zwischen einem wahren Meister und einem falschen Meister. Der falsche Meister erfüllt deine Erwartungen, er enttäuscht dich nie; der wahre Meister enttäuscht dich auf Schritt und Tritt, er erfüllt deine Erwartungen nie. Er frustriert dich wirklich, denn nur so kann er rückgängig machen, was dir die Gesellschaft angetan hat, nur so kann er dich zur absoluten Freiheit führen.

Ich bin nicht verantwortlich dafür, dich zu öffnen. Wenn du verschlossen bleibst, bleibst du verschlossen. Wenn du dich öffnest, hast du etwas Schönes und Gutes für dich selbst getan. Es ist absolut eigennützig. Vergiß das nie, denn man hat uns eine bestimmte Auffassung eingepflanzt, die besonders von der Psychologie vermittelt wird. Wenn es dir nicht gutgeht, sagst du: »Meine Mutter war nicht gut zu mir – sie ist dafür verantwortlich.« Freud hat die ganze Verantwortung auf die Mutter abgeschoben. Die arme Mutter! Jetzt läßt sich nichts mehr machen. Die Mutter ist nicht mehr da, du kannst nicht einfach wieder ein Kind werden – alles futsch! Du mußt dich so nehmen, wie du bist – dem Untergang geweiht.

Freud sagt, die Eltern seien schuld, Marx sagt, die Gesellschaft sei schuld, andere Analytiker finden andere Schuldige. Keiner sagt jedoch, du selbst seist verantwortlich. Das ist eine sehr vertrackte und faule Sache.

Aber du *bist* verantwortlich. Nicht deine Mutter oder dein Vater oder die Gesellschaft – du selbst. Ich weiß, sie haben ein gewisses Umfeld für dich geschaffen, doch es liegt an dir, was du daraus machst. Im selben Umfeld wird ein anderer Mensch etwas ganz anderes. In der gleichen Atmosphäre wäre ich wohl anders aufgewachsen. Warum nicht du? Dein Bruder kann in derselben Familie ganz anders aufwachsen als du. Die Umwelt spielt also sicher eine gewisse Rolle, sie ist aber nicht so wichtig. Das Wichtigste ist deine Einstellung.

Es gibt Leute hier, die glauben, es sei meine Verantwortung, ihnen zur Erleuchtung zu verhelfen. Wenn sie nicht erleuchtet werden, bin ich schuld! Was soll ich bloß tun? Und sie errichten alle möglichen Hindernisse – und dann bin ich verantwortlich! Sie gehen weg und sagen, sie seien ein, zwei Jahre hier gewesen und nichts sei passiert.

Deine Verantwortung ist absolut. Sobald du das einmal begreifst, siehst du plötzlich, daß du etwas tun mußt, denn es hilft nichts, weiterhin die Verantwortung auf jemand anderes Schultern zu laden. Es ist töricht, denn so vergeudest du nur dein Leben.

Der Meister kann dir keine detaillierte Landkarte geben, weil es gar keine Landkarte gibt. Und es kann nie eine Landkarte geben, aus dem einfachen Grund, weil jedes Individuum so einzigartig ist, daß eine einmal hergestellte Landkarte nur für die eine Person, die sie erstellt hat, gültig ist. Wenn Buddha eine Landkarte erstellt, so stimmt sie, soweit sie ihn selbst betrifft; wenn ich eine Landkarte erstelle, so stimmt sie, soweit sie mich betrifft. Das Problem entsteht dann, wenn man zu imitieren anfängt und genau nach Plan vorgeht.

Meine Landkarte wird dich von dir selbst ablenken – du wirst mich zu imitieren beginnen. Weil der wahre Meister stets die

Einzigartigkeit jedes Individuums respektiert, gibt er dir nie einen Plan. Der wahre Meister respektiert immer die Einzigartigkeit jedes Individuums, daher kann er dir nur ein paar Hinweise geben. Du mußt diese Hinweise verstehen und dich ohne Landkarte auf die Reise machen.

Ein Anhänger ist etwas sehr Gewöhnliches. Es besteht ein großer Unterschied zwischen dem Anhänger und dem, dem er nachfolgt. In der Politik ist das in Ordnung; es gibt Anhänger und Führer. In der Religion gibt es weder Führer noch Anhänger: Es gibt die Erwachten und die Liebenden – Menschen, die sich in sie verliebt haben. Anhänger zu sein ist sehr gewöhnlich. Anhänger zu sein bedeutet, daß du logisch von der Richtigkeit dessen, was Christus sagt, überzeugt bist. Es handelt sich jedoch bloß um eine intellektuelle Überzeugung.

Als Liebender bist du nicht intellektuell, nicht mit dem Kopf überzeugt, sondern mit dem Herzen.

Es gibt zwei Arten, dein Leben zu leben. Entweder man lebt von Mauern umringt, vom Ganzen getrennt – das ist der Weg des Egos, der Weg des Verstandes; die andere Lebensweise besteht darin, alle Mauern in Brücken zu verwandeln, verbunden zu sein, Teil des Ganzen zu sein – das ist der Weg der Meditation, der Weg der Egolosigkeit. Der erste lebt in der Hölle, und nur er ist verantwortlich dafür, niemand sonst. Der zweite lebt im Himmel, und auch er ist dafür verantwortlich, niemand sonst. Es ist deine eigene Entscheidung, also schiebe die Schuld nicht den Sternen zu, schiebe die Schuld nicht dem Schicksal zu; drücke dich nicht vor deiner Verantwortung, schiebe sie nicht jemand anderem zu.

Das ist etwas vom Grundlegendsten von Sannyas: für alles, was einem zustößt, selbst verantwortlich zu sein. Nur ich bin verantwortlich, niemand sonst. Sobald diese Verantwortung total akzeptiert worden ist, macht das Leben eine Revolution durch, eine Revolution, die tausend Segnungen mit sich bringt.

Vergiß eins nie: Ich bin hier, um dir zu helfen, freier zu sein. Wenn du je das Gefühl hast, Sannyas werde dir zur Last, zur Bürde, und es hindere dich mehr, als daß es dir helfen würde, dann laß es sein – und zwar ohne Schuldgefühle. Ich bin der Letzte, der irgend jemandem Schuldgefühle machen möchte.

Meditiere darüber. Wenn du meinst, es sei eine Einschränkung für dich geworden und du wärst ohne Sannyas freier, bin ich immer für die Freiheit. Auch wenn ich genau weiß, daß du unrecht hast, bin ich dennoch immer für die Freiheit – auch wenn sie illusorisch ist.

Ich bin ein Verrückter. Ich sage immer wieder Dinge ... Doch du brauchst nicht an mich zu glauben, denn sonst kommen Zweifel auf. Höre mir nur zu. Wenn du etwas gerne tun möchtest, so tue es; wenn du es nicht tun möchtest, tue es nicht.

Und ich bin nicht verantwortlich für das, was ich sage, zitiere mich also nie! – denn ich selber habe es völlig vergessen. Vorbei ist vorbei! Ich bin verantwortungslos und unernst. Höre dir also an, was immer ich sage, und wenn du es von dir aus tun möchtest, so tue es. Wenn du es nicht tust, brauchst du dich deswegen nicht schuldig zu fühlen.

Wenn du mich richtig verstehst, fragst du mich nie wegen Einzelheiten um Rat, denn das kann für dich zum Problem werden ... Bleibe einfach lebendig, spontan und gefühlvoll. Laß dein Gefühl dorthin fließen, wo dir deine Sonnenblume die Sonne anzeigt, und lasse dich von keinen anderen Erwägungen leiten.

Das ist Mut. Das ist Authentizität. Authentizität ist einer der höchsten Werte im Leben. Nichts läßt sich mit ihr vergleichen.

Religion lehrt dich, deinem inneren Gefühl zu folgen und

alles dafür aufs Spiel zu setzen, alles zu riskieren, dein Leben zu leben und dir treu zu bleiben. Sei ein authentischer Mensch, sei nie eine Kopie!

Ich bin hier, um dir zu helfen, du selbst zu sein, nicht um dich von deinem Wesen abzulenken. Ich bin nicht hier, um dir eine Disziplin aufzuerlegen. Ich bin nur hier, um dir die Einsicht zu vermitteln, daß du nach innen gehen mußt. Du sollst mir nicht folgen, du sollst mich verstehen und in dich hineingehen. Und der Unterschied zwischen Verstehen und Folgen ist immens. Menschen werden zu Anhängern. Meine Sannyasins sollen keine Anhänger sein, sondern Menschen, die verstehen, Menschen, die versuchen, mit ihrem eigenen Wesen zu experimentieren.

Höre mir zu, verstehe mich, aber experimentiere mit dir selbst. Glaube nicht an mich. Vertraue mir, damit du experimentieren kannst, aber glaube nicht. Glaube erst, wenn du selbst angekommen bist, glaube erst, wenn du selbst die Erfahrung gemacht hast.

Ein Zen-Meister wurde einmal gefragt: »Was hindert das Werk Christi auf Erden am meisten?« Der Meister antwortete: »Das Christentum.«

Jeder einzelne muß er selbst werden, nur so wirst du zum Buddha. Wenn du einen Buddha imitierst und ihm folgst, wirst du eine Imitation. Das mag paradox klingen, ist aber von grundlegender Wichtigkeit.

Dieses Imitieren ist eine große Versuchung. Hmm? Wenn du Jesus liebst, willst du ihn nachahmen. Wenn du mich liebst, willst du mich nachahmen.

Wenn du aber nachahmst, gehst du fehl.

Mich zu lieben oder Buddha zu lieben heißt, in dein eigenes Selbst einzutreten. Der Meister muß den Schüler auf sein eigenes Wesen zurückwerfen. Die Zen-Leute haben den richtigen

Namen für diese Versuchung zur Imitation gefunden: Sie nennen es die Buddha-Krankheit. Sie lieben Buddha unendlich, aber sie nennen es die Buddha-Krankheit, hmm? Buddha ist so schön, daß man natürlicherweise versucht ist, ihn nachzuahmen. Doch das wird zu einer Krankheit.

Daneben hat man von Zen-Meistern gehört, die gesagt haben: »Wenn du unterwegs auf Buddha triffst, töte ihn sofort!« Sie verehren Buddha jeden Tag, morgens und abends, sie beten zu ihm, und dennoch sagen sie: »Wenn beim Meditieren Buddhas Bild in dir auftaucht, sollst du ein Schwert ergreifen und es auf der Stelle zerhauen. Mache ihm auf der Stelle den Garaus, sonst wird dieser Kerl gefährlich.«

Sie sagen: »Wenn du den Namen Buddhas wiederholst, sollst du dir sofort den Mund ausspülen, denn allein schon der Name ist gefährlich.« Sie lieben Buddha und sagen solche Dinge! Es sieht widersprüchlich aus, ist es aber nicht.

Ahme nie nach, falls du dich eines Tages Gott zum Geschenk machen möchtest. Versuche immer auf dein eigenes Herz zu hören.

Mein ganzes Bemühen geht nicht dahin, etwas aus dir zu machen, sondern dir einfach zu helfen, zu dem zu werden, was du werden kannst – egal was! Ich habe keine feste Vorstellung, ich habe kein Ideal. Ich muß dir nur helfen zu wachsen.

Hmm? Genau wie ein Gärtner. Er hilft dem Rosenstock, ein Rosenstock zu sein, und er hilft dem Lotus, ein Lotus zu sein. Er versucht nicht, aus dem Lotus einen Rosenstock zu machen, und ebensowenig versucht er, aus dem Rosenstock einen Lotus zu machen. Er schützt, er gießt, er düngt. Er gibt seine Liebe und Wärme. Er umhegt den Rosenstock mit aller Sorgfalt, um ihm zu helfen, sich selbst zu werden.

Wenn du Lust hast, gegen mich anzukämpfen, kannst du das ruhig tun. Du hast meinen Segen, es ist kein Problem. Alles, was dir zu Wachstum verhilft und dir deinem Gefühl nach mehr Reife gibt, ist gut – auch wenn es ein Kampf gegen mich ist. Und denke nicht, du seist deshalb ein Abtrünniger oder würdest mich verraten. Selbst wenn du ein Judas sein willst, so sei einer.

Bedenke nur eins: Alles, was dir Glück und Wachstum bringt, ist gut. Keiner hat das Recht, sich da einzumischen.

Wenn dir also hin und wieder ums Kämpfen zumute ist, so kämpfe. Unterdrücke es nicht. Wenn dir hin und wieder ums Verraten zumute ist, so verrate. Mache dir deswegen keine Sorgen. Ich bin nicht hier, um irgendwelche Sorgen und Ängste in dir wachzurufen. Was auch immer sich gut für dich anfühlt, ist gut. Stürze dich darauf! Stürze dich aus vollem Herzen kopfüber darauf, damit alles, was passiert, dir helfen wird. Wenn es etwas Verkehrtes ist, wirst du danach weiser sein; wenn es etwas Richtiges ist, wirst du danach noch weiser sein. Nichts geht also verloren dabei. Alles in allem, alles zusammengenommen geht nichts verloren. Vom Weg abzukommen gehört ebenfalls dazu, einem Weg zu folgen.

Es gibt eine Geschichte aus Buddhas Leben ...

Einer seiner engsten Schüler war Sariputra. Als Sariputra erleuchtet wurde, sagte Buddha: »Jetzt gehe hin und verkünde meine Botschaft. Du brauchst nicht mehr bei mir zu sein. Wo du auch hingehst, werde ich mit dir sein.« Obwohl Sariputra jetzt erleuchtet war und deshalb nicht nein sagen konnte, ging er nur sehr zögernd, denn er wollte Buddha nicht verlassen; er wollte für immer und ewig nur noch in seinem Schatten sein. Er war erleuchtet worden, klammerte sich also an nichts mehr fest, und doch ging er nur zögernd. Morgens und abends verneigte er sich in Buddhas Richtung, wo immer er sich gerade befand.

Seine Jünger fragten: »Was tust du da? Warum verneigst du dich jeden Tag morgens und abends in eine bestimmte Richtung?« Sariputra sagte: »Dort geht mein Meister.« Sie aber meinten: »Du bist doch jetzt selbst erleuchtet!« Er sagte: »Das spielt keine Rolle. Die Dankbarkeit bleibt. Auch wenn die Sonnenblume ganz aufgeblüht ist, wendet sie sich noch immer zur Sonne hin.«

Es wird vielen Leuten immer wieder passieren, daß sie von mir weggehen wollen. Das ist völlig in Ordnung. Manchmal brauchst du deinen eigenen Raum. In meiner Nähe zu sein wird dir schwer. Sei also nur hier, wenn du hier sein willst, sonst gehe weg. Du sollst deinen eigenen Raum haben.

Und mein Sannyas ist nichts anderes als das Bemühen, dir Mut zu machen, deinen eigenen Raum zu finden. Wenn du eines Tages das Gefühl hast, dieses Sannyas sei zu einer Fessel geworden, und du dich bedrückt fühlst, so steige aus. Und denke nie, das könnest du doch nicht tun, weil ich dir mit soviel Liebe Sannyas gegeben habe. Ich kann es mit der gleichen Liebe wieder zurücknehmen.

Ich bin der Letzte, der dir wegen irgend etwas Schuldgefühle machen möchte. Wenn du also Sannyasin bist, ist das deine Wahl. Wenn du kein Sannyasin bist, ist das ebenfalls deine Wahl. Mein Segen ist bedingungslos. Was immer du bist – ob Sannyasin oder Nichtsannyasin –, spielt keine Rolle.

Meine Liebe wird dir nicht helfen

Letzten Endes mußt du zu deiner eigenen Präsenz gelangen; niemand anderes Präsenz wird dir helfen. Sie kann eine Stütze sein, bestenfalls ein förderliches Klima. Doch die Reise ist lang, und man muß alleine gehen. Es ist ein einsamer Flug ins Alleinsein.

Eine Sannyasin sagt, sie habe Angst, sich auf die Liebe einzulassen. Osho spricht ausführlich zu ihr. Diese Angst sei ganz natürlich, sagt er, weil sie die Möglichkeit einschließe, abgelehnt zu werden. Das Risiko lohnt sich jedoch, meint er. Und bevor du den Richtigen findest, mußt du an viele Türen klopfen!

Zur Zeit bin ich in niemanden verliebt außer in dich, deshalb muß ich an deine Tür klopfen – und das ist sehr schwierig.

Aber meine Tür ist doch offen – du brauchst nicht anzuklopfen! Ich habe dich angenommen, du brauchst also nicht zu fragen. Finde eine Tür, die verschlossen ist, und klopfe dort an.

Gerade jetzt brauchst du eine verschlossene Tür. Meine Liebe wird dir wenig helfen. Meine Liebe wäre zu kühl. Sie ist bereits da, du brauchst also nicht nach ihr zu suchen. Ich verschenke sie und teile sie, ohne daß jemand danach fragt. Ich verschenke sie unablässig an Fremde. Das ist also nicht das Problem.

Du brauchst jemanden wie du selbst. Vielleicht ist das ganze bloß ein weiterer Trick, um auszuweichen – man kann sich in mich verlieben, und das kann ein Ausweichen sein. Dann willst du keinem Menschen mehr begegnen, der wirklich ist wie du.

Ich bin höchst unwirklich – du verliebst dich in einen Geist. Du brauchst einen Mann aus Fleisch und Blut.

Du brauchst meine Präsenz nicht übermäßig zu fühlen, denn das kann zu einer Belastung werden ... es kann sogar destruktiv sein. Man sollte immer normaler und natürlicher werden. Und die Beziehung zu mir sollte fast so werden, als sei es gar keine Beziehung. Nur so wirst du mit mir in Einklang sein. Dann gibt es keine Aufregung. Ein sehr stiller Fluß wird da sein, fast unsichtbar, unmerklich. Was genau da ist, läßt sich nicht festlegen. Der Verstand mag dazu sagen, es sei etwas nebelhaft; es ist jedoch nicht nebelhaft.

Ich erlaube den Leuten, in den Ashram zu ziehen, damit sie mich völlig vergessen können. So werde ich Teil ihres Wesens, und man braucht sich meiner nicht mehr zu erinnern.

Du ißt etwas. Solange es im Mund ist, schmeckst du es. Es schmeckt dir, oder es schmeckt dir nicht, doch wenn du es einmal hinuntergeschluckt hast, vergißt du es. Es wird Teil von dir. Du hast mich fast ganz hinuntergeschluckt, und darum fühlst du mich nicht. Bin ich einmal in dir, kann ich jedoch wirksamer werden. Ich werde dir in Fleisch und Blut übergehen. Man muß das Gegessene vergessen. Dich ständig daran zu erinnern, jetzt sei die Nahrung im Magen angelangt, jetzt werde sie verdaut, jetzt bewege sie sich in den Gedärmen, wird dich zum Wahnsinn treiben. Du schmeckst sie nur, solange sie im Mund ist, das reicht.

Wenn die Leute das erstemal zu mir kommen, entsteht eine große Aufregung und viel Widerstand. Erst gehen sie ins Extrem, dann beruhigen sie sich nach und nach. Und sobald sie sich beruhigt haben, beginnt die eigentliche Arbeit.

Eine Sannyasin, die sich anfangs im Ashram gutgefühlt hat, meint, ihr Selbstvertrauen sei zerstört worden.

Es ist gut, daß das sogenannte Selbstvertrauen zerstört worden ist, denn es ist nichts als das Ego, das unter verschiedenen

Namen herumstolziert. Was du Selbstvertrauen nennst, hat nichts mit Vertrauen zu tun.

Wer wirklich vertraut, braucht gar kein Vertrauen. Denke intensiv darüber nach! Wer wirklich vertraut, braucht nie Vertrauen; das Vertrauen ist einfach da, man braucht sich nicht darum zu kümmern. Man ist sich seiner nicht einmal bewußt. Wenn kein Vertrauen da ist, ziehen wir eine Show ab, um den Mangel an Vertrauen zu verstecken, und wir nennen diese Show Selbstvertrauen. Es ist nur eine Verkleidung, eine Maske.

Diese Maske wird zerstört – *du* wirst nicht zerstört! Aber wir alle haben diese Masken, und wir identifizieren uns mit diesen Masken. Wenn sie daher zertrümmert werden, tut das weh, tut das sehr weh, schrecklich weh. Aber alle diese Masken müssen zertrümmert werden.

Meine Arbeit ist wirklich ein undankbarer Job. Nur im letzten Stadium wirst du verstehen, was mit dir geschehen ist. Wenn alle Masken gefallen sind und du plötzlich dein ursprüngliches Gesicht erkennst – das Gesicht, das du hattest, als du noch nicht geboren warst, das Gesicht, das du hattest, als noch nicht einmal deine Eltern geboren waren, das Gesicht, das du haben wirst, wenn dein Körper dahingegangen sein wird und du tot bist, das Gesicht, das du immer haben wirst, das du immer hast ... wenn dieses ursprüngliche Gesicht in dein Blickfeld kommt, wirst du verstehen, daß all dieses Zertrümmern ein Segen war.

Eine Sufi-Geschichte ...

Ein Mann machte sich auf die Suche. Er fragte den erstbesten Mann vor der Stadt, der unter einem Baum saß: »Wie kann ich einen Meister finden?« Der Mann beschrieb ihm den Meister und sagte: »Daran wirst du ihn erkennen: Er wird unter einem Baum sitzen, der so und so aussieht, er wird diese bestimmten Augen haben, diese bestimmte Ausstrahlung ...« und so weiter. Der Mann war sehr glücklich – jetzt hatte er einen Anhaltspunkt. Und dreißig Jahre lang war er auf der Suche. Er begegnete vielen Meistern, vielen Leuten und wurde schließlich müde, desillusioniert, enttäuscht – so sehr, daß er wieder nach Hause zurückkehrte. Er sagte sich: »Das ist doch alles nur Unsinn!«

Als er vor der Stadt stand, begegnete er erneut jenem alten Mann. Er war jetzt sehr alt. Plötzlich war er überrascht: »Das ist ja der Baum, den er mir beschrieben hat, das ist genau jene Ausstrahlung.« Er schaute dem Alten in die Augen, und dieser fing an zu lachen. Es war genau jenes Lachen, das waren genau jene Augen! Er sagte: »Aber warum hast du mir das nicht früher gesagt? Warum mußte ich dreißig Jahre lang soviel erleiden und einen solchen Alptraum erleben?«

Der alte Mann sagte: »Ich habe es dir gesagt, ich habe dir alles genau beschrieben, doch du hast dir nicht einmal den Baum angesehen. Du warst nicht bereit. Der Baum war da, ich war da. Als ich die Augen beschrieb, schaute ich dir direkt in die Augen, aber du warst nicht da.«

Wenn man mein Energiefeld verläßt, wird man unruhig. Es ist, als würde man einen Baum entwurzeln und an einen anderen Ort verpflanzen. Du bist dir nicht bewußt, welche Nahrung du hier erhältst. Du brauchst dir aber deswegen keine Sorgen zu machen. Es ist gut, zuweilen von mir wegzugehen; es hilft dir, auf eigenen Beinen zu stehen. Und ich möchte, daß du unabhängig bist. Ich möchte dich nur solange unterstützen, bis du unabhängig sein kannst.

Es ist etwas sehr Delikates. Es ist genau so, als würde man ein Kind aufziehen. Die Mutter muß das Kind beschützen, aber nicht zu sehr, sonst wird das Kind nie ein Rückgrat haben. Das Kind darf aber auch nicht zu sehr ungeschützt gelassen werden, sonst wird es sich in der Welt nie heimisch fühlen. Es ist sehr heikel, die genaue Mitte einzuhalten – weder zu viel Schutz noch zu wenig. Ein Gleichgewicht zu finden ist sehr schwierig. Und es ist mit jedem Individuum wieder anders; mit jedem Sannyasin muß ich anders umgehen. Die Leute sind verschieden – ihre Bedürfnisse sind verschieden.

Ich kann also verstehen, weshalb du nervös bist, aber das ist gut. Und wenn du das nächste Mal kommst, wirst du mir noch näher kommen. Dein Weggehen wird dich mir näherbringen. Das ist eines der Paradoxe des Lebens – je unabhängiger du bist, desto mehr kannst du dich hingeben.

Es ist immer gut, für einige Zeit wegzugehen und dann zurückzukehren, sonst nimmt man alles für selbstverständlich. Es ist gut für den Fisch, hin und wieder aus dem Wasser zu springen, auf dem Ufersand zu liegen, nach Wasser zu dürsten und wieder ins Nasse zu springen. Dann erkennt der Fisch zum ersten Mal, welch ein Segen es ist, im Wasser zu sein.

Dies hier ist eine kleine Oase, hmm? Gehe in die Wüste der Welt hinaus, fühle die heißen Winde, die Konflikte und die Gewalt rundherum. Und immer wenn du müde und erschöpft bist, dann kehre zurück. Ruhe dich in der Oase aus und rüste dich dann wieder zum Weggehen.

Allein schon die Vorstellung, je Sicherheit zu erlangen, schafft Probleme. Ich helfe meinen Leuten, die Unsicherheit genießen zu können. Ich mache sie nicht sicher – wie könnte ich? Niemand kann das, und es wäre auch nicht gut. Selbst wenn man das tun könnte, sollte man es lassen, denn wenn man sicher ist, ist man tot. Dann lebt man nicht mehr.

Das Leben kommt zusammen mit dem Tod. Wenn du einatmest, mußt du auch wieder ausatmen; du kannst nicht sagen: »Ich will nur einatmen.« Beides gehört zusammen: einatmen und ausatmen. Das Leben ist ein Einatmen, der Tod ist ein Ausatmen.

Nur das Tote kann kontrolliert werden. Je mehr du tot bist,

desto leichter kann man dich kontrollieren. Dann bleibst du ein Ehemann oder eine Ehefrau, dieses oder jenes, und alles sieht sicher aus. Ein Haus der Mittelklasse, ein Bankkonto, ein Auto in der Garage, eine Frau, Kinder, ein guter Job, und man hat das Gefühl, sicher zu sein. Aber ist das Sicherheit? Sicherheit gibt es nicht, nur Bequemlichkeit. Es ist Bequemlichkeit, nicht Sicherheit, denn all das kann dir wieder entzogen werden.

Die einzig mögliche Sicherheit liegt darin, immer mehr die Unsicherheit zu genießen. Das sieht paradox aus, aber alles, was wahr ist im Leben, ist stets paradox. Die Wahrheit ist paradox. Liebe die Unsicherheit, und sie verschwindet. Zwar wirst du damit nicht sicher sein, doch wenn du beginnst, die Unsicherheit zu lieben und zu genießen, kümmerst du dich nicht mehr darum. Du machst dir deswegen keine Sorgen, du hast keine Angst mehr. Man wird wie elektrisiert. Alles ist aufregend. Man fragt sich, was das Morgen bringen wird. Und man bleibt offen.

Bleibe noch etwas länger hier. Ich werde dir deine Zukunft wegnehmen, und du wirst glücklich sein. Ich werde dir jede Vorstellung von Sicherheit wegnehmen.

Verrate nie deine Wahrheit! Wenn du deine Wahrheit verrätst, wirst du dich von allem getrennt fühlen, denn es ist die Wahrheit, die uns verbindet. Wahrheit ist die einzige Verbindung, die es gibt. Du bist nicht direkt mit mir verbunden; du kannst nur durch deine Wahrheit mit mir verbunden sein. Du kannst *mir* nicht begegnen, ich kann *dir* nicht begegnen – nur meine Wahrheit und deine Wahrheit können sich treffen, anders geht es nicht. Wenn du dir nicht treu bist, können wir uns nicht begegnen.

Wenn du spürst, daß du den ersten Schritt zur Eigenverantwortung getan hast – schon ein ganz kleiner Schritt genügt! –, werde ich mit dir sein. Denn mein ganzes Bemühen hier geht dahin, dich für dein eigenes Leben verantwortlich zu machen.

Es ist dein Leben, und es ist unendlich wertvoll. Es ist nichts, was man einfach wegwirft und vergeudet. Und nichts hilft, solange du dich nicht entscheidest, etwas für dein Sein, für deine Zukunft zu unternehmen. Nur dein Entschluß ist entscheidend. Das meint Verantwortung. Sie ist riesig. Sie ist fast beängstigend.

Wenn es einen Gott gäbe, wäre er verantwortlich, und du könntest kindisch und unreif bleiben. Du bräuchtest dich um nichts zu kümmern; der Vater ist ja da und sorgt für dich ...

Absolut verantwortlich zu sein heißt, daß niemand mehr da ist, der für dich sorgt. Du mußt für dich selbst sorgen.

Jeder Schritt ist also gefährlich, und man muß sehr, sehr wachsam sein. Allein schon diese Wachsamkeit, diese Verantwortung, dieses Verantwortungsgefühl läßt dich reifen. Du wirst reif, und dann nimmst du dein Leben in die eigenen Hände. Von diesem Augenblick an bist du nicht mehr Teil der Menschheit, die in Tiefschlaf verfallen ist. Ein klein wenig bist du aufgewacht.

Sei einfach glücklich! Das meine ich mit: du selbst sein. Sei so, als wärst du allein auf der Welt. Was würdest du dann tun? Alle verschwinden, und du bist allein auf der Welt – was würdest du tun? Selbstmord begehen? Falls dir dieser Gedanke kommt, wirst du wohl auch gerade jetzt Selbstmord begehen, ob es dir bewußt ist oder nicht. Wenn du denkst, daß du meditieren würdest, wenn die ganze Welt verschwindet – herrlich! Niemand, der dich stört! –, wirst du wohl auch gerade jetzt meditieren. Oder wenn du denkst, du würdest singen und tanzen, tust du das wohl auch in diesem Augenblick. Wenn du aber etwas für andere Leute tust, wirst du natürlich Selbstmord begehen.

Ich werde nicht Selbstmord begehen. Jene aber, die anderen Leuten etwas vorspielen – was werden sie tun? Sie werden sofort durchdrehen, weil kein Publikum mehr da ist; es gibt keine Vorstellung mehr. Sie waren nur Schauspieler, die ihr ganzes Leben lang versucht haben, den Leuten etwas zu beweisen. Jetzt sind diese Leute verschwunden, es hat also keinen Sinn mehr.

Alle eure politischen Führer werden Selbstmord begehen. Was bleibt ihnen anderes übrig? Niemand ist da, der sie wählen würde, niemand, der ihnen Aufmerksamkeit schenkt, niemand, der sie mit Blumengirlanden schmückt – niemand! Plötzlich sind sie sich selbst überlassen. Sie sehen keinen Wert mehr in ihrem Dasein.

Das meine ich, wenn ich sage, du sollst auf dein eigenes Wesen hören, als wärst du allein auf der Welt. Es gibt andere Menschen – gut; so weit, so gut. Wenn sie nicht da sind, wirst du genau wie ein Fluß sein und fließen. Der Fluß kümmert sich nicht darum, ob jemand zum Schwimmen kommt oder nicht. Und die Sonne wird weiterscheinen. Sie wird sich nicht darum kümmern, ob die Strände voller Leute sind, die ein Sonnenbad nehmen. Die Blumen werden weiterblühen ... die Vögel werden weitersingen. Nur Verrückte werden in Schwierigkeiten geraten; sonst wird alles sein, wie es ist.

Wenn du verwirrt bist, so frage dich jedesmal, ob du das, was du gerade tust, auch tun würdest, wenn du allein wärst. Dann ist es vollkommen richtig – mache ruhig weiter. Wenn du das Gefühl hast, allein könntest du es nicht tun, weil du von der Anerkennung anderer, von Zertifikaten, von diesem und jenem abhängig bist, machst du nicht dein eigenes Ding. Du machst etwas anderes, etwas, was von dir erwartet wird.

Du brauchst keine Risiken einzugehen. Wenn es deinem Wesen entspricht, Risiken einzugehen, ist es in Ordnung. Wenn es aber nicht deine Art ist, so ist es unnötig. Vergiß nie: Wenn ich sage, du sollst dein Ding tun, meine ich es wirklich, was immer das für dich heißt. Vielleicht heißt es, dich mir hinzugeben. Wenn es dein Ding ist, mußt du es tun.

Du mußt spüren, was dir Freude macht. Was immer dir Freude und Frieden bringt, ist dein Ding. Das ist das einzige Kriterium. Jetzt richtest du dich jedoch einmal mehr nach einem Kriterium von außen – daß man Risiken eingehen sollte, daß man mutig sein sollte ... warum denn? Wenn du dich nicht danach fühlst, brauchst du nichts dergleichen zu sein. Wenn es sich gut anfühlt, dich dahintreiben zu lassen, so wie du bist, ist das absolut in Ordnung. Wenn du das Gefühl hast, etwas sei verkehrt daran ... es muß aber dein Gefühl sein, nicht deine Vorstellung. Denn wenn du mir zuhörst, kannst du leicht auf falsche Gedanken kommen, auf falsche Vorstellungen, auf falsche Interpretationen.

Genau das ist geschehen. Wenn ich zu so vielen Leuten spreche, muß ich verallgemeinern; es kann nicht persönlich sein. Es kann nicht genau auf dich zutreffen. Das mußt du verstehen. Ich sage: »Riskiere etwas!« doch dein Risiko besteht vielleicht darin, nichts zu riskieren. Das ist auch ein Risiko! Andere jedoch gehen Risiken ein und begeben sich in Gefahr, und du möchtest dich mit ihnen messen. Du glaubst, du solltest dasselbe tun. Warum? Du siehst, wie andere sehr mutig und tapfer sind, und kommst dir wie ein Feigling vor – so sei ein Feigling!

Aber schon in dem Wort verbirgt sich eine Verdammung. Sobald wir sagen: »Sei ein Feigling!« erweckt das den Eindruck, daß wir etwas verdammen. Keineswegs! Darin steckt nicht die geringste Verdammung. Das ist deine Art. Wenn du gerne fliehen möchtest, dann fliehe.

Denke stets daran: Alles, was sich für dich gut anfühlt, bist du. Laß dies darum das einzige innere Kriterium sein. Gehe immerzu weiter und urteile nach dem innersten Kriterium: ob es sich gut anfühlt, ob du glücklich bist. Das Problem wird sich noch häufig stellen, weil du nicht fähig sein wirst, zwischen deinen Gefühlen und deinen Gedanken zu unterscheiden. Da mußt du also etwas aufmerksam sein und hinschauen.

Ein Gefühl ist etwas Totales, ein Gedanke ist eine Kopfgeburt. Ein Gefühl umgibt dich, hüllt dich ein. Ein Gefühl ist etwas,

was bis in deine Eingeweide dringt. Es schwimmt mit in deinem Blut, es atmet in deinem Atem. Ein Gefühl ist etwas Totales.

Gerade jetzt, da du vor mir sitzt, umgibt dich zum Beispiel ein bestimmtes Gefühl. Es ist kein Gedanke, es ist ein Gefühl. Wenn du dich später daran zurückerinnerst, wird es ein Gedanke sein. Wenn du später darüber nachsinnst, wird es ein Gedanke sein. Gedanken kommen entweder aus der Vergangenheit oder aus der Zukunft. Ein Gefühl ist immer in der Gegenwart, es kennt daher auch kein Vergleichen. Das Fühlen kennt kein Planen; entweder es ist da, oder es ist nicht da.

Sei ein fühlendes Wesen!

Und vergleiche dich nie mit anderen, denn sie tun vielleicht ihr Ding. Jemand schreibt Gedichte und wird berühmt, erhält Beifall, wird geachtet. Das mag sein Ding sein. Dein Ding mag sein, völlig unbekannt zu bleiben. Du kommst auf die Welt, lebst in der Welt und verläßt diese Welt wieder, als wärst du nie gekommen. Aber auch das besitzt seine eigene Schönheit. Wer hat denn gesagt, nur berühmte Leute seien schön? Komme herein wie ein leises Wispern. Niemand hört, wenn du vorbeigehst, kein Stäubchen wird aufgewirbelt. Du hinterläßt keine Fußspuren, nichts – als hättest du nie existiert. Das besitzt seine eigene Schönheit. Auch jene dienen, die nur dastehen und warten.

Aber all dies sollte deinem innersten Kern entspringen. Wenn du mir zuhörst, klammert sich der Verstand an gewisse Vorstellungen, und dann beginnt man zu denken. Höre mir zu, verstehe mich, und dann vergiß alles. Verdaue es und vergiß alles, damit es Teil von dir werden kann. Dann wird es aus deiner Mitte heraus zu wirken beginnen.

Mir zu schreiben hilft wenig. Wenn du einmal nicht mehr ein noch aus weißt und nicht anders kannst, so schreibe mir; andernfalls ist dir bereits geholfen worden, noch ehe mich dein Brief erreicht. Wenn du in Nöte kommst, wird dir tatsächlich sofort Hilfe zuteil. Bevor du die Frage stellst, wird dir die Antwort gegeben. Das ist die Magie, die zwischen einem Meister und einem Schüler entsteht: Noch bevor die Frage formuliert worden ist, wird die Antwort gegeben. Du hast sie vielleicht nur nicht gehört und denkst also, du müssest fragen. Wenn du aber ein wenig geduldig sein kannst, wirst du sie hören; du wirst feststellen, daß sie bereits gegeben worden ist.

Und von hundert Fragen sind neunundneunzig nur momentan. Schon während du sie niederschreibst, sind sie nicht mehr relevant – sie verschwinden von selbst. Man muß lernen, Geduld zu üben, dann kann man sehen, daß man sich um neunundneunzig Prozent aller Probleme gar nicht zu kümmern braucht. Sie vergehen von selbst. Sie kommen und gehen – sie haben nichts mit dir zu tun. Es sind nur zufällige Besucher, ihre Ursache liegt nicht in dir.

Immer wenn du dich öffnest – und darum geht es bei der Meditation, sie öffnet dich –, passiert es ... Wenn dein Geliebter ein Problem hat und du offen bist, in diesem Augenblick offen bist, wird sich das Problem plötzlich auf dich verschieben, und du wirst es spüren. Es hat aber nichts mit dir zu tun; es ist nur ein zufälliger Besucher. Seine Ursache liegt nicht in dir, es ist nur eine Reflektion. Und nach wenigen Minuten ist es wieder weg. Du mußt nur zusehen und beobachten und warten.

Wenn ein Problem auftaucht, so mache es dir zur Gewohnheit, mindestens eine Woche lang zu warten, bevor du mir schreibst. Neunundneunzig von hundert Malen kannst du dir das Schreiben sparen. Und jenes eine Mal wirst du etwas wirklich Wertvolles schreiben. Sonst gehen in all diesem Müll sogar die Diamanten verloren.

Es gibt ein paar Leute, die jeden Tag lange Briefe schreiben. Sie glauben, sie können tagtäglich viele Probleme schaffen. Aber Probleme sind sehr begrenzt. Es gibt nur wenige Probleme auf der Welt, sehr, sehr wenige. Wenn du sie reduzierst, kannst du sie an den Fingern abzählen. Man bewegt sich im Kreis und stößt immer wieder auf dasselbe Problem – vielleicht ist die

Situation anders, und das Problem nimmt eine andere Gestalt, Form und Farbe an, doch das sind nur unterschiedliche Gewänder. Sieh dir einfach das nackte Problem an: Es ist dasselbe, mit dem du dich schon dein ganzes Leben lang herumgeschlagen hast.

Mache dir keine Sorgen, denn manchmal wird der Gedanke auftauchen, daß du mir doch schreiben wolltest, es aber nie getan hast. Nimmst du die Gelegenheit, die dir geboten wird, auch wirklich wahr? Schöpfst du sie ganz aus, ja oder nein? Du schöpfst sie ganz aus - viel besser als jene, die unermüdlich schreiben. Beim kleinsten Problem, das auftritt, sputen sie sich. Sie warten nicht einmal ab, um zu sehen, ob das Problem nur ein zufälliger Besucher ist oder ob es wirklich in ihnen selbst wurzelt.

Und je geduldiger du bist, desto mehr wird dir geholfen. Je stiller du bist ... Leute, die ständig Fragen stellen, sind voller Lärm. Und sie glauben, weil sie fragen dürfen, werde ihnen geholfen - je mehr sie fragen, desto mehr werde ihnen geholfen. Das ist reiner Unsinn. Jenen, die still mit mir sind, wird mehr geholfen. Jenen, die sich anspruchslos im Hintergrund halten, ohne zu versuchen, den anderen aufzufallen, mir aufzufallen, ohne im geringsten nach Aufmerksamkeit zu haschen ... denn alle diese Probleme sind nichts als Mittel, um nach Anerkennung zu heischen. Dann übertreibt man das Problem, hmm? Man glaubt, man sei ungeheuer wichtig, weil man ein großes Problem hat; wenn man nur ein kleines Problem hat, sei man ein Winzling.

Darum machen die Leute aus Mücken Elefanten. Immer wieder sehe ich, wie sie aus Mücken Elefanten machen. Sie machen soviel Aufhebens, nur um aufzufallen, nur damit ja alle wissen, daß sie hier sind. Das ist der Weg des Egos. Das Ego möchte der Welt dauernd verkünden: »Seht, hier bin ich!« Es möchte, daß man seine Anwesenheit bemerkt.

Wer sich jedoch still verhält, wer sich versteckt hält, wer hier ist, ohne daß man seine Anwesenheit spürt, wird am meisten von mir profitieren.

Was kann man schon *tun,* um zu vertrauen? Es wird nur ganz langsam entstehen. Und stelle keine Bedingungen, sonst wird es nie kommen. Du stellst gewisse Bedingungen. Du dachtest, ich müsse dies und jenes über dich wissen, ich müsse so oder anders entscheiden. Du kannst keine Bedingungen an mich stellen, sonst wirst du immer beunruhigt sein. Ich gehe meinen eigenen Weg. Manchmal tue ich geradezu etwas, um dich zu beunruhigen, und nur wenn es dich nicht beunruhigt, wächst das Vertrauen. Ich habe jedoch meine eigenen Gründe, und ich rede nie über meine Gründe, denn darüber zu reden hieße, etwas Wesentliches zu verpassen.

Ich bin ein absurder Mensch. Und wenn du rationale Erklärungen möchtest, warum ich dies oder jenes vorgeschlagen habe, wirst du nie mit mir in Einklang kommen. So wirst du dauernd in Schwierigkeiten stecken. Jeden Tag wird irgend etwas geschehen, und du wirst zu zweifeln beginnen. Eigentlich ist es falsch zu sagen: »zu zweifeln beginnen«, denn du zweifelst bereits. Ein beliebiger Vorwand, und schon tauchen Zweifel in deinem Bewußtsein auf. Warum solltest du sonst zweifeln?

Wenn du selber weißt, was nötig und was unnötig ist, kannst du selbst entscheiden; dann entscheide ich nicht.

Vertrauen kann nicht rational sein, niemals. Wenn du ein rationales Vertrauen willst, wirst du es nie erlangen. Vertrauen ist gezwungenermaßen irrational. Es gibt keinen Grund, mir zu vertrauen. Es ist eine Liebesgeschichte.

Mache dir also deswegen keine Sorgen. Dieser Zweifel war in dir. Er ist nur an die Oberfläche gestiegen. Beobachte ihn einfach nur, und tue weiter, was ich dir sage.

Ich stürze euch in Konflikte

Jesus soll gesagt haben: »Ich bringe euch nicht Frieden – ich bringe euch Zwiespalt. Ich bringe nicht Frieden – ich bringe ein Schwert.« Er sagt damit: »Ich bin hier, um euch zu zerstören – um all euren Frieden zu zerstören und ein riesiges Chaos zu schaffen.«

Wenn du dich entscheidest, mit mir zu sein, riskierst du, dich selbst zu finden – du mußt es riskieren, dich selbst zu finden! Und der einzige Weg, sich selbst zu finden, besteht darin, das Ego aufs Spiel zu setzen. Es ist schmerzhaft, es tut weh. Du hast so lange mit dem Ego gelebt, daß du beinahe eins mit ihm geworden bist. Ein Sannyasin zu sein bedeutet jedoch, sich für den Pfad der Egolosigkeit zu entscheiden. Du wirst alles loslassen müssen, was mit dem Ego einhergeht: alle Art von Eifersucht, Besitzgier, Haß, Wut – alles, was negativ und dunkel ist, alles, was eine Hölle in dir schafft. Das Ego ist die Wurzel der Hölle. Sobald das Ego verschwindet, bist du wieder im Paradies.

Und wenn du Sannyasin bist, entscheidest du dich für mich. Denke daran: Wenn du dich entschließt, mit mir zu sein, mußt du riskieren, dich selbst zu finden.

Doch es sieht nur am Anfang so aus, als würdest du etwas aufs Spiel setzen, denn das Ego ist etwas Unechtes. Der Meister will nur, daß du das Falsche aufgibst, damit das Echte von dir Besitz ergreifen kann. Sobald du das Falsche losläßt, wirst du echt. Das Echte wird vom Falschen unterdrückt. Das Falsche sitzt dem Echten auf der Brust und bringt es beinahe um. Das Echte in dir erstickt, es muß befreit werden. Das Falsche ist zum Gefängnis geworden; das Gefängnis muß aufgebrochen, demoliert werden. Und wie schmerzhaft dieser Prozeß auch ist, letzten Endes zahlt er sich tausendfach aus.

Ein Sannyasin sollte nicht nach einem kurzfristigen Ergebnis trachten. Er sollte eine weiterreichende Vision haben, er sollte die Dinge in ihrer höchsten Bedeutung sehen. Dann macht das Leben eine radikale Verwandlung durch.

Mit mir zu sein heißt in Gefahr zu sein. Ich bin unberechenbar, und mit mir zu sein heißt in einer Wildnis zu leben. Nichts wird je wieder gewiß sein; alle Gewißheiten verschwinden, alle Sicherheiten sind weg. Du wirst von Moment zu Moment leben müssen, von Tag zu Tag.

Aber so funktioniert das gesamte Universum: von Moment zu Moment, von Tag zu Tag. Die Existenz kennt keine Planung; sie ist ungeplant, darum ist sie so schön. Ein ungeplantes Leben weist eine unglaubliche Schönheit auf, denn ständig wartet in der Zukunft irgendeine Überraschung auf dich. Die Zukunft wird nicht einfach nur zur Wiederholung: Dauernd passiert etwas Neues, und man kann nie etwas für selbstverständlich nehmen.

Sichere Leute leben ein bürgerliches Leben. Sannyas ist gegen ein bürgerliches Leben. Ein bürgerliches Leben bedeutet: um halb acht aufzustehen, um acht zu frühstücken, um halb neun den Zug in die Stadt zu besteigen, um halb sechs wieder zu Hause zu sein, Tee zu trinken, die Zeitung zu lesen, fernzusehen, das Abendessen einzunehmen, ohne jede Liebe deine Frau zu lieben und schließlich zu Bett zu gehen. Am nächsten Tag beginnt das ganze von neuem. Alles ist geregelt, Überraschungen gibt es nicht. Die Zukunft ist nichts anderes als die ständig wiederholte Vergangenheit. Natürlich hast du so keine Angst. Du hast das alles schon so oft getan, du kennst das alles auswendig, du kannst es leicht wiederholen.

Mit dem Neuen kommt die Angst, denn man weiß nie, ob man es schaffen wird oder nicht. Immer wieder macht man etwas zum ersten Mal, dabei ist man immer zittrig und weiß nie, ob man es schafft oder nicht. Doch genau in dieser Erregung, in diesem Abenteuer ist Leben – oder sagen wir statt Leben besser Lebendigkeit, denn »Leben« ist auch schon zu einem abgestumpften und toten Wort geworden – Lebendigkeit also, ein Fluß.

Es ist deshalb ein gutes Zeichen, daß du verstehst, worauf du dich da einläßt: Es ist die Liebe, es ist das Leben, es ist die Gefahr – es ist auch der Tod. Der Meister muß alles sein: Leben und Tod, Tag und Nacht, Sommer und Winter, alles ... liebevoll und grimmig, zart wie eine Blume und hart wie ein Fels. Alle diese Polaritäten müssen im Meister zusammenkommen, denn nur zwischen diesen Polaritäten kann der Schüler wachsen.

Wir tun immerzu die widersprüchlichsten Dinge. Mein

ganzes Bemühen geht dahin, dich zu erschüttern. Und dein ganzes Bemühen geht dahin, dich zu schützen. So entsteht Unsicherheit, du spürst ein Zittern in deinem Innern, und alles ist aufgewühlt. Du willst das eine, und ich versuche etwas anderes zu tun. Ich versuche dich zu entstrukturieren, damit dein alter Panzer verschwindet. Ich versuche die Schale zu durchbrechen, damit du aus deinem Ei herauskommen kannst, und du versuchst es zu schützen. Natürlich fühlst du dich zittrig und bedrängt, müde und angespannt.

Entweder du sagst mir, ich solle damit Schluß machen ... dann versuche ich nicht mehr, dich zu erschüttern; dann lasse ich dich unberührt, und du wirst dich gut fühlen –, oder du hörst auf mich und läßt dich erschüttern!

Ein Sannyasin sagt, er habe sich nie erlaubt, sich Osho nahe zu fühlen, obwohl er schon seit langem im Ashram ist.

Hmm, du hältst dich völlig auf Distanz, du hältst dich sehr zurück. Aber jetzt ist es Zeit, dich zu entspannen und mir näherzukommen ... sonst ist es die reinste Vergeudung. Wir verpassen unnötigerweise so manches. Es ist das Ego, das ständig darauf besteht, sich auf Distanz zu halten, denn solange du dich auf Distanz hältst, kann das Ego überleben. Die Angst liegt darin, daß du dich um so weiter von deinem Ego entfernst, je näher du kommst, je näher du mir kommst. Doch du mußt dich entscheiden.

Eines Tages muß man beschließen, daß es jetzt an der Zeit sei.

Über eins mußt du dir vollkommen klar sein: Ich bin kein gewöhnlicher Lehrer, der die Leute tröstet. Ich bin der Wahrheit verpflichtet, nicht dem Trost. Wie unbequem die Wahrheit auch sein mag, ich bin der Wahrheit verpflichtet.

Angst ist natürlich ... denn wenn man mir näherkommt, bedeutet das in gewisser Weise den Tod. Du kannst dich mir nur auf eine einzige Art nähern, nämlich indem du dein Ego verlierst. Das ist unweigerlich mit Angst verbunden – Angst vor dem Tod, Angst, dein Ego zu verlieren. Fürchte dich aber nicht, laß die Angst zu. Fürchte dich nicht vor der Angst, akzeptiere sie.

Jeden Tag kommst du mir näher, und je näher du mir kommst, desto mehr wird die Angst zu etwas Lebendigem, Pulsierendem in dir. Einmal jedoch erreicht sie einen Höhepunkt. Laß es zu diesem Höhepunkt kommen, und sie wird ganz einfach verschwinden. Und mit ihr wirst auch du verschwinden.

Ich bin also ein Kreuz ... Angst ist natürlich, hmm? In Indien haben wir ein Sprichwort, wonach ein Meister der Tod ist – und das ist er auch. Ich kann dir kein neues Leben geben, solange ich dir nicht einen Tod bringen kann. Nur durch den Tod kannst du geboren werden. Nur wenn ich zu deinem Tod werde, kann ich auch zu deiner Wiederauferstehung werden.

Ein Sannyasin sagt, er akzeptiere die Dinge nie, so wie sie sind, er wolle immer etwas anderes; sobald es sich aber einstelle, wolle er auch das nicht mehr.

Man muß durch dieses Leiden hindurch; es ist Teil des menschlichen Wachstums. Nach und nach lernt man, wie sinnlos es ist. Man lernt aber immer auf die harte Tour, denn man lernt immer nur durch eigene Erfahrung. Unzählige Male wirst du erfahren müssen, wie dumm das alles ist. Nur so dringt es langsam in dein Unbewußtes und wird zu deiner Erfahrung.

Wenn du eine gewisse Situation durchstehst, wird dies noch nicht zu einer Erfahrung. Sie berührt dich nur oberflächlich und geht vorüber. Doch sie wird viele Male dieselbe Stelle berühren, immer und immer wieder. Dieses Hämmern wird eines Tages dein tieferes Verständnis öffnen. Dann siehst du plötzlich, wie im Aufzucken eines Blitzes, und es wird dir absolut klar. In diesem Augenblick wird etwas transformiert. Du hast seine Dummheit, seine Sinnlosigkeit, seine Fruchtlosigkeit erfahren. Jetzt wird es dich nicht mehr stören.

Wenn du hier bei mir bist, vergißt du deinen Verstand. Das geschieht jedem, der mich liebt. Wenn ich zugegen bin, werde ich dir wichtiger, dein Verstand wird weniger wichtig. Genau das meint Liebe: Du liebst einen Menschen, und er wird dir wichtiger als du selbst. So überwältige ich dich, und dein Verstand hat nichts mehr dazu zu sagen, deshalb fühlst du dich ausgezeichnet.

Eines Tages wirst du erfahren, daß es nichts mit meiner Präsenz zu tun hat. In Wirklichkeit besteht der Grundmechanismus darin, daß du dich jedesmal ausgezeichnet fühlst, wenn der Verstand nichts zu sagen hat, nichts zu melden hat. Mit einem Meister zu sein ist nur eine Hilfe – um dir sehen zu helfen, wie es wirklich ist: Wenn du den Verstand auch nur für ein paar Sekunden beiseite legst, bist du ein ganz anderer Mensch. Alles Elend, alle Dichotomie, alle Spannung ist weg. Alles ist gut. Du bist gesegnet, und du kannst die ganze Existenz segnen.

Sieh den Sinn des ganzen! Der Meister ist nur ein Vorwand, um den Verstand beiseite legen zu können. Grundsätzlich geht es nur darum, den Verstand beiseite zu legen – das muß man sich stets vor Augen halten.

Immer wenn du den Verstand beiseite legen kannst, wirst du wieder im selben Zustand sein. Immer und immer wieder wirst du erleben, daß der Verstand nur Elend schafft, daß der Verstand die Hölle bedeutet, daß der Verstand dir den Himmel verspricht, ohne ihn je zu liefern ... hmm? Genau so läuft der Hase nämlich: Du bist hier, und der Verstand sagt, der Himmel sei dort. Der Himmel ist immer woanders; er ist nie hier. Das ist der Trick des Verstandes. Er sagt, er sei dort, nicht hier, er sei jenes, nicht dieses.

Der Verstand braucht Abstand, um funktionieren zu können; in der Gegenwart kann er nicht funktionieren. Immer wenn du in der Gegenwart bist, bist du glücklich. Der Himmel ist hier, das Jetzt reicht. Doch der Verstand braucht Abstand, deshalb verlegt er den Himmel immer wieder ins Dort – je weiter weg, desto besser. Endlich gelangst du dorthin in der Hoffnung, dort Frieden und Glück zu finden, dieses und jenes zu finden; aber sobald du ankommst, wird jenes Dort zum Hier, es ist nicht mehr dort. Und der Verstand kann im Hier nicht glücklich sein, also projiziert er wieder auf etwas anderes.

Vielleicht wird jetzt genau die Stelle, die du verlassen hast, zu deiner Projektion. Erkenne die Mathematik des Verstandes – daß er stets auf etwas anderes projizieren muß, entweder in die Vergangenheit oder in die Zukunft, aber *hier* nicht existieren kann. Deshalb verschiebt er immer alles auf später. Der Verstand ist ein Aufschub, ein ewiger Aufschub, der Verstand ist morgen, morgen, morgen, nie heute. Dies muß man jedoch immer und immer wieder erkennen; es gibt keinen einfachen Weg, dies zu lernen, sonst stünde die Weisheit stets zur Verfügung – die Buddhas haben seit jeher dasselbe gesagt. Man muß es auf die harte Tour lernen. Du wirst durch dieses Elend hindurchgehen müssen, du wirst vom Verstand betrogen werden müssen.

Millionenmal wirst du immer wieder mit dem Verstand hoffen, und immer wieder wirst du frustriert sein. Du wirst dem Verstand folgen, und er wird dich in eine Grube fallen lassen. Er wird dich immer wieder in noch mehr Elend stürzen. Nur durch dieses ständige Versagen wirst du eines Tages erkennen, wie das ganze läuft.

Dann ist es nicht mehr etwas Intellektuelles, es ist nicht einmal ein Verständnis. Es ist dein eigentliches Wesen – der Pfeil hat sich in dein Herz gebohrt. Jetzt ist es keine Annahme mehr, keine Hypothese, nicht jemandes Ratschlag, nicht etwas, woran du glaubst, keine Schlußfolgerung. Es ist deine existentielle Erfahrung. Du hast es gesehen, und damit hat es sich. Am selben Tag verschwindet »dort«, verschwindet »jenes«, und mit diesem Verschwinden ist kein Verstand mehr da. Du bist. Nur du bist.

Dieser Zustand des Nicht-Verstandes stellt sich zuweilen ein, wenn du mir nahekommst. Aber gehe ruhig wieder weg; sieh von neuem das Spiel des Verstandes, und komme zurück, hmm? Man muß durch dieses Elend hindurch, es läßt sich nicht vermeiden. Denn wenn du es vermeidest, wird alles, was ich sage, bloß ein Glaube bleiben – es wird nie dein eigenes authentisches Verständnis sein.

Wenn alles gutgeht, wirst du ein bißchen verstört. Du kannst das Glück nicht zulassen. Vielleicht hast du es dein ganzes Leben lang nie zugelassen. Du hast eine gewisse Allergie dagegen – viele Leute haben das. Sie fühlen sich sehr, sehr gut mit dem Elend, und wenn kein Elend da ist, müssen sie sich eins erschaffen, sonst fühlen sie sich nicht gut. Wenn sie glücklich sind, sind sie beinahe entwurzelt. Sie wissen nicht, was sie jetzt tun sollen. Denn solange ein Problem besteht, hast du etwas zu tun; wenn du aber kein Problem hast, bleibt nichts mehr zu tun.

Darum habe ich dir hin und wieder Probleme bereitet, denn ich habe beobachtet, daß du ein paar Probleme brauchst. Und ich werde sie dir auch weiterhin bereiten, solange du nicht damit aufhörst. Sobald du einmal anfängst, dein Leben zu genießen, schaffe ich dir keine Probleme mehr; bis dahin aber mache ich weiter – ich treibe dich von einem Schlafraum in den anderen, von einem Job in den anderen. Du willst es so haben! Erst wirst du mir beweisen müssen, daß du zulassen kannst, glücklich zu sein. Etwas so Einfaches – dir selbst zu erlauben, glücklich zu sein. Aber ich verstehe, daß es schwer zu verwirklichen ist. Die Leute brauchen Jahre, bis sie sich etwas erlauben. Glücklichsein ist nicht schwierig; sich die Erlaubnis dazu zu geben ist schwierig.

Und wenn du glücklich bist, siehst du närrisch aus. Glück hat etwas in sich, das wie Torheit aussieht. Wenn du unglücklich bist, siehst du sehr analytisch und wissend aus. Es ist eine Herausforderung an dich, und du unternimmst dieses und jenes dagegen. Wenn du glücklich bist, bist du einfach nur närrisch. Weise Leute sind deshalb unglücklich. Nur die Narren sind glücklich!

Wenn du mit dir selbst in Kontakt kommst, kommst du mit einer Leere in Berührung, daher die Angst. Jeder hat im eigentlichen Kern seines Wesens eine Leere, wie die Nabe eines Rades. Das Rad hat Speichen, die mit der Nabe verbunden sind, doch im genauen Mittelpunkt des Rades ist Leere. Diese Leere hält das Rad. Auf genau die gleiche Weise hat dein ganzes Lebensrad eine Leere, ein Nicht-Sein zum Zentrum.

Dahin führen alle Bemühungen hier – dich in deine Leere zu werfen. Wenn du sie einmal betrittst, wirst du über die ganze Absurdität dessen, was du bis jetzt getan hast, lachen. Du wirst sehen, daß diese Leere die absolute Erfüllung bedeutet. Es ist die absolute Erfüllung.

Es ist genauso, als würdest du ein Haus bauen. Was nennst du ein Haus – seine Mauern oder die Leere in seinem Innern? Die Wände sind nicht das Haus, sie beschützen nur die Leere. Du lebst in der Leere des Hauses, du lebst nicht in den Wänden. Du errichtest eine Mauer, doch du kannst nicht durch sie hindurchgehen, darum bringst du eine leere Öffnung an, die wir Tür nennen, und gehst durch sie hindurch. Wir stellen eine Vase oder einen Topf her, doch was wir benutzen, ist die Leere im Innern. Darin liegt die wirkliche Bedeutung des Topfes – daß er innen leer ist und nur rundherum eine Lehmwand hat. Genau das gleiche trifft auch auf deinen Körper zu.

Der Körper ist nur eine umwandete Leere. Tief in deinem Innern bist du leer, ein reiner Himmel, wo sich nichts bewegt. Man muß ihn kosten, um zu wissen, was es ist. Wenn du es einmal erfährst, bringt es dir tiefste Entspannung. Es ist Leben ... es füllt dich mit neuem Leben, es verjüngt dich. Es ist, wie wenn du in der Nacht einschläfst. Wohin gehst du da? Hast du je darüber nachgedacht, wohin du gehst, wenn du einschläfst? Du begibst dich in die Leere.

Wenn jemand sechzig Jahre lebt, schläft er zwanzig Jahre lang. Zwanzig Jahre der Leere brauchst du in deinem Leben, um dich immer wieder neu zu erquicken. Jeden Morgen bist du wieder frisch und jung, wieder in Bewegung und aktiv. Abends bist du wieder müde und schläfst ein. Schlafen bedeutet, zur Nabe des Rades zu fallen.

Du ziehst dich in die Dunkelheit deines Wesens zurück und ruhst dich dort aus. Du verschwindest beinahe. Im Tiefschlaf vergißt du deinen Namen. Du vergißt, wer du bist – Mann oder Frau. Du vergißt deine Hautfarbe, deine Sprache, die Gesellschaft, zu der du gehörst, ob du reich oder arm bist, alt oder jung, du vergißt alles. In der Leere ist auf einmal keine Identität mehr, und aus diesem identitätslosen Zustand schöpfst du Leben.

Laß es also einfach zu und fasse Mut. Begib dich in jene Leere. Die Angst wird bleiben, bis du in sie eintrittst – frage mich also nicht, wie du mit der Angst umgehen sollst. Die Angst wird bleiben. Du mußt trotz der Angst eintreten.

Sobald du in die Leere eingetaucht bist, verschwindet die Angst – sobald du weißt, daß du wieder aus ihr heraustreten und erneut in sie eintauchen, in ihr verschwinden und wieder auftauchen kannst, ins Chaos hineingehen und wieder in ein System heraustreten kannst. Wenn du einmal erkannt hast, daß du dich in die Unordnung begeben und danach wieder zur Ordnung gelangen kannst, so wie du dich jeden Abend schlafen legst und am Morgen wieder aufwachst ...

Lasse diese Angst fallen. Verschwinde! Ich bin hier, um dich zurückzubringen.

Angst ist natürlich. Wenn man mir nahe ist, ist es natürlich, daß man sich fürchtet. Du bist ganz nahe an einem Abgrund. Wenn du fällst, ist es aus mit dir. Und die Faszination, in den Abgrund zu stürzen, ist enorm – daher die Angst.

Wenn du zu mir kommst, so kommst du, um in mir zu sterben. Und solange du nicht stirbst, wirst du nicht wiedergeboren. Angst ist daher völlig natürlich. Akzeptiere sie, gehe aber trotzdem weiter.

Zwei Dinge gilt es zu bedenken, die zwei folgenden Extreme: Entweder man fängt an, seine Angst zu verdrängen und sich tapfer und mutig zu geben – was falsch wäre, denn tief darunter wird Angst da sein –, oder man kriegt solche Angst, daß man wie gelähmt ist – dann wird die Angst zu einem Hindernis. In beiden Fällen wirst du mit deiner Angst feststecken. Der richtige Weg, mit ihr umzugehen, ist der, sie zu akzeptieren, damit du sie nicht zu unterdrücken brauchst. Akzeptiere sie als etwas Natürliches, akzeptiere die Tatsache, daß sie vorhanden ist, gehe aber trotzdem weiter, umgehe sie. Verdränge sie nicht, und lasse dich von ihr nicht abhalten. Gehe trotzdem weiter. Zitternd natürlich, denn die Angst ist da – aber gehe weiter. Eile weiter dem Abgrund zu.

Zwinge dir keine Furchtlosigkeit auf, denn eine erzwungene Furchtlosigkeit ist etwas Gekünsteltes, etwas Vorgetäuschtes. Sie ist wertlos. Sei einfach natürlich, authentisch, aufrichtig. Nimm zur Kenntnis, daß die Angst noch da ist, gehe aber trotzdem weiter. Das meine ich, wenn ich sage, trotz der Angst weiterzumachen. Zitternd – gut! Bebend – gut! Gehe zitternd weiter, wie ein kleines, neues Blatt im starken Wind.

Hast du bemerkt, wie stark ein neues Blatt ist? So zerbrechlich, so schwach und doch so stark. Wenn der Sturm wütet, zittert das Blatt – aber hast du seine Schönheit bemerkt? Die Angst ist da, denn Angst ist immer da, wenn etwas lebendig ist. Nur in etwas Totem ist keine Angst. Die Angst ist da, der Sturm wütet, und das Blatt ist klein, delikat, zart und weich. Es kann sehr leicht zermalmt werden, doch hast du gesehen, wie stark es ist? Es tanzt und singt dennoch weiter. Es vertraut dem Leben trotzdem.

Sei also weich, sei zart, sei delikat. Fürchte dich, aber laß dich nie von der Angst zurückhalten. Und unterdrücke sie nicht. Akzeptiere die Einschränkungen, die menschlichen Einschränkungen, aber arbeite weiter, über sie hinaus. So wächst man, hmm?

Das Leben ist nicht logisch, sondern dialektisch. Wäre das Leben logisch, gäbe es entweder nur Männer oder nur Frauen; Gegenpole wären nicht nötig. Wäre das Leben logisch, gäbe es nur positive Elektrizität und keine negative. Wozu auch? Es gäbe keinen Grund, weshalb auch das Gegenteil existieren sollte. Das Leben wäre sehr beständig. Dann gäbe es entweder Licht oder Dunkelheit, Liebe oder Haß, Freude oder Elend. Wäre das Leben logisch, gäbe es keinen Widerspruch.

Das Leben ist jedoch dialektisch. Auf jeder Stufe ist ein Widerspruch, auf jeder Seinsebene ist ein Widerspruch. Und wenn keine Liebe da ist, die ihn überbrücken kann, wird das Leben zur Angst und zur Qual, dann bist du gespalten. Wenn Liebe da ist, treffen und vermischen sich die Polaritäten, und du wirst eins.

Aikta meint jenes Einssein, nachdem du alle Widersprüche und alle Gegensätze in dir aufgenommen hast; wenn du sie nicht zerstört, sondern in dir aufgenommen hast, wenn sie nicht fallengelassen, sondern benutzt wurden. Liebe und Haß wurden beide benutzt, und nun ist eine neue Qualität von Energie in dir entstanden, die man Mitgefühl nennt. Sie hat etwas von beidem, und sie hat etwas, was über beides hinausgeht; sie ist beides, und sie ist keines von beidem.

Meine ganze Einstellung zum Leben geht dahin, eine Brücke zwischen den Gegenpolen zu schlagen, deshalb bin ich so widersprüchlich. Ich bin kein beständiger Mensch; ich bin dem Leben gegenüber zu aufrichtig, um beständig zu sein. Ich kann mit Logik nichts anfangen. Mein Respekt gilt dem Leben. Wenn das Leben unbeständig ist, bin auch ich unbeständig. Wenn das Leben in Gegenpole aufgespalten ist, bin auch ich in Gegenpole aufgespalten. Aber das Leben selbst enthält auch den Schlüssel, um über die Gegenpole hinauszugehen. Man braucht nicht den einen für den andern zu opfern; du kannst beide akzeptieren, beide benutzen und über sie hinausgehen.

Ein Sannyasin beklagt sich, Osho habe ihn verwirrt.

Genau das will ich! Wenn du verwirrt bist, bringe ich dir Klarheit. Wenn du klar bist, mache ich dich verwirrt.

Meine Aussagen sind widersprüchlich, und ich bin ziemlich absurd; aber ich versuche nicht, es zu verstecken, es ist nun einmal so.

Es ist sehr natürlich, daß du dich hier verwirrt, gespalten und verstört fühlst. Ich kann verstehen, daß du einiges durchgemacht haben mußt.

Doch das wird hier absichtlich und bewußt so gehandhabt. Der ganze Prozeß zielt darauf ab, dich völlig zu verwirren, denn nur in dieser Verwirrung kannst du deinen Verstand loslassen.

Verwirrung ist ein Teil des Lebens. Nur Tote sind nie verwirrt. Sie sind sicher, aber ihre Sicherheit ist wertlos. Verwirrung ist viel wertvoller. Sie besagt, daß du noch immer lebendig bist, daß du noch immer am Wachsen bist. Dir bleibt immer noch eine Möglichkeit offen – das meint Verwirrung. Doch du willst keine Verwirrung, du willst Gewißheit. Gewißheit heißt, Selbstmord zu begehen, damit alles ein für allemal vorbei ist.

Ich werde dir keine Gewißheit geben. Ich werde dir Klarheit geben, nicht Gewißheit. Klarheit findet immer einen Weg durch die Verwirrung – sie ist nicht gegen sie gerichtet.

Gewißheit ist gegen die Verwirrung gerichtet. Gewißheit läßt niemals zu, daß die Verwirrung von dir Besitz ergreift. Sie fürchtet sich so sehr vor ihr, daß sie ihr aus dem Weg geht, daß sie vor ihr flüchtet – auf diese Weise bleibt man natürlich dumm und mittelmäßig. Ich bin für Klarheit, nicht für Gewißheit. Man muß jede neue Verwirrung willkommen heißen, denn jede neue Verwirrung stellt dich vor eine neue Herausforderung, klarer zu sein, transparenter zu sein.

Ich bin nicht hier, um dir irgendeinen Glauben zu vermitteln, daher widerspreche ich mir dauernd. Ich erlaube dir nicht, Fuß zu fassen, denn ich will nicht, daß du dich festklammerst. Sobald ich sehe, daß du dich einrichten willst, ziehe ich dir den Boden unter den Füßen weg. Natürlich fällst du hin und bist verwirrt. Du fällst hin und wirst wütend – du willst deine Ruhe haben.

Der Verstand möchte immer seine Ruhe haben, das Leben möchte immer lieben. Leben ist Bewegung, der Verstand ist ein abgestandener Tümpel. Das Leben gleicht einem Fluß.

Es ist dein Verstand, der in Stagnation verbleiben möchte – das bringt Probleme mit sich. Das Leben will sich bewegen, daher kommt es zu einem Widerstreit. Leider bist du ganz für den Verstand – das solltest du aber nicht, du solltest für das Leben sein. Du solltest sagen: »Gut! Wenn es verwirrlich ist, gut! Das bedeutet, daß meine alten Vorstellungen zerstört werden. Ich muß jetzt eine neue Vision finden. Ich muß weitergehen. Dieses Haus ist nicht mehr mein Haus – ich werde ein anderes finden müssen.«

Wenn du weiter so lebst, wie du bisher gelebt hast, hast du eine gewisse Klarheit – zwar nicht die Klarheit, von der ich spreche, aber immerhin eine gewisse Klarheit. Die alten Gewohnheiten, dieselben Verhaltensmuster – du folgst ihnen andauernd, und alles läuft wie geschmiert. Wenn du mit einem Menschen wie mir in Berührung kommst und wenn sich wirklich ein Kontakt herstellt, wirst du verwirrt sein und durcheinandergeraten, weil das Neue bereits geschieht, während das Alte immer noch da ist. Du wirst zögern und zaudern, ob du mit dem Alten weitermachen oder den Sprung ins Neue wagen sollst. Alles wird chaotisch ... das ist ein gutes Zeichen! Jesus soll gesagt haben: »Ich bringe euch nicht Frieden – ich bringe euch Zwiespalt. Ich bringe euch nicht Frieden – ich bringe euch ein Schwert.« Den Christen ist es schwergefallen, diese Stelle zu erklären, denn daß Jesus sagt, er bringe nicht Frieden, sondern Krieg, sieht einfach nicht richtig aus. »Ich bringe ein Schwert«, sagt er. »Ich bin hier, um euren Frieden zu zerstören, um einen tiefen Zwiespalt in euch zu erzeugen, um ein großes Chaos anzurichten.«

Nur ein lebender Meister kann das tun.

Wenn du jedoch Christus folgst, wenn du Christ bist, kann er dir keinen Konflikt bereiten. Du kriegst viel Trost von ihm. Du fühlst dich mehr im Frieden mit ihm. So aber gehst du am Wesentlichen vorbei.

Ich bringe dir ebenfalls Konflikt. Wenn du mit mir bist, kommt es eines Tages unweigerlich zu einer großen Spaltung in dir – deine Vergangenheit und deine Zukunft werden völlig auseinanderfallen. Wenn du dich nach deiner Vergangenheit richtest, verpaßt du mich – das geht auch nicht. Gehst du mit mir, verlierst du deine Vergangenheit, und auch das erscheint sehr riskant, denn sie ist alles, was du hast. Deine Vergangenheit ist alles, was du besitzt. Wenn du mit mir gehst, wenn du dich entschließt, mit mir zu gehen, wirst du zum Bettler. Du wirst arm im Geist, denn deine Vergangenheit wird bedeutungslos, irrelevant. Deine Vergangenheit fällt weg. Dann weißt du nicht mehr, wer du bist, denn das kannst du nur durch die Vergangenheit wissen. Du weißt nicht, was deine Identität ist, denn deine Identität kommt durch die Vergangenheit. Dann weißt du nicht, ob du ein Christ oder ein Hindu oder ein Mohammedaner bist.

Darin liegt mein ganzes Bemühen – dir zu helfen, an einen kritischen Punkt zu gelangen, da du dich entweder für die Zukunft entscheiden mußt und die ganze Vergangenheit aufs Spiel setzt oder dich der Zukunft völlig verschließt und dich an die Bequemlichkeiten und Annehmlichkeiten der Vergangenheit hältst.

Warte also ab. Laß die Verwirrung zu! Versuche nicht, Ordnung zu schaffen. Versuche nicht zu verstehen, denn alles, was du tust, wird dir jetzt nicht mehr helfen. Beobachte einfach! Du stehst am Scheideweg. Eine wichtige Entscheidung, ein Moment der Entscheidung ruft unweigerlich viel Unruhe hervor. Beobachte einfach – zur Zeit brauchst du nichts zu tun.

Verwirrung ist ein Teil der ganzen Arbeit hier ... denn ich kann dir nur helfen, wenn ich dich zuerst zerstöre – deine Illusionen, deine Konzepte, deine Glaubenssätze, deine Erwartungen. Solange ich sie dir nicht wegnehme, sie nicht zerfetze, solange ich nicht eine große Verwirrung stifte, bis du nicht mehr ein noch aus weißt – erst dann kannst du nach innen gehen, und nur so kann ich dir helfen. Es gehört also dazu; diese Demontage gehört dazu. Es wird ein paar Tage dauern. Die Verwirrung wird nicht für ewig anhalten; ein bißchen Geduld, und es wird sich ein Muster ergeben. Dieses Muster wird zu einer Blume werden, zu einem Aufblühen in dir.

Nur intelligente Menschen können verwirrt sein – können es sich leisten, verwirrt zu sein. Unintelligente Menschen können es sich nicht leisten, verwirrt zu sein, deshalb kommen sie auch nie zu mir. Sie können gar nicht kommen – es ist zu riskant. Sie wissen, daß ich sie verwirren werde, und wenn sie einmal verwirrt sind, können sie nicht mehr herausfinden, wer sie sind, was sie tun und was geschehen wird.

Ich verwirre dich, damit du anfängst, danach zu suchen, wer du bist. Du schaust dich immer wieder selbst an, du schaust, wer du bist. Ich nehme dir deine alte Identität weg – sie ist deine Gewißheit – und werfe dich in die Dunkelheit. Jetzt mußt du deinen eigenen Weg finden ...

Begib dich in die Dunkelheit, finde deinen Weg. Gefahren lauern, aber durch Gefahren integriert sich etwas. Durch Gefahren wirst du bewußt. Das Suchen bringt dich nach Hause.

Mit mir mußt du durch alle Lebensphasen hindurch. Mit mir mußt du traurig sein, mit mir mußt du leiden, mit mir mußt du feiern. Mit mir mußt du alle Jahreszeiten durchwandern. Ich bin keine bestimmte Jahreszeit, ich bin das ganze Jahr. Der Sommer kommt, der Winter kommt, es wird Frühling und es wird Herbst – und du mußt das ganze Jahr hindurch mit mir sein.

Es gibt Menschen, die wie Jahreszeiten sind; sie haben einen bestimmten Geschmack. Wenn sie Sommer sind, sind sie Sommer; wenn sie Winter sind, sind sie Winter. Ich bin nicht festgelegt. Und für mich sind Menschen mit nur einer Jahreszeit tot – sie wissen nicht, was Leben ist. Leben ist eine ungeheure Veränderung, ein ungeheurer Fluß. Welle um Welle. Und der Ozean geht weiter und weiter, die Wellen brechen sich weiter an den Felsen und singen weiter ihr Lied.

Du wirst mit mir die unterschiedlichsten Jahreszeiten, die unterschiedlichsten Stimmungen durchleben müssen. Erst wenn du alle Jahreszeiten, alle Stimmungen durchlebt hast, wirst du wissen, was Reichtum ist.

Laß also auch dies zu. Wenn meine Worte wie Blumen waren, laß sie jetzt wie Messer sein, die in dich eindringen. Wenn meine Worte lindernder Balsam waren, laß sie jetzt Feuer und Flamme sein, denn letztlich mußt du durch alle Gegensätze hindurchgehen, um nach Hause zu gelangen, um zu einem Punkt zu gelangen, wo die Gegensätze aufeinandertreffen, sich mischen und sich auflösen.

Eines Tages kommt der Punkt, wo du auf mich hören wirst, wo es weder Traurigkeit noch Glück gibt. Meine Worte werden weder Blumen noch Flammen sein. Du wirst mir nur noch in tiefster Stille zuhören, ohne einen einzigen Ton, ohne daß etwas geschieht. Du wirst sein, als wärst du nicht – nur dann hast du die Botschaft gehört.

Jedes Klima ist gut, hmm? Genieße es ... Wenn du nur am Tag mit mir lebst, wer lebt dann in der Nacht mit mir? Akzeptiere alle Weisen meines Seins, und dann wird jede neue Phase etwas in dir zerbrechen, einen Block, eine Starre, und dir helfen zu fließen. Ich werde dich auf viele Arten behämmern. Und Hingabe bedeutet, daß du dazu bereit bist.

Und wenn ich dir helfen soll, mußt du bereit sein. Falls du sagst, du hättest dich hingegeben und würdest mir folgen, wenn ich in den Himmel gehe, aber nicht, wenn ich in die Hölle gehe, so hast du dich nicht wirklich hingegeben. Nur wenn du bereit bist, mit mir überallhin zu gehen, bist du wirklich bereit, mit mir zu gehen.

Ich sehe es so: Solange du nicht bis auf den Grund der Hölle gelangt bist, wirst du nie wissen, was der Himmel ist. Genau darum existiert die Hölle – um dich zu reinigen, um alles Unnötige zu zerstören, damit der Himmel in dir aufblühen kann. Das erscheint paradox, doch die Blume des Himmels erblüht in der Hölle.

Wenn du mir vertraust, so klammere dich nicht fest. Akzeptiere das Unausgewogene, die Unsicherheit. Akzeptiere die Unbequemlichkeiten und die Unannehmlichkeiten. Akzeptiere sie, und sie werden verschwinden. Sie sind da, weil du immer noch glaubst, daß es dir früher bessergegangen ist – zumindest war alles schön geregelt.

Nur der Tod ist bequem. Das Leben hat seine Unbequemlichkeiten, und durch sie wächst man – durch Schmerz, durch Leiden. Alles hat seine Bedeutung.

Schließlich wirst du merken, daß das, was anfänglich wie Unsicherheit aussah, die einzige Sicherheit ist. Und du wirst merken, daß das, was anfänglich wie Unbequemlichkeit aussah, das einzige Glück ist, das es gibt.

Entscheide dich nie voreilig. Warte ab. Denke daran, daß auch dies vorübergehen wird, daß auch dies vergehen wird. Das Problem entsteht erst, wenn die Leute sich in einem negativen Zustand entscheiden. Dann denken sie sich auf einmal: »Gib doch Sannyas auf, vergiß das ganze!« Wenn du eine Entscheidung triffst, solange du negativ bist, dann verpaßt du die Gelegenheit, dann verschließt du die Tür. Dann wird es sehr, sehr schwierig für dich, zurückzukehren. Dein Ego wird sich verletzt fühlen. Was sollst du jetzt vorbringen, und wie sollst du zurückkommen? Und das passiert jeden Tag ...

Es gibt ein paar Sannyasins, die Sannyas aufgeben, wenn sie wütend sind, doch dann vergeht diese Laune wieder, und sie beginnen es zu bereuen. Dann wird es sehr schwierig für sie, zurückzukehren, denn sie fühlen sich schuldig, und falls sie tatsächlich zurückkehren, halten ihre Schuldgefühle weiterhin an. Wieder um Sannyas zu bitten sieht so aus, als wärst du unverschämt. Du warst ungezogen. Und dann mußt du nach Erklärungen suchen.

Warte ab. Ein negativer Augenblick kommt – warte ab und beobachte, und er wird vorübergehen. Und letztlich muß man für das Höchste offenbleiben, wo man beides loslassen kann, das Positive wie das Negative. Dann bist du mit mir. Dann ist es keine Beziehung mehr, und dann kann sie auch nicht mehr auseinanderbrechen. Es ist keine Kommunikation mehr – es ist eine Kommunion.

Die ganze bisherige Philosophie ist eine Art Wahl gewesen:

entweder-oder. Mein ganzes Lehren ist kein Entweder-oder, sondern ein Sowohl-als-auch. Wähle nicht. Wählen macht dich einseitig. Der eine wird zum Materialisten, der andere zum Spiritualisten, aber beide sind halb-halb: halb tot, halb lebendig. Beiden fehlt die Ganzheitlichkeit, und der Grund dafür ist ihr chronisches Pochen auf Konsistenz. Sie sind nicht mutig genug, die Widersprüchlichkeiten zu akzeptieren, sie sind nicht mutig genug, das Leben zu akzeptieren, wie es ist. Sie leben im Konjunktiv: Es *sollte* so und so sein.

Wir können dem Leben nichts aufzwingen. Es kümmert sich keinen Deut um unsere Logik, um unsere Mathematik, um unseren Verstand. Es geht seine eigenen Wege. Es ist dialektisch. Und es ist gut, daß es dialektisch und nicht logisch ist. Wenn es logisch wäre, wäre es fade.

Stelle dir eine Welt nur mit Frauen vor, ohne Männer – es wäre eine fade Welt. Oder nur Männer und keine Frauen – auch das wäre fade. Stelle dir eine Welt vor, in der es nur Vergnügen gäbe und keine Schmerzen – es wäre eine fade Welt. Selbst das Vergnügen würde einen anwidern, es wäre nicht zum Aushalten. Man würde sich übergeben, man könnte es nicht mehr verdauen. Stelle dir ein Leben vor, das nur Rosen und keine Dornen hat. Die Menschen träumen von einem solchen Leben, aber sie wissen nicht, daß das Leben so todlangweilig wäre. Ohne Dornen geht es nun einmal nicht. Sie machen aus dem Leben eine Herausforderung, einen Kampf, ein Abenteuer; sie machen es erst lebenswert.

Ich bin ganz für diese Widersprüchlichkeiten des Lebens. Darum sind auch so viele Leute verwirrt von dem, was ich sage, weil ich mir selbst widerspreche. Und ich widerspreche mir ständig, denn ich glaube ans Leben und nicht an die Logik. Ich muß mir widersprechen, um wahr zu sein. Konsistenz ist immer falsch; Wahrheit ist immer inkonsistent. Sie muß weit genug sein, um den Gegenpol in sich zu enthalten.

Ich habe es mir überdies zur Methode gemacht, mir ständig

zu widersprechen, damit du dich an nichts festklammern kannst. Ich gebe dir keine bestimmte Lebensphilosophie mit auf den Weg. Mit einer Hand reiche ich sie dir, mit der andern Hand ziehe ich sie dir sofort wieder weg, denn ich möchte dir nicht die Wahrheit vermitteln – sie läßt sich nicht mitteilen.

Mein Bemühen zielt einzig darauf ab, die Wahrheit in dir selbst zu provozieren, nicht sie dir zu vermitteln. Konfusion ist meine Methode. Du kannst mich »Konfusius« nennen.

Der Verstand hat nicht immer unrecht. Nichts ist immer falsch, und nichts ist immer richtig – es hängt vom Zusammenhang ab, es hängt von der ganzen Gestalt ab. Was für den einen Medizin ist, mag sich für den andern als Gift erweisen. Man kann deshalb keine allgemeingültigen Aussagen machen; jede Aussage ist persönlich. Sie bezieht sich auf eine bestimmte Person. Was ich zu dir sage, gilt nur in Bezug auf dich selbst.

Es gibt so viele Menschen ...

Die Aussage gilt dir persönlich; sie ist für niemand anderen gedacht.

Denke immer daran, daß eine Antwort an jemand anderen für dich nicht immer gültig ist. Das braucht sie nicht zu sein. Die Frage mag gleich lauten, doch wenn sie von verschiedenen Individuen gestellt wird, ist es eine verschiedene Frage. Und ich antworte nicht in ein Vakuum hinein, ich antworte bestimmten Personen. Deine Frage ist verschieden, und meine Antwort wird anders ausfallen.

Es gibt eine Geschichte ...

Abraham, ein mohammedanischer Mystiker, pflegte jeden Tag zu Gott zu beten: »Ich bitte nicht um Glück. Gib mir lieber jeden Tag etwas Schmerz. Gib mir immer wieder ein paar Geschenke des Leidens.«

Er weilte bei einem anderen Mystiker, und der Freund hörte, wie Abraham betete. Er sagte: »Was für einen Unsinn erbittest du dir da? Du weißt, daß Gott voller Barmherzigkeit ist« – die Mohammedaner nennen Gott Rahim, Barmherzigkeit –, »und er ist so barmherzig, daß er dir alles gibt, worum du ihn bittest.«

Abraham sagte: »Ich bin durch meinen Schmerz, durch mein Leiden zu Gott gelangt, und wenn ich glücklich bin, so vergesse ich ihn leicht. Darum bitte ich um etwas Schmerz. Wenn ich leide, erinnere ich mich an Gott. Wenn ich glücklich bin, vergesse ich ihn leicht.« Er sprach damit eine große spirituelle Wahrheit aus.

Denke daran: Es gibt nichts Tieferes, um deine Dankbarkeit auszudrücken, als durch Tränen. Es gibt nichts Höheres, um zu beten, als durch Tränen. Erst vor ein paar Tagen kam Geet Govind von Esalen zurück. Er konnte kein einziges Wort hervorbringen – nur Tränen über Tränen. Er wurde etwas verlegen, denn er wollte etwas sagen, aber kein Wort kam heraus. Diese Tränen waren schön. Und seither hat er hier nur geweint. Diese zwei oder drei Wochen, die er hier war, hat er geweint. Er hat mir geschrieben und gefragt: »Was soll ich tun? Wie soll ich diese Tränen aufhalten? Sie fließen weiter und weiter.«

Er hat Kontakt mit mir aufgenommen, daher die Tränen. Er hat mich gesehen, daher die Tränen. Seine Augen zeigen Dankbarkeit, daher die Tränen. Seine Augen sind erfüllt, daher die Tränen. Tränen sind viel schöner als alles, was du sonst hast, denn Tränen rühren aus dem Überfließen deines Wesens her. Akzeptiere sie mit großer Freude. Genieße sie, nähre sie, heiße sie willkommen. Und durch Tränen wirst du beten lernen. Durch Tränen wirst du sehen lernen. Tränenerfüllte Augen können die Wahrheit sehen. Tränenerfüllte Augen können die Schönheit des Lebens und seinen Segen erkennen ...

Ich muß es viele Male tun – deine ganze Welt zerstören!

Ich bin ein Spiegel

Wenn sich jemand einem Meister hingibt, gibt er sich in Wirklichkeit sich selbst hin. Weil er aber nicht weiß, wer er ist, kann er sich nicht direkt sich selbst hingeben – er nimmt den Meister als Zwischenweg. Der Meister ist nur ein Durchgang, um zu dir selbst zu gelangen. Er ist wie ein Spiegel; du blickst in den Spiegel und siehst dein Gesicht. Du blickst in den Meister und findest nur dich selbst.

Gerade heute habe ich von Tozan gelesen, einem Zen-Meister – einem sehr berühmten Zen-Meister ...

Die Geschichte besagt, daß die Götter ihn zu sehen wünschten, es aber nicht konnten, weil er nur eine Leere war. Von dieser und jener Seite drangen sie in ihn ein, durchdrangen sie ihn, konnten ihn aber nirgendwo finden. Er war ein Nirgendwo, ein Nichts ... so leer von sich selbst, daß sie ihn nicht sehen konnten. Sie waren sehr neugierig, einen Mann zu sehen, der leer geworden war, daher wandten sie einen Trick an.

Als Tozan von seinem Morgenspaziergang zurückkam, gingen sie in die Küche, nahmen ein paar Handvoll Reis und Weizen und streuten sie auf seinen Pfad. In einem Zen-Kloster kommt das fast einer Sünde gleich, denn das ist in höchstem Maß respektlos gegenüber dem Reis und dem Weizen.

Man soll alles respektieren, denn alles ist göttlich. Es hat nichts mit herkömmlicher Ökonomie zu tun, es hat nichts mit einer Ghandi-Ideologie zu tun, denn diese Art von Ideologie ist nichts als rationalisierter Geiz. Damit hat es also nichts zu tun, es ist vielmehr ein Respekt für alles. Alles was existiert und existiert hat, ist göttlich und sollte respektiert werden.

In einem Zen-Kloster wird daher nichts vergeudet. Man muß achtsam und wach sein. Sie wandten also einen Trick an und streuten ein paar Handvoll Reis und Weizen auf seinen Pfad. Als Tozan herannahte, konnte er nicht fassen, daß irgendein Schüler so etwas tun konnte. Wer könnte so etwas tun? Wer könnte so unachtsam und respektlos sein?

Als dieser Gedanke in ihm emporstieg, war ein Selbst da, und die Götter konnten ihn sehen. Die Leere war nicht mehr leer: Ein Gedanke hatte sich kristallisiert, eine Haltung, ein Verstand hatte sich gebildet. Einen Augenblick lang tauchte am blauen Himmel eine Wolke auf, und die Götter konnten diesen Mann Tozan sehen. Doch weil der Gedanke wieder verschwand, verschwand auch die Wolke.

Ich mag diese Geschichte sehr.

Ein Sannyasin hat sich gefragt, wem er eigentlich folge. »Folge ich dir oder mir selbst?«

Dir selbst ... Und wenn du auch vorderhand mir folgst, so nur, um zu dir zu gelangen. Es ist genauso, als würdest du in einen Spiegel schauen. Wen schaust du an? Den Spiegel oder dich selbst? Auf eine Weise schaust du in den Spiegel, aber im Spiegel siehst du nur dich selbst. Das ist genau die Beziehung zwischen einem Meister und einem Schüler: Der Meister ist ein Spiegel!

Du schaust mich an, aber nur, um dich selbst zu sehen. Wenn du vergißt, dich selbst anzuschauen, bin ich kein Spiegel mehr für dich, bin ich nur noch eine Mauer. Dann ist die Beziehung sinnlos. Wenn dich ein Spiegel nicht reflektiert, ist er kein Spiegel. Du gibst dich mir hin, damit ich dich dir selbst zurückgeben kann.

Du folgst also letztlich dir selbst – ich bin nur eine *via media.* Das darf man nie vergessen. Ich spiegle dich nur wider, ich werfe dich auf dich selbst zurück. Ich bin ein Spiegel; darin liegt meine einzige Funktion.

Wenn ich das erfüllen kann, wenn ich dich deines eigenen Gesichts bewußtmachen kann, ist meine Arbeit getan. Dann wird der Spiegel überflüssig. Du kennst dein Gesicht, und den Spiegel kannst du getrost vergessen.

Ein Schüler zu sein heißt, deinen Meister jetzt mit offenen Augen zu sehen; deinen Verstand zur Seite zu legen, ohne jede Einmischung deines Verstandes, ohne jede Interpretation zu sehen – direkt hinzuschauen.

Alles, was du brauchst, ist bereits in dir. Nur eine kleine Wendung nach innen, und schon kommt es zu einer Transformation. Es kann mit einem einzigen Schritt erfolgen. Es braucht nicht allmählich zu kommen, es kann mit einem Mal eintreten, wie ein Blitz. Alles hängt davon ab, wieviel Mut du hast, nach innen zu gehen. Sei mutig und siehe dich an!

Anupama erzählt Osho, sie wolle nicht hier sein.

Anupama: Und ich weiß gar nicht warum. Seit Vipassana gestorben ist, fürchte ich mich vor dem Tod. Mein Geliebter scheint da anders zu sein ... ich fürchte mich. Manchmal möchte ich nicht einmal mehr ein Mensch sein.

Hat diese Negativität angefangen, nachdem Vipassana weggegangen ist?

(Schluchzend) Vorher. Ich mag nicht hier sein.

Hmm, hmm? Hilf mir, es zu verstehen. Alles, was du möchtest, wird geschehen, aber hilf mir zu verstehen, was los ist, hmm?

Ich habe das Gefühl, ich sei so allein und niemand kümmere sich um mich – außer dir.

(Schmunzelnd) Darin liegt die Hoffnung! Mache dir keine Sorgen.

Und du machst mir Angst.

(Lachend) Ich werde dir Angst einjagen – das stimmt! Wo du auch hingehst. Ich werde dir weiterhin Angst einjagen. Es gibt kein Entkommen!

Alles geht und nichts kommt ... und du scheinst noch froh darüber zu sein (muß gegen ihren Willen lachen).

(Lachend) Ich *bin* froh!!
(Nach einer Pause) Alles geht ... und sich festzuklammern bringt Elend. Man muß verstehen, daß wir allein sind und alle Beziehungen ...

(Anupama bricht in lautes Weinen aus.)

Und wenn wir das einmal begreifen, verschwindet die Einsamkeit schlagartig. Versuche mich zu verstehen. Wenn du weiterhin versuchst ...

(Schluchzend) Ich will gar nichts hören! Es tut mir leid, aber ich will gar nichts hören. Ich möchte dich nicht wegstoßen, aber ich tue es.

(Wartet geduldig) Hmm, hmm.

(Wimmernd) Ich will dich nicht einmal anschauen!

(Ein leises Lachen) Hmm, hmm ... Wenn du glaubst, daß du

glücklich sein wirst, so gehe – das ist überhaupt kein Problem. Nur wirst du nicht glücklich sein. Du wirst in einer noch schlimmeren Lage enden.

(Ein bißchen ruhiger) Das glaube ich dir.

Das wird also nichts helfen. Hier zu sein ist schwierig. Ich weiß. Aber wenn du mit mir zusammenarbeitest, wird sich alles klären. Die Lage ist keineswegs hoffnungslos.

Jeder muß zu einem bestimmten Verständnis gelangen, denn wir leben ständig in Träumen weiter. Immer wenn man etwas Wirklichem begegnet, wird man ängstlich und unglücklich und möchte die Situation verändern, vor ihr davonlaufen, um sie nicht ansehen zu müssen. Darum willst du mich nicht anschauen (schmunzelt), denn wenn du mich anschaust, wirst du den Tatsachen ins Gesicht schauen müssen. Tatsachen sind Tatsachen. Du kannst sie nicht einfach verändern, indem du unglücklich wirst. Sie können verändert werden, aber dazu braucht es ein gewisses Verständnis.

Gut, Anupama.

Alle kommen immer wieder auf Fluchtgedanken, und es lassen sich immer Ausflüchte finden, um von hier zu entkommen. Wenn du jedoch ein wenig von mir gekostet hast, wirst du zurückkehren müssen – ich werde dich heimsuchen! Ich kann dich nicht so einfach gehen lassen. Es ist besser, mit mir so tief wie nur möglich zu gehen, so tief, wie du in dich selbst hineingehen kannst.

Ich weiß, es braucht Mut. Alle haben Angst, denn wir haben uns so lange vor uns selbst versteckt, daß wir eine wirklich niederschmetternde Erfahrung machen müssen, um zu erkennen, wer wir sind. Das alte Selbstbild wird in Stücke zerfallen – und du hast dieses Bild so lange aufgebaut, mit soviel Sorgfalt, mit soviel Liebe, und hast es genährt. Doch es ist falsch und muß in

Stücke geschlagen werden. Und erst wenn es zersplittert ist, wird deine Wirklichkeit Form annehmen.

Der Meister muß sehr hart sein. Der Meister muß dich an der schwächsten Stelle treffen. Fliehe diesmal nicht! Ich bin nur daran interessiert, dir zur Transformation zu verhelfen.

Eine Sannyasin hat das Gefühl, sie habe gegen ihn angekämpft.

Das stimmt, nur tun das alle hier. Es ist ein gutes Zeichen. Es bedeutet, daß du in der Falle sitzt! Du weißt, daß es kein Zurück mehr gibt, daher der Kampf. Man versucht es bis zum Letzten, doch es ist ein vergeblicher Kampf. Und trotzdem versucht es der Verstand. »Warum es nicht nochmals versuchen?« sagt der Verstand.

Es wird vorübergehen ... denn von mir besiegt zu werden heißt wirklich siegreich zu sein.

Der Schüler kommt an dem Tag zur höchsten Blüte, da er vom Meister besiegt worden ist, denn das ist der Tag seines Sieges. Vom Meister besiegt zu werden bedeutet nur, von deinem innersten Wesen besiegt worden zu sein, mehr nicht. Der Meister ist nichts anderes als eine Reflektion deines innersten Wesens. Der Meister ist nichts als eine Widerspiegelung dessen, wozu du bestimmt bist. Vom Meister besiegt zu werden heißt also nicht, von jemand anderem besiegt zu werden, sondern von deiner eigenen Natur besiegt worden zu sein. Besiegt wurde das Künstliche. Beides ist in dir: das Künstliche und das Natürliche. Wenn du es mir erlaubst, wird das Natürliche gewinnen. Wenn du weiterkämpfst und es mir nicht erlaubst, gewinnt das Künstliche. Und du hast bis jetzt mit dem Künstlichen gelebt. Es hat dir nichts gegeben – das kann es auch nicht, es hat nichts zu geben. Es enthält kein Leben.

Das geht aber allen so. Fühle dich deshalb nicht schuldig, und verurteile dich nicht selbst. Es ist ein natürlicher Prozeß, durch den jeder Sannyasin hindurch muß. Bald wird es vorbei sein, hmm? Mache ein paar Gruppen, und es wird vorbei sein. Diese Gruppen helfen sehr. Sie nehmen all den Staub weg. Sie reinigen deinen Spiegel ein wenig, und dann siehst du die Dinge klarer. Und an dem Tag, da du mich klar sehen kannst, wirst du sehen, daß ich du bin – gegen wen kämpfst du also an? Da ist niemand anderer, gegen den du ankämpfen könntest.

Dieser Leerraum bin ich – beziehe dich auf den Leerraum. Du versuchst dich auf irgendeine deiner Vorstellungen zu beziehen.

Ich bin keine deiner Vorstellungen.

Diese Leere bin ich. Wenn du dich auf diese Leere beziehst, beziehst du dich auf mich. Doch du versuchst etwas zu projizieren, dein Verstand gaukelt dir etwas vor. Vergiß mich einfach. Sieh nur jene Leere; das bin ich. Vergiß die Form ... schaue tiefer!

Und das ist das Wunder aller Wunder. Es ist dir widerfahren, nur hast du es verpaßt, weil du gewisse Vorstellungen davon hast, was geschehen sollte.

Wenn du dich das nächste Mal leer fühlst, betrachte dies als Segen. Laß die Leere in dich hineinsinken, ertrinke in ihr. Du bist in Kontakt, nur kannst du es nicht richtig interpretieren, das ist alles. Ich überschütte dich, doch du hast es nicht verstehen können, das ist alles.

Das nächste Mal, wenn es geschieht, gib also alle Vorstellungen auf. Erwarte nichts, denn schon deine Erwartung wirkt störend. Und was auch geschieht, akzeptiere es einfach. So ist es nun einmal. Ein Leerraum – also ein Leerraum! Eine Leere – also eine Leere! Nichts geschieht – also geschieht nichts! So ist es nun einmal. Entspanne dich dabei, und schon bald wirst du dich von mir umgeben fühlen.

Hier wird alles sehr stark. Alles, was du dein ganzes Leben mit dir herumgetragen hast, wird stark werden. Und das muß so sein, denn so mußt du dich deinen Problemen stellen. In der Gegenwart eines Meisters wird hochkommen und an die Oberfläche steigen, was immer dein Problem ist. Ein gieriger Mensch wird sehr gierig werden, ein sexueller Mensch sehr sexuell, ein aggressiver Mensch sehr aggressiv. Und genau dieses Problem gilt es zu lösen. In Wirklichkeit zählt es zu den ältesten Techniken, zu einem Meister zu gehen, in seiner Gegenwart zu verweilen und zuzuschauen, was mit einem passiert. Plötzlich steigt dein Hauptproblem auf. Sobald das Problem einmal bekannt ist, ist es fast zur Hälfte gelöst. Das wahre Problem besteht nicht darin, ein Problem zu lösen, das wahre Problem besteht darin, es zu erkennen. Die Diagnose ist wichtiger als die Medizin. Die Behandlung ist sehr einfach: Sobald es diagnostiziert ist, kann der Apotheker die Medizin liefern; das ist nicht sehr schwierig.

Jemand fragte einen Zen-Meister ...

Jemand fragte einen Zen-Meister: »Was ist die Definition eines Weisen?«

Der Meister sagte: »Ein Weiser ist jemand, der hofft, daß nach dem Sommer die Regenzeit kommt und nach der Regenzeit der Winter.«

Der Mann war verwirrt, denn das ist bereits der Fall, wozu es also extra erwähnen? Er sagte: »Bist du bei Sinnen? Was sagst du da? Ein Weiser sei jemand, der hofft, daß nach dem Sommer die Regenzeit kommt und nach der Regenzeit der Winter!«

Der Meister sagte: »Ja, genau das meine ich.« Und der Mann sagte: »Aber das ist doch bereits der Fall!«

Der Meister lachte und sagte: »Ein Weiser ist jemand, der immer nur auf das hofft, was bereits der Fall ist. Er hofft nie auf etwas Gegenteiliges. Er hofft einfach, daß zwei und zwei vier macht, und so werden natürlich alle seine Hoffnungen erfüllt. Wie könnte man einen Weisen frustrieren? Er hofft ja nur auf das, wohin das Leben ohnehin bereits zusteuert.«

Durch einen Übersetzer sagt ein Besucher, er möchte Osho kennenlernen.

Hmm! Gute Idee!

Übersetzer: Er lebt mit Sannyasins in Berlin zusammen.

Wenn du mich wirklich kennenlernen willst, dann werde Sannyasin; sonst wird es schwierig. Hmm? Bereit?

Er hat Zweifel.

Er hat Zweifel? Dann wird es schwierig werden, mich kennenzulernen – denn Zweifel führen nirgendwohin. Zweifel führen zu noch mehr Zweifeln, ein Zweifel erzeugt den nächsten. Vertrauen führt zu mehr Vertrauen. Wenn du mit Zweifel beginnst, wird es schwierig sein.

Er glaubt, Sannyas sei etwas Künstliches, das einem auferlegt wird.

Am Anfang wird es so sein, am Anfang ist es immer so. Am Ende wirst du es wissen. Wenn du mich kennenlernen willst, dann sage ich: Nimm Sannyas! Wenn du mich nicht kennenlernen willst, gibt es kein Problem – du kannst einfach so sein, wie du bist.

Er möchte gern er selbst werden, und er möchte gern er selbst bleiben.

Dann sage nicht, du wollest mich kennenlernen; sage nur, du wollest dich selbst kennenlernen – das ist viel besser. (Der Besucher nickt froh.) Dann ist es etwas ganz anderes.

Das Heilmittel ist allerdings genau dasselbe! Werde Sannyasin!

(Großes Gelächter. Osho muß ebenfalls über sich selbst lachen.)

Ich habe nur eine einzige Medizin, wie immer die Krankheit aussehen mag. Fühle dich also nicht vorschnell erleichtert!

Wenn du irgendeinen Widerstand gegen Autoritäten verspürst, so mache einen Monat lang nur das, wonach dir gerade zumute ist. Wonach dir der Sinn steht – tue es; und welche Meditation dir gefällt – mache sie.

Wähle einen Monat lang, hmm? Denn wenn es sich für dich nicht gut anfühlt, sobald man dir etwas sagt ...

Niemand hier ist daran interessiert, dir zu sagen, was du tun sollst. Es macht mir keinen Spaß, dir diese Gruppen vorzuschlagen. Ich tue es nur aus Interesse für dich – deshalb schlage ich sie dir vor. Niemand ist daran interessiert, dich dazu zu bewegen, etwas Bestimmtes zu tun.

Versuche es zuerst allein. Wenn es klappt, sehr gut! Genau das wollen wir hier. Wenn es nicht klappt, kannst du mich fragen, hmm? Gut!

Ein Sannyasin sagt, er habe öfter gegen Osho angekämpft.

Das ist völlig in Ordnung ... das ist absolut in Ordnung! Kämpfe ruhig weiter – das ist einer der Wege, wie man um so schneller besiegt wird. Wenn du viel kämpfst, wirst du schneller besiegt, weil du müde werden wirst, denn gegen mich anzukämpfen heißt gegen dein eigenes Selbst anzukämpfen. Ich werde nicht müde dabei, denn in Wirklichkeit ... (Osho bricht in ein Lachen aus) ... nur du wirst müde.

Du kämpfst gegen den Himmel an und springst herum und heulst. Der Himmel ist da, doch er ist nicht betroffen von deinem Geschrei und deinem Herumspringen und alledem. Du wirst müde werden – früher oder später wirst du hinfallen! Diese Niederlage kommt schon bald.

Komme zurück, hmm? Und wenn du weiterkämpfen kannst, gut – mache nur weiter. Ich brauche auch ein paar Krieger. Sie halten mich in Gang.

Jeder spürt, daß es Zeiten gibt, da er nicht mit mir ist, denn total mit mir zu sein ist fast unmöglich. Nur in seltenen Momenten bist du ein Schüler. Du bist nicht vierundzwanzig Stunden am Tag ein Schüler. Aber schon diese wenigen raren Augenblicke sind genug, mehr als genug, mehr als man erwarten darf. Sie reichen vollauf. Ganz langsam werden immer mehr solche Augenblicke kommen, da du dich mir näher und näher fühlst. Und eines Tages wirst du ein Schüler.

Nur Sannyas zu nehmen heißt noch lange nicht, daß du ein Schüler geworden bist. Du hast mir damit bloß einen Hinweis gegeben, daß du gerne ein Schüler werden möchtest. Es ist nur der Anfang, ein Schüler zu sein, nicht das Ende. Es ist nur ein Einstieg.

Es wird also viele negative Zeiten geben. Und mit mir zu Rande zu kommen ist schwierig, denn ich bin kein gewöhnlicher Lehrer. So viele Male verletze ich dich; ich verletze dich so tief. Das ist ein Teil meiner ganzen Arbeit: Ich muß dich verletzen. Wenn ich dich nicht verletze, wird dein Ego nie verschwinden.

Es ist also nur natürlich, daß du das Gefühl hast, du seist immer nur halb hier. Wenn du ganz hier wärst, würdest du erleuchtet.

Ich bin nicht hier, um dich auf irgendeine Weise schuldig

oder beschämt fühlen zu lassen. Wenn du etwas Bestimmtes nicht tun möchtest, wenn du dich einer bestimmten Situation nicht stellen möchtest, liegt die Entscheidung ganz bei dir. Wenn du beschließt, dich ihr nicht zu stellen, mußt du es auch nicht.

Tief in deinem Innern möchtest du es aber, weil du weißt, daß du nie wachsen wirst, wenn du dich ihr nicht stellst. Deshalb schämst du dich. Eigentlich versteckst du dich nicht wirklich vor mir – du versteckst dich vor dir selbst. In Wirklichkeit passiert also folgendes: Wenn jemand beginnt, sich vor mir zu verstecken, versucht er sich vor sich selbst zu verstecken, denn warum sollte er es sonst tun? Ich verurteile nie jemanden. Ich verdamme nie jemanden. Ich bin keine Spur christlich, und in meiner Kosmologie gibt es keine Hölle, keinen Himmel. Ob du sündigst oder nicht sündigst – du kommst eh in den Himmel! Man kann ihm nicht entkommen. Da liegt das Problem also nicht. Niemand braucht sich im geringsten vor mir zu fürchten.

Das Problem entsteht vielmehr, weil du beginnst, dich schuldig zu fühlen – weil du weißt, was richtig ist, und weil dieses Wissen in dir Schuldgefühle weckt. Es ist nicht irgendein von außen auferlegtes Gebot, es ist eine Einsicht in deinem Innern. Du fühlst dich schuldig, weil du deiner eigenen Bewußtheit nicht folgen konntest. Dieses Schuldgefühl ist schön.

Wenn jemand anderes dich schuldig fühlen läßt, vergiftet es dich. Dieser Mensch versucht dich zu dominieren, dich zu lähmen, dir seine Vorstellungen aufzuzwingen, und das ist nicht gut. Wenn aber dein eigenes Bewußtsein dir den Eindruck vermittelt, daß du wußtest, was richtig gewesen wäre, und du es trotzdem nicht getan hast ...

Und es gibt keine andere, keine äußere Autorität, um zu entscheiden, was richtig und was falsch ist. Die Entscheidung bleibt ganz allein dir überlassen. Darauf zielt mein ganzes Bemühen hier: die Entscheidung ganz allein dir zu überlassen. Dann entstehen echte Schuldgefühle, und du kannst ihnen nicht entrinnen. Wo du auch hingehst, wirst du sie wahrnehmen.

Jetzt liegt es an dir, ob du dich weiterhin verstecken oder dich stellen willst. Wenn man sich stellt, wächst man. Wenn man sich versteckt, vermeidet man Gelegenheiten zum Wachstum. Verpasse also keine Gelegenheit, denn eine verpaßte Gelegenheit ist für immer verpaßt. Wenn eine Situation einmal vorbei ist, ist sie für immer vorbei.

Meine ganze Funktion besteht darin, dir ein Spiegel zu sein. Das ist der einzige Weg. Wenn du dich selbst kennst, kennst du mich. Ich bin nicht hier, um dich an mich zu binden; das wäre eine Fessel. Du mußt immer wieder auf dich selbst zurückgeworfen werden.

Der andere ist eine Fessel! Es ist nötig, durch den anderen zu gehen, denn anders kann man sich nicht kennenlernen. Um das Ich zu kennen, muß man durch das Du gehen. Wenn du das nicht tust, wirst du nie wissen, wer du bist.

Liebe hilft, aber sie ist etwas sehr Delikates und Zerbrechliches. Wenn du mich liebst, gehst du durch mich. Und wenn ich dich liebe, darf ich dich nicht festhalten. Ich muß dir erlauben, wieder zu dir zurückzukehren. Darum ist Liebe auch nicht besitzergreifend. Wenn Liebe besitzergreifend ist, ist sie sehr destruktiv.

Wenn ich besitzergreifend bin, wirst du zu mir kommen, und ich werde dir nicht erlauben, zu dir zurückzukehren. Dann stelle ich alle möglichen Hindernisse und Blockaden auf, damit du nicht mehr zurückkehren kannst, und so bleibst du bei mir als mein Besitz. Dann liebe ich dich aber nicht. Wenn ich dich liebe, erlaube ich dir, durch mich hindurchzugehen, und ich helfe dir, wieder nach Hause zurückzukehren. Indem man durch das Du geht, erkennt man, was das Ich ist.

Es gibt zwei Möglichkeiten, dieses Ich kennenzulernen. Die eine erfolgt durch die Beziehung zu Objekten – was Martin Buber die Ich-Es-Beziehung nennt: das Auto, das Haus, das Geld ... doch das sind alles tote Gegenstände. Ein anderer Weg, das Ich kennenzulernen, führt durch die Welt des Ich-Du: durch die Liebe, durch Menschen.

Wenn du dein Ich durch die Ich-Es-Beziehung kennenlernst, wirst du dich nie in deiner Ganzheit erkennen. Du wirst nur deine tote Seite kennen, die wie ein Gegenstand ist – allerhöchstens deinen Körper. Dein Geist wird davon nicht berührt.

Man muß durch das Ich-Du gehen. In diesem Kontrast wird dein Ich klar. Das Du wird zum Hintergrund, und dein Ich wird die Figur. Es ist genauso, wie wenn du mit weißer Kreide etwas auf eine Wandtafel schreibst: Es wird zur Figur, und die Wandtafel wird zum Hintergrund.

Gerade jetzt steckst du in tiefstem Elend, aber irgendwo tief in deinem Innern genießt du dieses Elend. Du erschaffst es in der Hoffnung, dein Geliebter werde dich bemitleiden, er werde dich wieder wie einst zu lieben anfangen. Deine Rechnung geht jedoch nicht auf. Niemand liebt jemanden, der unglücklich ist – das ist ein absolut gültiges Prinzip. Man kann mitfühlen, aber

Mitleid ist nicht Liebe und befriedigt auch nicht. Es tut weh, es verletzt. Sich in einer Situation zu befinden, in der dich die Leute bemitleiden müssen, ist keine gute Ausgangslage; es ist demütigend.

Genau das trifft auf dich zu. Ich habe mich klar ausgedrückt. Ich mag dir sogar hart erscheinen, hmm? Denn ich unterstütze nie einen negativen Zustand. Das ist ganz einfach häßlich. Laß es sein, komme da wieder heraus! Fange an, dich zu bewegen ... und wieder zu singen, wieder zu tanzen, wieder herumzualbern. Das wird dich positiv stimmen. Und nur daraus entsteht Vertrauen zu mir. Nur liebevolle Menschen, nur Menschen, die lieben, können mich sehen, können sich mit mir verbinden.

Du wirst immer mehr mit mir verbunden sein. Und das heißt mit dem Feuer zu spielen. Doch dieses Feuer wird dich reinigen.

Es wird dir Schmerzen bereiten. Aber nach jedem Schmerz stellt sich eine größere Fähigkeit ein, sich glückselig zu fühlen. Es ist ein mühsamer Aufstieg. Ja, es ist ein Aufstieg. Mir näherzukommen heißt bergaufwärts zu gehen.

Mit dem Meister bezieht man sich von Herz zu Herz, nicht von Kopf zu Kopf. Dann kann man sehen, wie schön alles geworden ist. Und wenn es *einem* Menschen geschehen kann, kann es allen geschehen. Jeder hat ein Geburtsrecht darauf.

Ein Sannyasin sagt, ihm sei häufig nach Selbstmord zumute. Osho meint dazu: Wenn die Hoffnung verschwindet, kann man entweder Selbstmord begehen oder Sannyas nehmen. Beides hebt dich aus dem Leben heraus.

Sannyas hebt dich auf eine sehr kreative Weise aus diesem Leben heraus – es wird zur Transzendenz. Deshalb haben die Menschen in Indien auch nie sehr häufig Selbstmord begangen.

Indien ist eines der ärmsten Länder, die Menschen hier sollten also mehr Selbstmord begehen. Sie tun es aber seltener. Die Selbstmordrate in Indien ist die niedrigste der Welt. Und der Grund ist der: Wann immer jemand das Gefühl hat, das Leben sei sinnlos, beginnt er auf die Religion zu blicken, um einen anderen Sinn zu finden, etwas Jenseitiges.

Mache dir also deswegen keine Sorgen. Der Selbstmord ist bereits geschehen – du hast ihn begangen, indem du Sannyasin geworden bist. Der Mensch, der einen Moment zuvor noch existiert hat, ist nicht mehr. Nimm Abschied – dieser Mensch ist weg.

Der neue Mensch hat dieses Problem nicht, wird dieses Problem nicht haben. Mache zuerst einmal diese Gruppen, und dann werde ich dir sagen, was du weiter tun sollst. Es wird vorübergehen, du brauchst dir keine Sorgen zu machen. Im Osten haben wir uns seit Jahrhunderten mit dem Selbstmord befaßt und die suizidale Neigung in Sannyas umgelenkt. Mache dir keine Sorgen, das Problem ist gelöst – du hast bereits Selbstmord begangen!

Ich lehre Zufriedenheit, nicht Befriedigung. Und der Weg zur Zufriedenheit führt über die Begegnung mit all deinen Unzufriedenheiten, ohne jede Angst, ohne etwas zu verstecken. Deine Unzufriedenheit in ihrer absoluten Nacktheit zu erkennen ist der Anfang eines neuen Lebens.

Sobald man wirklich zufrieden wird, öffnet sich im See des eigenen Bewußtseins ein tausendblättriger Lotus. Das ist der höchste Gipfel des Lebens. Zu sterben, ohne ihn zu kennen, heißt umsonst gelebt zu haben. Und denke daran, es ist jedermanns Geburtsrecht, man muß es nur in Anspruch nehmen. Als Potential ist es bereits vorhanden, und es kann aktualisiert werden.

Es braucht nur einen Entschluß, ein Engagement, eine Bestimmtheit, um es zu realisieren. Und genau darum geht es bei

Sannyas – um eine Verpflichtung: auf jede erdenkliche Weise daran zu arbeiten, sein eigenes Wesen in eine schöne Blume umzuwandeln.

Allein schon dieser Entschluß reicht, und die Blume beginnt sich zu öffnen.

All mein Bemühen geht dahin, daß du dich an deiner Gewöhnlichkeit erfreust, daß du frohlockst über die Art, wie du bist. Ich bin nicht daran interessiert, dir irgendwelche perfektionistischen Vorstellungen zu vermitteln. Mein ganzes Bemühen geht dahin, dir bewußt zu machen, daß alles, was du nötig hast, in deiner Reichweite liegt, daß dir die Existenz alles, was du nötig hast, bereits auf gewisse Weise zur Verfügung gestellt hat.

Du mußt nur nach innen schauen. Suche in dir, finde etwas heraus, forsche ein wenig nach, und du wirst alles finden, was du dir schon immer gewünscht hast. Wir sollten den gewöhnlichen Menschen zum höchsten Gipfel göttlichen Ausdrucks erklären.

T E I L 3

DER RUF VON INNEN

Ich bin hier, um dich zu erinnern

Der Meister kann nur einen Durst in dir erwecken, einen ungeheuren Durst nach Wahrheit, doch ein Programm kann er dir nicht geben. Er kann dir keine Disziplin geben, er kann dir nur Einsicht, eine Sehnsucht, eine Liebe geben. Danach mußt du jedoch ganz allein weitergehen, denn es ist eine Reise nach innen – niemand kann dich begleiten.

Der Mensch muß in Zukunft zu einem tiefen Verständnis gelangen – den Zweifel zu benutzen, wenn man nach außen geht, und Vertrauen zu benutzen, wenn man nach innen geht. Und identifiziere dich mit keinem von beiden! Bis jetzt hat der Mensch das noch nicht gelernt; er identifiziert sich entweder mit dem Zweifel oder mit dem Vertrauen. Wenn er sich mit dem Vertrauen identifiziert, so bleibt er, was die äußere Welt betrifft, in großer Armut. Genau das passiert in Indien, im Osten: Die Menschen sind am Verhungern, sie sind arm. Und sie werden auch arm bleiben, es sei denn, sie lernen zu zweifeln. Sie haben sich zu stark mit dem Vertrauen identifiziert.

Der Westen hat sich zu sehr mit dem Zweifel identifiziert, deshalb lebt ihr im Überfluß – eine großartige Technologie, schöne Bauten und all das –, aber der Mensch ist verschwunden. Gegenstände über Gegenstände haben sich aufgetürmt, den Meister aber findet man nicht mehr – er, der all das hätte benutzen sollen, ist tot. In der inneren Welt bleibt nichts als ein Alptraum – Elend, Angst, Leere, Sinnlosigkeit. Der Westen lebt in einer inneren Armut, genau wie der Osten in einer äußeren Armut lebt. Beide liegen falsch.

Der Mensch muß etwas ganz Neues lernen – etwas, was bisher noch nie geschehen ist –, und darin besteht meine ganze

Sichtweise. Meine Sannyasins müssen zwei Dinge lernen: Wende Zweifel an, soweit es das äußere Forschen betrifft, und zweifle uneingeschränkt; sobald du dich aber nach innen wendest, schalte den Zweifel ab. Lerne, wie du ihn an- und abschalten kannst, und laß Vertrauen fließen. Kämpfe gegen das Äußere an, und gib dich dem Inneren hin. Und ich spreche dich nicht von außen an, ich spreche dich von deinem Innern an; ich bin deine Innerlichkeit.

Es gibt eine Sufi-Geschichte ...

Zwei Männer reisten durch die Nacht. Der eine hatte eine Lampe, der andere hatte keine; während sie aber nebeneinander einhergingen, wurde beider Weg beleuchtet. Der Weg des Mannes, der keine Lampe hatte, war ebenfalls beleuchtet, und er war sehr froh. Er kümmerte sich nie um eine Lampe – wozu auch?

Doch dann kamen sie zu einer Wegkreuzung, und der Mann mit der Lampe mußte seinen eigenen Weg gehen. Plötzlich war es dunkel. Jetzt geriet der andere in große Not. Er fing an zu weinen und zu klagen und sagte: »Warum habe ich nicht gelernt, mir eine Lampe zu machen? Warum habe ich diesen Mann nicht gefragt, wie man ein Licht anzündet? Meine eigene Lampe, und wäre sie noch so klein, wäre immer noch besser als das hier. Aber ich habe nie daran gedacht. Ich glaubte, alles sei in Ordnung, wozu also? Der Weg war ja beleuchtet. Aber jetzt ...«

Der Meister kann dir nur Hinweise geben – nicht einmal Richtlinien, nur Hinweise, subtile Andeutungen, Finger, die zum Mond zeigen. Der Mond eilt jedoch weiter, er verändert sich jeden Augenblick, und nur ein Meister, der noch am Leben ist, der im Körper weilt, kann dir überhaupt helfen, denn er kann seinen Finger ständig neu nach dem Mond ausrichten. Wenn der Meister einmal tot ist, errichtet ihr eine Statue von ihm. Der Finger zeigt jetzt zwar immer noch irgendwohin, es ist aber ein Finger aus Stein. Eins ist sicher: Er zeigt nicht auf den Mond.

Zwei Seeleute saßen am Meeresufer. Der eine war ein alter Mann, der andere noch sehr jung. Der junge Mann hatte zum ersten Mal angeheuert. Er sagte zu dem Alten: »Ich habe in meinem ganzen Leben noch nicht soviel Wasser gesehen.« Der Alte erwiderte: »Du hast noch gar nichts gesehen – das ist nur die Oberfläche!«

Der Meister kann dir nur die Oberfläche zeigen. Doch es genügt schon, die Oberfläche zu sehen. Danach kannst du tief eintauchen, danach kannst du in die unendlichen Tiefen der Existenz eintauchen.

Ein Meister ist keine Garantie für das Unbekannte, sondern nur ein Zeuge davon. Er kann dir die Wahrheit nicht garantieren. Er kann nur mitteilen: »Sie existiert. Ich habe sie erfahren, ich bin ihr Zeuge.« Und wenn du ihm in die Augen schaust und dabei Vertrauen spüren kannst, wenn du seine Liebe spürst und deine Liebe für ihn spürst, beginnt etwas überzuspringen, beginnt etwas Geheimnisvolles zu geschehen. Diese geheimnisvolle Beziehung ist Schülerschaft, dies ist Sannyas. Es ist die geheimnisvollste Erfahrung des Lebens.

Jeder Schüler muß ein Phönix sein. Er muß vom Feuer, das der Meister verkörpert, verzehrt werden. Und daraus, aus der Asche, wird ein neues Wesen geboren ... die Wiederauferstehung! Und das ist dein ewiges Leben.

Ein indischer Sannyasin sagt zu Osho, er habe in der Bhagavad Gita gelesen, man könne nur durch Krischna zur Erleuchtung gelangen. Osho fragt ihn, ob er denn je die Bibel gelesen habe.

Denn in der Bibel sagt Jesus: »Nur durch mich.« Und hast du den Koran gelesen? Im Koran sagt Mohammed: »Nur durch mich.«

Du bist also wie jener Ehemann, der auf den Marktplatz ging und zu den Leuten sagte: »Ich habe die schönste Frau der Welt.« Und als sie ihn fragten: »Wie kannst du das wissen?« erwiderte er: »Weil sie es sagt!«

Darum geht es also nicht. Jeder Lehrer hat das gesagt. Und wenn ein Lehrer so spricht, hat er auf eine gewisse Art recht: Wenn du ihm folgst, wirst du durch ihn die Erleuchtung erlangen. Er sagt jedoch: »Nur durch mich«, damit du voll und ganz vertrauen kannst. Würde er sagen, daß es auch durch andere möglich ist, zweifelst du bereits. Du kannst unmöglich sicher sein. Nur um dir Gewißheit zu geben, sagt Krischna: »Nur durch mich ...«, sagt Jesus: »Nur durch mich ... Ich bin die Wahrheit, ich bin der Weg, ich bin das Tor!« Das alles wird nur gesagt, damit du Gewißheit erlangst – nimm es nicht wörtlich.

Um es dir absolut klar zu machen, sage ich zu dir: »Nur durch mich ...« Wem glaubst du jetzt – einem Buch oder mir, einem lebenden Menschen?

Man muß daran erinnert werden, daß man ein Gott oder

eine Göttin ist. Es geht nur darum, sich zu erinnern. Du mußt es nicht erst werden. Du bist es ganz von Anfang an, du bist nie anders gewesen. Die Funktion des Meisters besteht darin, dich zu erinnern und dir zu helfen, damit du dir bewußt wirst, was du in Wirklichkeit bist. Der Meister ist nicht da, um dich zu indoktrinieren. Er vermittelt dir keinen Glauben, keine Dogmen, keine Doktrinen und Philosophien. Er erschüttert dich, er schockiert dich, damit du ein wenig aufwachst, aufmerksam wirst und dich an etwas wiedererinnerst, was du vergessen hast.

Eine Meditationstechnik ist nur ein Vorwand. Am wichtigsten ist deine Liebe, dein Vertrauen. In diesem Vertrauen funktioniert und wirkt die Technik, wird sie lebendig, schlägt sie Wurzeln in deinem Wesen.

Denke immer daran: Wenn du einen lebenden Meister finden kannst, vergiß alle Schriften. Der lebende Meister ist die einzige lebendige Schrift. Lies sein Herz, und erlaube ihm, dein Herz zu lesen. Sei in einer Kommunion mit ihm – das ist der einzige Weg.

Manchmal muß ich etwas derart übertreiben, daß es gar nicht den Tatsachen entspricht, denn nur in dieser übertriebenen Form steigen die Dinge an die Oberfläche, sonst nicht. Ich kümmere mich daher nicht so sehr um Tatsachen, doch ich kümmere mich sehr um deine Transformation. Und wenn ich manchmal finde, daß eine Lüge hilft, kann ich auch lügen – das macht mir nichts aus.

Viele Male werde ich etwas von dir wegnehmen, um es dir dann wieder zurückzugeben, weil zuweilen für etwas der geeignete Moment gekommen ist.

Alles hat seinen Platz, und alles kann für das Wachstum benutzt werden. Und alles kann auch zum Hindernis werden ... es kommt darauf an. Wenn ich also zuweilen das Gefühl habe, etwas sei gerade jetzt ein Hindernis für dich, sage ich dir, du sollst es seinlassen. Wenn ich hinwiederum fühle, du seist jetzt bereit dazu, kannst du es zurückerhalten. Jetzt bist du allerdings nicht mehr derselbe Mensch. Ich habe es jemandem weggenommen, den es nicht mehr gibt, und ich gebe es jemandem zurück, den es noch nie zuvor gegeben hat.

Das Leben ist etwas sich unglaublich Veränderndes. Keine zwei aufeinanderfolgenden Augenblicke lang bleibst du der gleiche. Und wenn du wirklich hier mit mir bist, vollzieht sich diese Veränderung so schnell, daß du es manchmal gar nicht merkst. Erst später, wenn du darüber nachdenkst, siehst du, wie sehr du dich verändert hast. Das ist der Grund, weshalb ich manchmal darauf bestehe, daß du weggehst, weil dir erst dort klar wird, wie sehr du dich verändert hast.

Ein Sufi-Mystiker ...

Byazid, ein Sufi-Mystiker, pflegte seinen Schülern folgendes zu sagen: »Ihr braucht euch keine Sorgen zu machen, wenn ihr nicht tut, was ich euch sage. Aber tut stets das, was ich selbst tue.« Verstehst du? Er meinte damit: »Achte nicht so sehr auf meine Worte. Wenn du nicht tust, was dir der Meister sagt, verrätst du ihn damit nicht. Du verrätst ihn nur, wenn du dem nicht folgst, was er *ist.*«

Darin besteht meine ganze Arbeit hier: den Leuten zu helfen, über die Worte hinauszugehen. Das ist möglich, und weil es möglich ist, bleibt es die einzige Hoffnung. Der Mensch kann einen Geschmack von Gott erhalten. Man braucht nicht über ihn nachzudenken – man kann ihn essen, man kann ihn trinken.

Bei mir darf man nichts wörtlich nehmen. Alles ist poetisch, symbolisch. Und du kannst nicht erraten, was ich wirklich meine, solange du nur ein Wort aufschnappst und es tot mit dir herumträgst. Du wirst das Wort nur öffnen können, wenn du mit ihm spielst, wenn du mit ihm singst und dabei ständig mit deinem Herzen in Kontakt bleibst.

Das Wort, das ich in dich hineinwerfe, ist wie ein Stein, den man in einen See wirft. Es bilden sich Wellen. Um diese Wirkung geht es.

Der Stein ist nur ein Hilfsmittel, um diese Wellen zu erzeugen. Vergiß den Stein; er hat seine Aufgabe erfüllt. Folge jetzt den Wellen. Er hat eine Kettenreaktion ausgelöst. Das ist nur ein Anfang; das Ende liegt sehr, sehr weit entfernt. Wenn du einmal das Endergebnis siehst, wirst du es nicht mit dem Stein in Verbindung bringen können. Du wirst es nicht als Ursache und Wirkung zuordnen können. Genau das meint Jung mit Synchronizität.

Wenn ich zu dir spreche, gebe ich dir keine Ursache, der automatisch eine gewisse Wirkung folgt. Nein, ich bringe dich nur in eine Situation, in der vieles möglich ist. Nimmst du es wörtlich, stellt sich ein bestimmtes Resultat ein; hältst du dich an seine tiefere Bedeutung, stellt sich ein anderes ein; wenn du es mit dem Verstand liest, ein weiteres; und mit dem Herzen wieder ein anderes.

Wenn du auf seine Musik hörst, kommt etwas ganz Verschiedenes dabei heraus – es werden innere Schichten angesprochen. Immer wenn ich also etwas sage, so höre darauf, behalte es im Sinn. Kaue immer wieder daran herum. Verdaue es stets von neuem in den verschiedensten Situationen und schaue, wie es sich für dich anfühlt. Und dann folge deinem Gefühl. Das Wort hat seinen Zweck erfüllt. Es hat Wellen in dir erzeugt!

Zuhören ist etwas Passives. Während du zuhörst, sollst du nichts tun, sollst du einfach nur da sein und zuhören; aber das fällt dir schwer. Wenn man dir etwas zu tun gibt, fühlst du dich glänzend – beim Machen ist das Ego zufriedengestellt. Aber sei zumindest für meine Diskurse ganz passiv, sei ganz Ohr, nimm nur auf – ohne etwas zu tun. Laß es einfach in dich eindringen. Was ich sage, ist nicht so wichtig; viel wichtiger ist, daß du neunzig Minuten lang auf Empfang bist, rein rezeptiv.

Der Meister muß manchmal etwas erfinden, um dich in der Zone des Zwielichts beschäftigt zu halten: ein paar Spielzeuge, an die du dich klammern kannst, ein paar Methoden, ein paar Worte, damit du nicht völlig leer bist. Wenn dieser Zustand vorübergeht, wirst du sehen, daß es nur Spielzeuge waren und daß sie ihren Zweck erfüllt haben.

Manchmal helfen schon ganz kleine Entschlüsse. Es geht nur darum, sie einzuhalten, denn sie geben dir eine gewisse Integration. Wenn du sie nicht einhältst, sind sie sehr gefährlich, weil sie deinen Mangel an Vertrauen nur noch verstärken.

Darum bestehe ich auch auf einer gewissen Bekleidung. Es hat nichts mit Spiritualität zu tun. Es hat etwas mit dir zu tun, so wie du bist. Es ist nur für dich, damit dir eine Kontinuität erhalten bleibt.

Zu einem Sannyasin, der verstört ist, seit sein Freund vor kurzem gestorben ist:

Man muß ein paar Dinge verstehen. Erstens: Du akzeptierst den Tod nicht; genau da liegt das Problem. Du klammerst dich zu sehr ans Leben.

Und glaubst du etwa, daß ich die Leute vor dem Sterben schützen sollte? Ich muß ihnen helfen, total zu leben, total zu sterben – das ist meine Aufgabe. Für mich ist der Tod genauso schön wie das Leben. Du hast eine gewisse Vorstellung, wonach ich die Leute vor ihrem Tod schützen sollte. Aber so wäre ich gegen sie. Der Tod ist schön, nichts ist verkehrt daran. In Wirklichkeit ist vielleicht das Leben manchmal verkehrt, der Tod jedoch ist nie verkehrt, denn der Tod ist eine Entspannung, der Tod ist eine Hingabe.

Du erschaffst das Problem aus deiner Angst heraus; es hat nichts mit dem verstorbenen Sannyasin zu tun. Sein Tod hat dich verstört. Er hat dir die Tatsache ins Bewußtsein gerufen, daß auch du eines Tages sterben mußt, und das kannst du nicht akzeptieren. Jetzt möchtest du von mir getröstet werden. Ich tröste aber niemanden. Ich gebe dir nur die Wahrheit, und der Tod ist genauso wahr wie das Leben.

Die Menschen leben jedoch mit der Vorstellung, der Tod sei etwas Feindseliges, man müsse ihn fliehen; solange man ihn fliehe, sei alles gut – man muß irgendwie weiterleben, man muß sich weiterschleppen. Auch wenn das Leben keine Bedeutung mehr hat, muß man weiterleben. Man mag leiden, man mag gelähmt sein, man mag verrückt sein; man mag niemandem von Nutzen sein, man mag sich selbst eine Last sein, jeder Augenblick mag nur noch ein häßliches Leiden sein, aber man muß trotzdem weiterleben – als hätte das Leben einen Wert an sich. Das ist das Bild, das in den Köpfen der Leute herumgeistert. Der Tod ist tabu. Für mich ist er das aber nicht. Für mich sind sowohl das Leben als auch der Tod schön; es sind zwei Aspekte derselben Energie.

Ich muß dir daher helfen zu leben, und ich muß dir helfen zu sterben; das ist meine Art, dich zu beschützen. Laß dies absolut klar sein, sonst wirst du immer verwirrt bleiben. Jemand ist krank ... ein Sannyasin wird krank, und auf einmal beginnt er sich zu fragen, ob er mir vertrauen kann, wo er doch krank geworden ist. Ich bin nicht hier, um dich vor Krankheit zu schützen. Ich bin hier, um dir zu helfen, die Krankheit zu verstehen, sie still zu durchlaufen, sie zu beobachten, sie gelassen anzuschauen. Die Krankheit ist ein Teil des Lebens. Wenn also jemand denkt, ich müsse ihn vor Krankheiten schützen, wird er mich nie verstehen können; dann ist er aus dem falschen Grund hier.

Wenn er stirbt, werde ich ihm helfen zu sterben. Der Tod kann eine Herrlichkeit sein, er kann ein Gipfelpunkt sein. Der Tod verstört die Menschen immer, weil sie ihn zurückweisen. Du weist den Tod zurück, du bist gegen ihn. Du möchtest nicht sterben, du möchtest für immer und ewig hierbleiben.

Das ist nicht möglich.

Es gibt keine Sicherheit, darum ist die Existenz so schön. Stelle dir eine Rosenblüte am Morgen vor, die sich in Sicherheit wiegen möchte. Was wird geschehen? Wenn die Rose wirklich in Sicherheit wäre, würde sie zu einer Plastikblume – andernfalls ist alles unsicher. Vielleicht kommt ein starker Wind auf, und die Blütenblätter fallen ab. Vielleicht kommt ein Kind angerannt und pflückt sich die Blume. Vielleicht kommt ein Pfau hergeeilt und frißt sie auf. Alles mögliche kann geschehen – kein Kind kommt, kein Pfau und kein Wind, aber am Abend ist sie verwelkt. Auch wenn nichts geschieht, wird sie vergangen sein.

Genau darum ist die Rose so schön: Sie lebt umgeben vom Tod, sie fordert den Tod heraus, sie fordert die Winde heraus.

Eine so kleine, so winzige Blume und eine derart große Herausforderung, die sie über alle Schwierigkeiten und über alle Gefahren hinaushebt. Auch wenn es nur für ein paar Minuten oder ein paar Stunden ist, spielt das keine Rolle, die Zeit ist unwesentlich – sie hat ihren Tag, sie hat gelebt. Sie hat mit den Winden gesprochen, mit der Sonne und mit dem Mond, sie hat sich die Wolken angeschaut. Sie hat eine große Freude verspürt, eine große Leidenschaft! Dann stirbt sie. Sie klammert sich nicht fest. Eine Rose, die sich festklammert, ist häßlich – nur die Menschen werden so häßlich. Wenn es Zeit wird, stirbt sie einfach und verschwindet zurück in die Erde, woher sie gekommen ist. Es gibt keine äußere Sicherheit, es gibt keine innere Sicherheit. Unsicherheit ist der Stoff, aus dem das Leben ist.

Darin liegt der Unterschied zwischen meinem Wirken und

dem Wirken anderer Lehrer. Sie geben dir Sicherheit, ich nehme dir jede Sicherheit weg. Ich rufe dir die Schönheiten des Lebens ins Bewußtsein – seine Risiken, seine Gefahren, seine Unsicherheiten. Ich mache dich empfindsamer. Und in dieser erhöhten Empfindsamkeit liegt eine große Herausforderung, ein Abenteuer. Dann kümmert man sich nicht mehr darum, ob es ein Morgen gibt oder nicht – das Heute ist mehr als genug. Wenn wir lieben können, wenn wir leben können, ist dieser Tag mehr als genug.

Eine Sannyasin fürchtet, Osho könnte sterben, während sie weg ist.

Nein, nein! Du wirst hier sein, wenn ich sterbe. Mache dir deswegen keine Sorgen. Und ich werde nicht so bald sterben, ich muß mich um so viele Leute kümmern, hmm? Ich muß die Leute, die ich eingeweiht habe, in einen gewissen Zustand bringen – erst dann kann ich gehen, vorher nicht.

Ich werde es schon schaffen, mache dir keine Sorgen. Sei einfach glücklich hier, hmm?

Solange wir das Ewige nicht gefunden haben, sind wir heimatlos. Nur das Ewige kann zufriedenstellen, weniger bringt nichts. Man kann zwar dem Vergnügen nachjagen, aber schon bald hat man es satt, man wird seiner bald überdrüssig, es wird langweilig, es wiederholt sich. Man kann zwar glücklich sein, aber wie lange kann man mit Spielzeug herumspielen? Schön und gut, aber Spielzeug bleibt Spielzeug – man braucht etwas Substantielleres, etwas, das mehr nährt. Glückseligkeit ist genau das!

Und oh Wunder – sie ist bereits in dir. Du mußt nirgendwo hingehen, um sie zu finden, ganz im Gegenteil: Du mußt dich von allem zurückziehen, damit du wenigstens ein paar Augenblicke in dir sein kannst. Das nenne ich Meditation – sich eine Zeitlang von der äußeren Welt zurückziehen, um sich im tiefsten Teich seines Bewußtseins zu entspannen.

Sobald du einmal angefangen hast, die Freude dieser Ruhe zu kosten, näherst du dich deinem Zuhause, dem Ewigen.

Jedes Kind kommt in tiefer Glückseligkeit zur Welt. Dann aber beginnen wir ihm die Sprache des Elends beizubringen, und wir bürden ihm so viele Dinge auf, daß sein natürliches, spontanes Wesen ganz langsam von Tausenden von Schichten überlagert wird – daß es alles vergißt. Es vergißt sich selbst.

Die Funktion des Meisters besteht darin, dich daran zu erinnern, daß du es zwar vergessen haben magst, daß es aber immer noch da ist. Du brauchst nur etwas zu graben.

Du trägst mich in dir

Bei Sannyas geht es einzig darum, daß du auf mich und nicht auf deinen Verstand hörst. Du mußt also nur eine einzige Entscheidung treffen. Entweder hörst du auf deinen Verstand – dann geht alles wie gewohnt weiter, du willst es so und mußt also leiden –, oder du entscheidest dich, auf mich zu hören. Dann vergiß deinen Verstand, laß den Verstand Selbstmord begehen. Er wird Selbstmord begehen, wenn er nicht mehr benötigt wird.

Denke also darüber nach.

Wenn du wirklich wachsen möchtest, wenn du dem Glück entgegenwachsen möchtest, mußt du mit diesen Gedankenspielereien aufhören. Dann tue, was ich dir sage. Du wirst eine tiefe Erfüllung darin finden, denn nun liegt die Verantwortung nicht mehr bei dir. Ich sage dir, was du tun sollst. Du bist davon befreit.

Du mußt spirituell unscheinbar sein ...

Du mußt spirituell unscheinbar sein – ein Niemand. Und ein Niemand zu sein macht dich stark. So kann dich keiner besiegen, denn es gibt niemanden zu besiegen. Keiner kann dich umbringen, denn niemand ist da, den man umbringen könnte.

In diesem Sinn ist Jesus stark. Er wurde gekreuzigt. Seine Jünger warteten auf irgendein Wunder. Sie müssen eine falsche Vorstellung von Stärke gehabt haben, etwas völlig Unspirituelles. Sie glaubten, Jesus würde seine Macht ausspielen, er würde irgendein Wunder vollbringen, aber nichts dergleichen geschah. Jesus starb einfach, mit einer unglaublichen Hingabe, völlig losgelöst. Im letzten Moment sprach er die Worte: »Dein Reich komme. Dein Wille geschehe.« Er löschte sich selbst völlig aus.

Er wurde zum Niemand, zu einer Leere. Darin liegt seine Schönheit. Hätte er irgendein Wunder vollbracht, wäre er ein gewöhnlicher Mensch gewesen, denn so hätte er sich auf seinen eigenen Willen verlassen. Er vertraute Gott. Er sagte: »Tue, was immer du tun möchtest. Wenn du möchtest, daß ich sterbe, heiße ich es willkommen. Wenn du möchtest, daß ich lebe – die Entscheidung liegt bei dir. Ich mische mich nicht ein.«

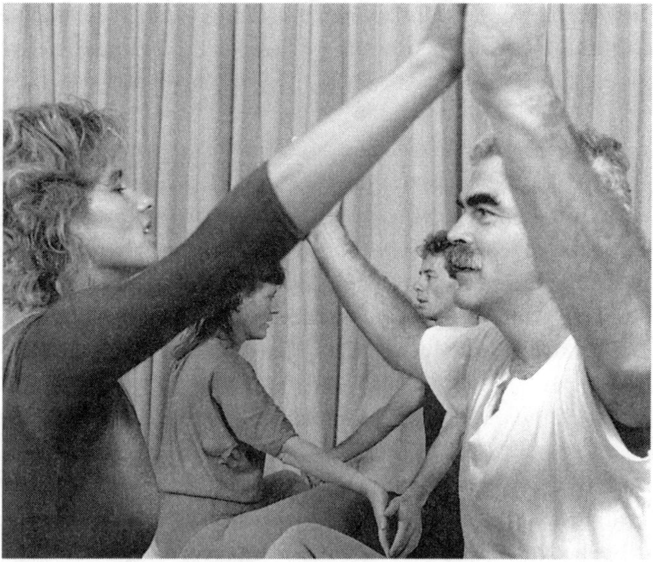

Es gibt nur zwei Augenblicke, da der Meister absolut notwendig ist. Der erste ist gekommen, wenn du deine Reise antrittst. Noch wichtiger aber ist der zweite Zeitpunkt, wenn du zur Zone des Zwielichts gelangst. Das ist der bedeutsamste Augenblick in der Meister-Schüler-Beziehung, denn nur der Meister kann dich in die unbekannte Welt des Lichts stoßen.

Wenn du sie einmal betreten hast, wirst du von ihrem Zentrum angezogen wie von einer Schwerkraft; sie hat ihren eigenen Magnetismus. Wenn du in ihr Wirkungsfeld gelangt bist, wirst du angezogen; dann kannst du nicht mehr umkehren, dann gibt es kein Zurück mehr. Sobald du das Zentrum erreicht hast – in Indien nennen wir es Samadhi – ... aus dem Samadhi kann man nicht mehr zurückfallen. Darin liegt der Unterschied zwischen Samadhi und Satori: Man kann hundert Satoris haben, man kann jedoch nur ein Samadhi haben. Es ist der Augenblick der Erleuchtung. Zum ersten Mal bist du dir voll bewußt, wer du bist und worum es in diesem Leben geht. Es ist buchstäblich eine Erleuchtung – du bist zu Licht geworden. Das ist das Ziel von Sannyas.

Deine Energie fließt schön, aber du bist zu gierig – du willst es zu schnell. Das bringt dich in Schwierigkeiten. Es braucht Zeit. Es nimmt seinen eigenen Lauf. Und hier kannst du in Schwierigkeiten geraten, wenn du zu ungestüm bist. Wenn dir die Dinge über den Kopf wachsen, kannst du verrückt werden.

Laß es daher langsam wirken, sonst wirst du es nicht aushalten können. Wenn du zu viel zu schnell willst, kannst du überschnappen.

Ich gehe darum sehr langsam mit dir, denn du bist nahe am Rand – ein kleiner Stoß, und du bist weg. Ich muß dir homöopathische Dosen verabreichen – ganz, ganz langsam. Du möchtest sie schnell, doch du verstehst nichts davon. Wenn es zu schnell geht, muß ich es sofort bremsen, sonst wirst du nie mehr zu deiner geistigen Gesundheit zurückfinden.

In tiefe Meditation einzutauchen heißt ein großes Risiko einzugehen. Wenn du langsam gehst – gut. Ganz langsam absorbierst du es und wirst fähig, es zu ertragen. Wenn es zu schnell passiert, wirst du nicht verstehen können, was geschehen ist, und du wirst nie mehr zu deiner geistigen Gesundheit zurückfinden können.

In Indien sind auf diese Weise seit Jahrhunderten viel zu viele Menschen verrückt geworden. Du kannst auch heute noch viele verrückte Sannyasins finden. Und der Grund ist nur der, daß sich niemand um sie kümmert, niemand ihre Energie eindämmt, wenn sie nicht gebraucht wird, und sie wenn nötig wieder freisetzt. Darin liegt die ganze Funktion des Meisters.

Und ich darf nicht auf dich hören – denn wenn ich das tue, bin ich verantwortlich, wenn du verrückt wirst, nicht du. Akzeptiere also einfach das Wachstum, das sich einstellt, das sich ganz langsam einstellt – es ist gut so. Langsam, langsam kommst du mit ihm in Einklang, hmm? Zur Zeit kannst du noch nicht rennen; es ist besser, langsam zu gehen. Wenn du einmal rennen kannst, sage ich dir, du sollst rennen.

Genieße, was auch geschieht, und sei zutiefst dankbar dafür. Gerade jetzt ist eine tiefe Zufriedenheit vonnöten – das hilft der Energie, sich zu legen. Wenn sie sich einmal gelegt hat, kommt der nächste Schritt. Wieder eine tiefe Zufriedenheit, und wieder legt sie sich; dann ein weiterer Schritt – aber schön Schritt für Schritt!

Es ist möglich, das Leben zu leben, ohne zu wählen – einfach zu beobachten, ohne zu wählen. Und durch das Beobachten beginnt das Richtige zu geschehen, ohne daß du es wählen müßtest; es beginnt von selbst zu geschehen. Etwas wird geschehen. Wenn du nicht wählst, wird es geschehen. Wenn du nicht wählst, wählt Gott für dich, wählt das Ganze für dich. Und das ist die richtige Wahl – wenn das Ganze für dich wählt und du einfach nur noch in einer empfänglichen Haltung wartest, bereit, dich auf den Weg zu machen. Aber laß das Ganze für dich wählen.

Und wenn man mit einem Meister ist, wird es einfacher: Du kannst es jeweils mir überlassen. Das bringt dir viel Freiheit, denn so brauchst du dir nicht den Kopf zu zerbrechen, du brauchst nicht angespannt zu sein, du brauchst dich nicht hin und her zu wälzen und ständig in einem inneren Durcheinander und Chaos zu leben. Sobald du nicht mehr nach Alternativen suchst, wird das Leben sehr einfach, sehr unschuldig und kindlich. Und aus dieser Unschuld heraus kommt alles, was nötig ist. Darum wiederholt Jesus stets von neuem: »Solange ihr nicht seid wie kleine Kinder, werdet ihr nicht ins Reich Gottes eingehen.« Unschuld ist wahllose Bewußtheit. Man vertraut dem Leben, man vertraut darauf, daß alles, was kommt, gut sein wird.

Lebe also von diesem Moment an in einer wahllosen Stille, und du wirst überrascht sein, wieviel Freiheit und wieviel Freude in gewöhnlichen, alltäglichen Dingen möglich ist. Essen kann zur Feier werden, Schlafen kann eine Meditation sein, Schwimmen kann Ekstase sein, denn du beginnst dich mit dem Ganzen eins zu fühlen: Du wählst nicht, du hast keine Vorlieben, du hast weder Neigungen noch Abneigungen.

Du warst dein ganzes Leben lang ein Macher – und dieser Macher fordert seinen Tribut. Er erzeugt einen subtilen angespannten Zustand ... sehr gespannt. Wenn du immer ein Macher gewesen bist, wirst du dir dessen nicht einmal bewußt, doch es erzeugt eine subtile Spannung, die sich wie ein Film um dich herum bildet. Du bist dir dessen nicht bewußt, doch es verhindert manches.

Wenn du schon den Sprung gewagt hast, laß ihn total sein. Erlaube mir, durch dich hindurch zu wirken, und ein großes Lied wird erklingen.

Deine alten Gewohnheiten werden dich drängen, etwas damit anzufangen – zu arrangieren, zu manipulieren, zu planen, zu dekorieren, hier und dort ein wenig zu verändern – aber ganz langsam wirst du dir bewußt werden, daß das Lied schon vollständig ist, so wie es ist, und du gar nichts zu tun brauchst ... Retuschen sind keine nötig. Spontanität entsteht. Jetzt kannst du vieles tun, ohne je zu ermüden. Du kannst Millionen von Dingen tun, ohne dich je verbraucht zu fühlen, denn in Wirklichkeit hast du sie gar nie getan.

Und ich bin nur ein Vorwand. Wenn ich sage: »Laß mich zu«, bin ich nur ein Vorwand. Wenn du mich zuläßt, läßt du Gott zu. Wenn du mich zuläßt, läßt du in Wirklichkeit dich selbst zu. Das sind nur Tricks. Richtig verstanden überläßt du die Führung deinem innersten Kern, wenn du mich zuläßt. Wenn *du* es arrangierst, hat die Peripherie das Sagen, und dem innersten Kern wird keine Freiheit gewährt. Was geschieht, ist stark entstellt.

Sei einfach ein hohles Bambusrohr, und laß mich ein Lied singen – und vieles wird geschehen.

Wenn Energie zu fließen beginnt, kommt Angst auf. Sich auf irgendeine Meditation einzulassen heißt mit dem Feuer zu spielen. Man sollte sich nicht bloß aus Neugierde darauf einlassen – das kann gefährlich sein. Wenn nichts passiert, besteht kein Problem. Und bei neunzig Prozent aller Leute passiert nichts, somit besteht kein Problem. Aber bei ein paar wenigen Leuten setzt sich etwas in Bewegung, dann besteht Gefahr, denn du hast einer gewissen Energie die Tür geöffnet, ohne zu wissen, was es ist, ohne zu wissen, wohin du sie lenken sollst, was du mit ihr tun sollst. Sie kann starke Störungen hervorrufen. Und ohne einen Meister kann man verrückt werden.

Im Osten haben wir deshalb niemandem erlaubt, so etwas zu tun, ohne daß ein Meister zugegen ist. Nur wenn jemand da ist, der sich um dich kümmert, der um die Möglichkeiten weiß, der alle Alternativen kennt, die dir zustoßen können, der weiß, ob du am Rand des Wahnsinns bist – nur ein Schritt, und du kannst überschnappen ... denn du machst eine Gratwanderung. Wenn alles gutgeht, kommt es zu einer großen Synthese, dein ganzes Wesen wird eins. Zum ersten Mal weißt du, was Individualität ist. Zum ersten Mal bist du integriert, und ein ungeheurer Segen überschüttet dich.

Ohne Meister besteht jedoch die Möglichkeit, daß es eher schiefgeht als richtig läuft, denn du selbst tappst im dunkeln.

Und wenn etwas schiefgeht, entsteht eine Spaltung, eine Schizophrenie, eine doppelte Persönlichkeit. Für den modernen Menschen ist diese Gefahr sehr, sehr groß – besonders in Kalifornien, denn dort werden alle möglichen Lehren angeboten. Das war früher nicht so, das widerspricht der alten Tradition. Die Lehren waren nicht allgemein zugänglich, sie wurden mehr oder weniger geheimgehalten. Die Lehren waren nur Leuten zugänglich, die wirklich bereit waren, sich auf sie einzulassen, die nicht bloß neugierig waren – Leuten, die bereit waren, etwas zu riskieren, die bereit waren, sich hinzugeben. Das ist eins der größten Probleme. Es ist einfach, ein Buch zu lesen, aber es ist sehr schwierig, einen Meister zu akzeptieren, denn beim Lesen bleibst du selbst der Meister. Du kannst mit diesem oder jenem herumspielen und vielerlei ausprobieren.

Die Lehren sind noch nie zuvor so allgemein zugänglich geworden wie heute. Die Büchse der Pandora steht weit offen. Und nicht nur eine Lehre steht zur Verfügung – Tausende von Lehren stehen heute zur Verfügung, die sich alle diametral widersprechen. Viele Leute sind ihnen bereits zum Opfer gefallen. Sie wissen über alles Bescheid – der reinste Mischmasch! Jedes System funktioniert wieder anders – funktioniert zwar mit derselben Energie, aber auf verschiedene Art und Weise, mit unterschiedlichen Hilfsmitteln. Und wenn du vieles weißt, wirst du konfus. Eins wird mit etwas anderem verknüpft, und du gerätst völlig durcheinander. So kann man nur sehr schwer wachsen. Es besteht eher die Gefahr, dabei überzuschnappen.

Wenn du nicht integriert bist, ist alles und jedes gefährlich. Dann ist es besser, mit einem Meister zu sein und einer Linie zu folgen. So bleibt alles klar. Und wenn jemand zugegen ist, der weiß, was dir bevorsteht, kann er für dich planen. Du selbst kannst nicht planen, weil du nicht weißt, was auf dich zukommt. Suche dir also besser einen Meister, als aus Büchern zu lernen.

Sei mit jemandem und folge seinen Anleitungen. Ein Buch ist

etwas Totes. Es wurde nicht speziell für dich geschrieben. Vielleicht enthält es nur eine allgemeine, abstrakte Lehre, die sich nicht an jemand besonderen wendet. Wenn ich jedoch zu dir spreche, spreche ich zu *dir,* ich spreche nicht zu jemand anderem. Und alles, was ich zu dir sage, ist keine allgemeingültige Feststellung – es ist an dich gerichtet, es ist für dich gedacht. Ich kümmere mich um deine Bedürfnisse, um deine Möglichkeiten, um dein Potential, um deine Vergangenheit, um deine Zukunft. So folgst du einem sicheren Weg.

Ein Sucher muß daher als erstes einen Meister finden. Das ist sehr schwierig, denn wie soll man entscheiden? Wie soll man wählen? Der alte Weg des Ostens besteht darin, von einem Meister zum anderen zu ziehen. Du kannst nicht auf Anhieb entscheiden, das geht nicht, du hast keinen Anhaltspunkt; du mußt also umherziehen und deinem Gefühl folgen. Irgendwo, mit irgendwem fühlst du dich plötzlich wohl. Ein gewisser Einklang entsteht, Rhythmen fallen zusammen; etwas fühlt sich zu Hause. Es ist wie eine Vorahnung ... etwas klickt. Einen Augenblick lang hast du eine Vision, daß du den Richtigen gefunden hast – die Suche hat ein Ende. Dann hast du den größten Schritt in deinem Wachstum bereits getan. Einen Meister zu finden ist schon fast die halbe Arbeit – du hast fünfzig Prozent des Weges zurückgelegt. Der schwierigere Teil ist vorbei – jetzt kann die Reise zum Tanz werden. Du wirst lachen und dich freuen, denn jetzt bist du in sicheren Händen.

Entspannung widerstrebt dem Ego. Das Ego ist absolut glücklich, solange du angespannt bist; das Ego lebt von Spannungen, es nährt sich von Spannungen. Wenn du angespannt, beschäftigt bist, dies und jenes tust, an dieses und jenes denkst, wenn du zerstückelt bist und überall hinrennst, dann ist das Ego überglücklich. So kann es nicht sterben, so fürchtet sich das Ego nicht. Wenn du aber still dasitzt und mir zuhörst, wenn du dich entspannst oder mit geschlossenen Augen dasitzt, verschwindet die Spannung, und sobald die Spannung verschwunden ist, fühlt sich das Ego in Gefahr. Wenn die Anspannung verschwindet, hast du dem Ego den Boden unter den Füßen weggezogen. Das geschieht nur in der Entspannung.

Von alters her haben die Meister die Menschen gelehrt, sich zu entspannen – aus dem einzigen Grund, weil das Ego verschwindet, sobald du dich entspannst. Das Ego und das Bewußtsein können sich nicht zusammen entspannen: Das Ego kann sich gar nicht entspannen, und ein entspanntes Bewußtsein kann kein Ego haben.

Es ist wie schmelzendes Eis. Wenn das Eis schmilzt, verschwindet das Eis; Eis kann es nur bleiben, wenn es am Schmelzen gehindert wird. Entspannung ist ein Schmelzen, und das tiefgefrorene Eis des Egos kann nicht weiterbestehen, wenn alles zu tauen anfängt. Das Ego kann nur existieren, solange du gefroren, zusammengezogen und angespannt bleibst.

Habe keine Angst, ich bin bei dir. Das ist mein ganzer Zweck hier, das ist die Bedeutung von Sannyas: Immer wenn Gefahr droht, kannst du mich um Hilfe bitten, kannst du mir vertrauen und weitergehen. Du kannst dir ständig vor Augen halten, daß ich zugegen bin. Wenn etwas schiefgeht, werde ich mich darum kümmern.

Immer wenn du traurig bist, denke an mich. Das hast du noch nicht gelernt, und so verpaßt du manches. Erst kürzlich habe ich eine kleine Anekdote gelesen, die mir sehr gefällt:

Ein Vater sitzt in seinem Garten, sein kleines Kind spielt – es versucht einen Stein hochzuheben, der ihm zu groß ist. Es ist praktisch unmöglich. Das Kind gibt sich zwar alle Mühe und versucht es auf jede erdenkliche Weise, auf diese und jene Art. Es pustet und keucht, versucht es immer wieder und kommt ins Schwitzen.

Frustriert und müde setzt es sich schließlich auf den Stein. Der Vater sagt: »Hast du es mit deiner ganzen Kraft versucht?«

Und das Kind sagt: »Ja, sicher, ich habe es mit meiner ganzen Kraft versucht.« Der Vater sagt: »Nein, denn mich hast du nicht gefragt.«

Das hat mir gefallen ... denn das gehört ebenfalls zur Stärke eines Kindes.

Wenn du also traurig bist, so frage mich. Zerre nicht einfach weiter an dem Stein herum. Manchmal ist er zu schwer, und du kannst ihn nicht hochheben.

Mich zu fragen zählt zu deiner Stärke. Dafür bin ich hier.

Wenn du zu jener inneren Flamme gelangst, wird der Weg wirklich mühsam werden, mit vielen Fallen. In der Dunkelheit stolpert man; in der Dunkelheit stößt man sich an; in der Dunkelheit fällt man hin und muß sich wieder aufrappeln. Man braucht ständig Zuspruch, man braucht ständig Unterstützung. Man braucht jemanden, der einen daran hindert, einfach wegzulaufen und zu entfliehen.

Das ist die Funktion des Meisters – dich bei der Hand zu nehmen und dir zu sagen: »Habe keine Angst, das Ziel ist nicht mehr weit, es ist gleich um die Ecke.« Es ist nie gleich um die Ecke, vergiß das nicht, doch der Meister sagt immer, es sei gleich um die Ecke. Und eines Tages ist es das auch. Aber diesen Tag muß man abwarten. Man muß Geduld üben.

Niemand nimmt gern einen Rat an. Und ich muß diese Sünde ständig begehen – ich muß Leute beraten: »Tue dies, tue jenes!« Niemand will einen Rat annehmen, denn das geht sehr gegen das Ego. Jemandes Rat anzunehmen bedeutet, daß du selbst unwissend bist und jemand anderes weiß. Am liebsten würde man es daher auf alle möglichen Arten vermeiden – im Spaß vielleicht, aber man möchte es vermeiden.

Wenn du bei mir bist, bist du in meinem Licht. Dann gehst du nicht in der Dunkelheit. Wenn du von mir weggehst, bist du in deiner Dunkelheit – mein Licht ist nicht mehr da.

Es ist wie wenn zwei Reisende durch die dunkle Nacht wandern. Der eine hat eine Lampe, der andere geht einfach weiter ... das Licht fällt auf die Straße. Dann kommt der Punkt, wo sie sich trennen. Der Mann mit der Lampe sagt: »Ich muß jetzt nach Süden weiter«, und der Mann ohne Lampe sagt: »Ich muß nach Norden.« Plötzlich ist es dunkel um ihn herum. Vielleicht hat er völlig vergessen, daß Dunkelheit herrscht, denn das Licht stand ihm ständig zur Verfügung.

Du mußt deshalb lernen, dein eigenes Licht anzuzünden. Solange du mit mir bist, scheint alles sehr einfach, weil alles einfach *ist.* Solange du mit mir bist, lösen sich die Probleme einfach auf, denn ich habe keine Probleme. Wenn du einfach nur hiersitzt und mir zuhörst, beginnst du höher und höher in deinem Bewußtsein zu steigen. Von diesem Punkt aus erscheinen alle Probleme, die du mit dir gebracht hast, absurd und sinnlos. Du läßt sie weit zurück. Sie gehören unten ins Tal, du aber steigst zu einem Gipfel hoch, und dort geht die Sonne auf. Wenn du aber wieder weg von hier bist, fällst du langsam in dein altes Wesen zurück – zurück ins Tal, zurück in die Dunkelheit. Die Probleme sind wieder da, hüpfen um dich herum, dringen auf dich ein und rücken von allen Seiten näher.

Wenn du also hier bei mir bist, mußt du eines lernen: Probleme werden nie gelöst. Man muß höher im Bewußtsein steigen.

Wenn ein siebenjähriges Kind ein gewisses Problem hat, kann man es nicht wirklich lösen. Wenn das Kind jedoch acht wird – nach einem Jahr –, verschwindet das Problem. Wenn es zwanzig wird, verschwinden alle Probleme der Kindheit ganz von selbst. Nicht daß sie gelöst worden wären – man ist ihnen entwachsen. Wenn man jung ist, hat man seine Probleme; wenn man älter wird, verschwinden sie und verlieren ihre Bedeutung. Man kann sich nicht einmal mehr an sie zurückerinnern.

Kein Problem wird je gelöst. Die einzige Möglichkeit, es zu lösen, besteht darin, sich auf eine höhere Bewußtseinsebene zu begeben. Statt also von einem Problem besessen zu werden und dich zu erkundigen, wie es gelöst werden kann, wendest du deine ganze Energie dafür auf, dein Bewußtsein zu erhöhen. Werde wachsamer und bewußter. Hier mit mir beginnst du mit meiner Bewußtheit mitzuvibrieren, du vergißt deine alten Gewohnheiten, du beginnst mit mir zu lachen. Wenn du jedoch wieder in dein altes Muster zurückfällst, tauchen die Probleme erneut auf, und alles, was geschehen ist, während du hier bei mir warst, erscheint dir wie ein Traum; es ist nicht mehr wirklich.

Höre darum nicht darauf, *was* ich sage. Versuche lieber zu verstehen, von wo aus ich es sage, wo ich stehe, wo es dich durch meine Präsenz hinzieht, welcher Friede dir zuteil wird, wenn du hier bist. Höre auf das! Kümmere dich nicht zu sehr darum, was ich sage.

Bei einer deutschen Sannyasin wurde eine Hodgkin-Krankheit diagnostiziert, ein meist tödlich verlaufender Lymphdrüsenkrebs. Osho fragt sie, wann sie es selber gemerkt habe.

Jyoti: Ich wußte schon lange, daß etwas nicht stimmt. Jetzt weiß ich Bescheid, und es ist gut.

Hmm. hmm. Und was macht dir der Körper für Probleme, abgesehen davon, was die Ärzte sagen?

Sie haben begonnen, mich mit sehr, sehr starken Medikamenten zu behandeln. Heute ging ich allerdings nicht hin, um die Medizin zu nehmen. Ich habe das Gefühl, ihre Behandlung sei sinnlos, sie ist lächerlich. Mein Körper ist vergiftet – die Drüsen können nicht mehr arbeiten, weil sich zuviel Gift angesammelt hat. Ich muß also das Gift loswerden und nicht noch mehr Gift von den Ärzten einnehmen! Das habe ich gespürt. Ich fühle ... ich empfinde diese Krankheit als einen Segen!

Das ist sie. Das ist sie.

Ja.

Wenn der Tod an die Tür klopft, ist das eine der größten Chancen im Leben – die größte, die größtmögliche Chance. Es gibt nur eins, was sich mit ihr dürftig messen könnte, und das ist die Liebe. Sie kann sich aber nur dürftig mit ihr messen.

Wenn der Tod an die Tür klopft, hängt alles davon ab, wie du darauf reagierst. Wenn du auf freundliche Weise darauf reagieren kannst, in einer empfänglichen Haltung, kann der Tod in ewiges Leben transformiert werden. Wenn du dich ans Leben klammerst, wirst du von ihm besessen; dann hast du eine weitere Gelegenheit verpaßt.

Der Tod kommt für jeden – welchen Vorwand er benutzt, ist unwichtig, Hodgkin oder Husten spielt keine Rolle, das sind nur Vorwände. Der Tod kommt, und zwar mit absoluter Gewißheit. Vorwand hin oder her, er kommt. In Wirklichkeit dringt er im Augenblick unserer Geburt in unser System ein. Von diesem Augenblick an beginnen wir zu sterben. Und es ist gut, wenn er wie ein Schock kommt, denn viele Leute sterben ganz, ganz langsam. Sie werden sich dessen nie bewußt, und sie können die Gelegenheit nie wahrnehmen. Sie sterben in ihren Betten; langsam, langsam verschwinden sie Stück für Stück, hmm? Du aber wirst auf einen Schlag sterben.

Du kannst die Gelegenheit wahrnehmen, und du kannst sie auch transzendieren. Der Schock kann eine Wende bringen, eine Mutation hervorrufen. Benutze diesen Schock.

Und ich bin nur da, um dir zu helfen. Benutze diesen Schock mit Freude: Tanze und singe und meditiere weiter. Wenn du meditativ, liebevoll, mit Freude, mit einem Halleluja im Herzen sterben kannst, dann laß all diese Gifte ruhig da sein.

Ich weiß nicht, ob ich dagegen ankämpfen soll, ob ich nicht versu-

chen sollte, wieder gesünder zu werden oder ... es zu akzeptieren.

Darauf komme ich gerade.

Erstens: Freue dich. Genieße es – schon der Gedanke daran ist schön. Phantasiere über den Tod, laß ihn zu deiner Meditation werden, fürchte dich nicht davor. Und niemand kann gegen den Tod ankämpfen, wir können nur um Zeit kämpfen.

Niemand kann gegen den Tod ankämpfen, wir können ihn nur ein wenig hinauszögern. Und ihn hinauszuzögern ist gar nicht schlecht. Du mußt dich mit den Ärzten abfinden und brauchst dir keine Sorgen zu machen. Gift kann nur mit Gift beseitigt werden; schwache Mittel helfen jetzt nichts mehr. Das Gift kann nur durch ein Gegengift besiegt werden, das ebenfalls ein Gift ist. Es ist, als hättest du einen Dorn im Fuß. Du kannst ihn nur mit einem anderen Dorn herausnehmen, anders geht es nicht. Du mußt einen anderen Dorn im Garten finden, um ihn herauszuziehen, und dann beide Dornen wegwerfen.

Vielleicht kann ich ihn mit den Fingernägeln herausziehen, wenn ich sehr vorsichtig und behutsam bin.

Nein (lächelnd), das geht nicht. Diesen Dorn kannst du nicht mit den Fingernägeln herausziehen.

Gut.

Du mußt dich mit den Ärzten abfinden. Auch das mußt du akzeptieren.

(Ihr Gesicht wirkt eher zerbrochen als verstört, als würde sich eine Vielzahl von Emotionen darauf abspielen. Sie hat Tränen in den Augen, die etwas von dem Aufruhr enthüllen, in dem sich ihr ganzes Wesen befinden muß.)

Osho, es ist so schwierig. Diese Ärzte sagen mir: »Gehe in den Himalaja und sieh dich dort nach einem anständigen Guru um. Du bist doch intelligent – warum gehst du nur zu diesem Mann?« Es ist so schwierig, ihnen zu vertrauen.

Nein, mache dir keine Sorgen. Kümmere dich nicht um sie. Es geht nicht darum, was sie über mich sagen, hmm? Nimm du einfach deine Medizin – damit haben sie recht. Kümmere dich nicht darum, was sie sagen, denn was wissen sie schon über mich oder über den Himalaja? In der Medizin aber kennen sie sich aus. Sage ihnen also: »Was die Medizin betrifft, höre ich auf euch.« Du nimmst die Medizin. Werde nicht wütend, nur weil sie gegen mich sind.

Sie müssen gegen mich sein – dieses Land ist so orthodox! Daß sie mir hier überhaupt erlauben, am Leben zu bleiben, grenzt schon an ein Wunder; sie könnten mich jederzeit umbringen. Sie versuchen auf jede erdenkliche Art und Weise, meine Arbeit zu stören. Darum geht es hier aber nicht. Sie kennen mich nicht; was immer sie also über mich sagen, ist nicht ...

Frage sie einfach: »Habt ihr ihm je zugehört? Seid ihr je bei ihm gewesen? Der Himalaja ist weit weg, aber seid ihr schon je im Ashram im Koregaon Park gewesen?« Sie sind noch nie hier gewesen, wie können sie also sagen: »Gehe in den Himalaja!« Und wer soll schon dort oben im Himalaja sein?

Kümmere dich nicht darum. Nimm einfach die Medizin. Nimm die Medizin, und versuche die Ärzte für mich zu bekehren – diese Aufgabe machst du weiter! (Gelächter) So wird es zu einem Geben und Nehmen, hmm?

Gut.

Du brauchst aber keine Angst zu haben. Wenn der Tod kommt, kommt er. Wenn er etwas hinausgezögert werden kann, ist nichts verkehrt daran: So kannst du etwas länger mit mir sein. Wenn er kommt, hast du nichts zu befürchten. Du kannst schon bald im Schoß von einer meiner Sannyasins wiedergeboren werden!

Ja.

Alles ist gut, was auch geschieht. Entspanne dich einfach – nimm die Medizin und entspanne dich. Meditiere und tanze und mache dir überhaupt keine Sorgen.

(Zu seiner Sekretärin) Haben wir eine Dose? Hast du noch keine Dose, Jyoti?

Ich habe eine, aber ich habe sie mißhandelt.

Was ist geschehen?

Ich habe sie immer noch, aber es fällt mir sehr schwer, mit den Sachen, die ich am meisten liebe, vorsichtig umzugehen.

(Osho ist still und betrachtet sie. Sie setzt zum Sprechen an, hält aber unvermittelt inne, macht eine Geste der Sinnlosigkeit und scheint Osho zu bitten, nicht weiter in sie zu dringen.)

Nein, du brauchst dir keine Sorgen zu machen – du kannst sie manchmal ruhig auch mißhandeln. In der Liebe geht das in Ordnung. Meine Sannyasins mißhandeln mich auch. Das ist Teil ihrer Liebe. Sie kennen nichts Besseres, hin und wieder ist das also in Ordnung. Die Dose wird dir nicht böse sein.

Gut.

Ich lehre Totalität, nicht Perfektion

Ich verlange von niemandem, perfekt zu sein. Vollkommenheit brauchst du nicht erst zu erlangen, sie ist deine Natur. Du brauchst sie nicht zu erlangen, du mußt sie nur entdecken.

Ich bin kein perfekter Mensch. Niemand kann je vollkommen sein; noch nie ist jemand vollkommen gewesen. Das Leben läßt nicht zu, daß jemand vollkommen ist, denn im Unvollkommenen liegt Wachstum, und das Leben ist ein Phänomen des Wachsens – es ist Evolution. Perfektion ist eine Sackgasse, du kannst nicht über sie hinausgehen. So begehst du Selbstmord.

Du hast eine gewisse Vorstellung von Perfektion, und wenn du mich durch diese Brille betrachtest, wirst du verwirrt. Ich bin kein perfekter Mensch; niemand ist es je gewesen, niemand wird es je sein. Das Leben ist nicht eine Gelegenheit, um perfekt zu werden. Perfektion ist dem Leben fremd.

Hier benutzen wir das Wort Totalität, nicht Perfektion. Man kann jeden Augenblick total sein, doch Totalität ist nicht Perfektion. Totalität ist Ganzheit und Heiligkeit. Wenn du jemanden liebst, liebe total. Ich sage dir nicht, du sollst perfekt lieben; das ist dumm. Das ist zielorientiert. So stellst du etwas über die Liebe – nämlich die Perfektion. Ich sage nur, du sollst dich total darauf einlassen, dich völlig in ihr verlieren.

Hier in der indischen Provinz Maharastra steht ein Tempel, eine der heiligsten Stätten Indiens ...

Man nennt den Tempel Vithoba-Tempel – *Vithoba* ist einer von Krischnas Namen. Man erzählt, ein Jünger Krischnas sei so meditativ geworden, daß Krischna ihm erscheinen mußte.

Als Krischna kam, massierte der Jünger gerade die Füße seiner Mutter. Krischna klopfte an die Tür, und da sie offen stand, trat er ein und setzte sich direkt hinter den Jünger – so viele Jahre hatte dieser geweint und Krischna gebeten, zu ihm zu kommen. Hätte der Jünger nur den Kopf umgewandt, wäre er erfüllt gewesen, seine langen Bemühungen wären von Erfüllung gekrönt worden.

Krischna sagte: »Schau, hier bin ich. Sieh mich an!« Der Jünger jedoch bat ihn zu warten – dies sei nicht der richtige Augenblick, er massiere gerade die Füße seiner Mutter. Der Jünger saß auf einem kleinen Ziegelstein. Er zog ihn unter sich hervor, schob ihn nach hinten und bat Krischna, darauf Platz zu nehmen. Er drehte sich nicht einmal um, um ihn anzuschauen, ihn willkommen zu heißen und ihm zu danken.

Krischna blieb auf dem Ziegelstein sitzen und wartete die ganze Nacht, denn die Mutter konnte nicht einschlafen. Sie lag im Sterben, und der Jünger konnte sie nicht allein lassen. Gott mußte warten.

Der Morgen brach an, und die Stadt erwachte. Krischna befürchtete, daß ihn jemand anderes sehen könnte. Und so wurde er zu einer Statue.

Und die Statue befindet sich dort in jenem Tempel. Krischna steht auf dem Ziegelstein und wartet auf den Jünger, der sich nie umdreht! Nur in diesen tiefen Augenblicken der Entsagung – nicht einmal der Wunsch, Gott zu sehen ... und der Jünger erreichte das Höchste.

Komm her! Was ist mit dir?

B*esucher: Ich frage mich, wie ich nach Gott suchen kann. Und ich möchte dich auch um einen Namen bitten. Ich will nicht Sannyasin werden, möchte dich aber fragen, ob du mir nicht einen Namen geben kannst.*

Nein.

Nein? Dann möchte ich also nur wissen, wie ich Gott suchen kann.

Willst du wirklich Gott suchen? Wirklich? Das ist gefährlich!

Ich muß in meinem Leben Risiken eingehen. Es besteht ohnehin keine Überlebenschance.

Hmm. Das ist gut! Warum wirst du dann nicht Sannyasin?

Weil ich keine orangefarbenen Kleider tragen möchte.

Wenn es sowieso keine Chance zum Überleben mehr gibt, wo liegt dann der Unterschied, ob du in diesen Kleidern stirbst oder in Orange? Du stirbst ja sowieso. So stirbst du allein! In Orange werde ich zumindest mit dir sein.

Wie lange kannst du hierbleiben?

Nicht sehr lange ... ich bin jetzt seit einer Woche hier, habe aber viel gelernt, und ich hoffe, daß ich weitermeditieren kann.

Wenn du wirklich nach Gott suchen willst, darfst du als erstes nicht nach Gott suchen – als erstes mußt du deine Augen reinigen. Denn das eigentliche Problem besteht nicht darin, wo nach Gott zu suchen oder wie nach Gott zu suchen – Gott ist überall! Alles, was du brauchst, sind klare Augen, ist Klarheit. Und diese Klarheit erfordert viel Arbeit, denn wir blicken durch dunkle Brillengläser, und so sieht man nichts. Das Glas muß gereinigt und transparent gemacht werden. Jahrhundertelang hat sich Staub darauf angesammelt.

Die Leute suchen ständig nach Gott, aber sie reinigen ihre Augen nicht, sie reinigen ihre Herzen nicht, sie reinigen ihr Bewußtsein nicht. Sie suchen weiter, begegnen Gott aber nie ...

und Gott ist überall, denn nichts außer Gott existiert. Die Frage ist also nicht, wie man Gott sucht; die Frage ist, wie man zu Augen kommt, die Gott sehen können.

Gott ist. Er ist also kein Objekt. Wenn du mich fragst, wo du einen Stuhl finden kannst, kann ich dir sagen, daß dort im Zimmer ein Stuhl steht, und du gehst hin und siehst ihn. Gott ist jedoch kein Objekt, daher kann niemand auf ihn hinweisen – daß du ihn finden wirst, wenn du hierhin oder dorthin gehst. Diese ganze Existenz, dies alles ist Gott. Und du siehst sie bereits an, das ist also nicht das Problem. Du siehst den Baum, du siehst mich, du siehst diese Leute, du siehst dich selbst, wie du vor dem Spiegel stehst. Du siehst das alles, kannst aber Gott nicht sehen, folglich muß etwas mit deinen Augen nicht in Ordnung sein. Und manchmal kann schon wenig Staub die Augen stören; die Augen sind sehr empfindlich. Ein kleines Strohhälmchen, und du wirst fast blind. Und du hast jahrhundertealten Staub angesammelt.

Falls du wirklich nach Gott suchst, bleibe etwas länger, mache vier oder fünf Gruppen hier, hmm? Sie werden dich hart treffen, tief in dir herumstochern und dich hin und her zerren – und das wird dich reinigen. Es ist fast wie Wäsche waschen. Und wenn du diesmal nicht bleiben kannst, komme mindestens für zwei Monate wieder; in zwei Monaten werden wir dich wirklich gründlich reinigen.

Es ist harte Arbeit. Es ist keine Frage der Logik oder der Philosophie, es ist eine Frage der geistigen Klarheit.

Wenn du wirklich an Gott interessiert bist, gib ihm mindestens sechzig Tage Arbeit, hmm?

Eine Frau, die soeben Sannyasin geworden ist, macht sich Sorgen wegen eines Konflikts zwischen ihrer Liebe zu Osho und ihrer Liebe für ihren früheren Meister.

Wenn du mich liebst, wirst du fähig, mehr zu lieben. Liebe

so viele Leute, wie du nur kannst.

Es besteht also überhaupt kein Konflikt. Ich werde dir helfen, ihn noch mehr zu lieben – das ist nicht das Problem. Denn das Ziel ist Liebe – wen du liebst, spielt keine Rolle.

Heute habe ich das wirklich so gespürt, als mir klar wurde, daß ich mir mit meinem Nachdenken etwas versage, was ich brauche.

Nein, denn dein Denken ist sehr weiblich und sehr eifersüchtig. Du verstehst meine Liebe nicht. (Ein leises Lachen) Meine Liebe wird dich befähigen, mehr zu lieben. Doch irgendwo wird deine Liebe zur Einschränkung – exklusiv, eifersüchtig, eng. Meide sie wie die Pest – sie ist gefährlich.

Vielleicht durch meine Projektion auf das, was ich von dir gelesen habe, wollte ich zuerst nicht Sannyas nehmen, denn es erschien mir wie eine ausschließliche totale Verpflichtung.

Nein, nein. Die Verpflichtung ist total, aber sie ist nicht ausschließlich – eine ausschließliche Verpflichtung kann nicht total sein, das ist ein Widerspruch in sich. Man bringt die beiden Ausdrücke zusammen, ohne zu wissen, wovon man spricht. Eine ausschließliche Verpflichtung kann niemals total sein. Sie ist häßlich. Sie macht angst, sie macht blind. Eine totale Verpflichtung ist immer eine offene Verpflichtung.

Ich bin weit genug – du kannst alles in mir einschließen, das geht ganz problemlos. Wen du auch liebst, du wirst *mich* lieben – das ist also kein Problem.

Wenn du mit etwas nicht einverstanden bist oder wenn dich dieses Einverständnis bedrückt, so tue es nicht. Keine Aufgabe ist es wert, wenn sie dich auf irgendeine Weise unglücklich macht. Ich würde nicht darauf beharren. Entweder gibst du dich also ganz hin, und das Problem verschwindet ...

Dann machst du jede Arbeit, die man dir zuweist. Es geht nicht darum, ob du damit einverstanden bist oder nicht: *Du* existierst nicht mehr. Welche Arbeit dir auch zugeteilt wird, du mußt deine ganze Energie in sie stecken. Es geht nicht darum, ob du einverstanden bist oder nicht. Wahres Einverständnis stellt sich ein, wenn du nicht einmal einverstanden zu sein brauchst.

Wenn das aber nicht möglich ist, ist es besser, die Arbeit nicht zu tun, hmm? Denn das würde sonst nur einen Konflikt in dir hervorrufen, und Konflikt ist nicht nötig. Sei glücklich und tue, was immer du gern tust. Entweder total oder gar nicht, aber keinesfalls halbherzig ... denn ich möchte nicht, daß du zweigeteilt bist.

Manchmal wirst du dich verirren, doch das ist noch längst kein Sündenfall. In Wirklichkeit wird es dich stärken, in die Irre zu gehen; es wird dich erinnern. Zuweilen ist es hilfreich, ein wenig vom Weg abzukommen. Manchmal ist es gut, krank zu werden, um wieder zu wissen, was Gesundheit bedeutet. Eine kleine Krankheit gibt dir den Geschmack der Gesundheit wieder. Du wirst wieder gesund und bist ganz begeistert ...

Das ist also kein Sündenfall. In Wirklichkeit können meine Sannyasins gar nicht fallen; meine ganze Arbeit und mein Prozeß sind so angelegt, daß ich es ihnen aus vielen Gründen unmöglich mache.

Erstens gebe ich dir keine Ideale. Wenn du Ideale hast, ist die Möglichkeit zu fallen um so größer. Ich gebe dir keine Ideale, ich vermittle dir nur Einsicht. Ich versuche nicht, dich vollkommen zu machen; schon der Versuch, perfekt zu werden, ist neurotisch. Das Leben ist unvollkommen.

Ich lehre dich nicht, perfekt zu werden, ich lehre dich, zu akzeptieren. Wenn du unvollkommen bist, geht es vollkommen in Ordnung, unvollkommen zu sein – genau das lehre ich. Statt Perfektion lehre ich dich Totalität.

Wo immer du auch bist, sei total. Wenn du fehlgehst, gehe total fehl, und du wirst mit mir sein.

Ich lehre Totalität, nicht Perfektion. Ich sage: »Wenn du wütend bist, sei total wütend.« Wenn du total wütend bist, bist du nicht gefallen. Kurz: Wenn du fällst, so falle total, und du bist nicht gefallen! Wenn du sündigst, sündige total. Wenn du zur Hölle fährst, fahre total zur Hölle, und wenn du total zur Hölle fährst, hast du die Qualität der Hölle verändert. Sie wird zum Himmel, es kann nicht die Hölle sein, denn ein totaler Mensch, wo er auch ist, findet immer Mittel und Wege, um sich zu genießen und zu feiern.

Du brauchst nicht von mir überzeugt zu sein ... das ist nicht nötig. Wenn du das Gefühl hast, daß dich etwas Besseres überzeugt, so sei dort. Wenn du aber wirklich mit mir kommst, so tue es total. Wenn du anderer Meinung sein möchtest, sei total anderer Meinung. Nichts ist verkehrt daran – zumindest warst du total anderer Meinung. Diese Totalität wird mit dir sein, und du wirst nicht verwirrt sein. Sei aber nicht nur halbwegs einverstanden.

Und ich mache keine Konzessionen, keine Kompromisse. Ich bin kein Demokrat ... fast diktatorisch. (Gelächter) Spüre einfach, was sich für dich gut anfühlt, denn letztlich ist es eine

Frage deines Wohlbefindens. Wenn du dich gut fühlst, gut!

Wenn es sich gut anfühlt, hier zu sein, sei hier ... und diese Verwirrungen werden mit der Zeit verschwinden. Ich werde so viele hervorrufen, daß du nicht alle ertragen kannst. Du wirst sie loslassen müssen.

Wenn du ruhelos bist, sei ruhelos, und wenn du unglücklich bist, sei unglücklich! Alles muß absorbiert werden. Man muß lernen, auch mit den negativen Seiten seines Wesens zu leben; nur so wird man ganz.

Wir wollen alle immer nur mit den positiven Seiten leben. Wenn du glücklich bist, akzeptierst du dich; wenn du unglücklich bist, lehnst du dich ab. Du bist jedoch beides. Wenn alles fließt, fühlst du dich großartig; wenn alles ins Stocken geraten ist und stagniert, fühlst du dich in der Hölle. Beides muß aber akzeptiert werden. So ist das Leben nun einmal: Das Leben besteht aus Hölle *und* Himmel. Die Unterteilung in Hölle und Himmel ist eine falsche Unterteilung. Es gibt keinen Himmel dort oben und keine Hölle dort unten; sie sind beide hier. Einen Augenblick bist du im Himmel, und im nächsten Moment bist du in der Hölle.

Man muß auch seine negativen Aspekte kennenlernen, und man muß sich mit ihnen entspannen. Dann wirst du eines Tages überrascht feststellen, daß der negative Teil zum Aroma des Lebens beiträgt. Er ist nicht überflüssig. Er gibt dem Leben Würze. Andernfalls würde das Leben schal und monoton werden. Stelle dir vor – immer nur glücklich und glücklich und glücklich? Was würdest du tun? Diese Momente des Unglücks bringen dir wieder Schwung, Forschungsdrang, Abenteuerlust. Du kriegst wieder Appetit.

Mit mir zu sein heißt, daß du mit der Totalität deines Wesens sein mußt. Alle Aspekte von Gut und Schlecht müssen akzeptiert werden. Man kann nichts loswerden. Niemand wird je etwas los. Aber ganz langsam lernt man, alles zu akzeptieren. So entsteht eine Harmonie zwischen der Dunkelheit und dem Licht. Und das ist schön, denn mit dem Kontrast wird das Leben zu einer Harmonie.

Versuche darum auch diese Momente zu leben. Mache kein Problem daraus. Denke jetzt nicht: »Was soll ich bloß tun, um nicht mehr so rastlos zu sein?« Wenn du rastlos bist, sei rastlos. Das ist meine Botschaft. Wenn du unglücklich bist, sei unglücklich. Und mache kein Drama daraus – sei einfach unglücklich. Was bleibt dir schon anderes übrig?

Zuweilen kommt es vor, daß wir einesteils versuchen, uns auf etwas einzulassen, und andernteils versuchen wir ihm auszuweichen. Das führt zu einem Konflikt, einem Widerspruch. Dann beginnt deine eigene Energie gegen sich selbst zu kämpfen – damit verzettelst du dich. So zerstören viele Leute ihr Leben. Wenn du dich auf etwas einläßt, sei total, tue es aus vollem Herzen, halte nichts zurück, und du wirst ungeheuer davon profitieren.

Der Nutzen einer Therapiegruppe hängt in Wirklichkeit nicht vom Gruppenprozeß ab, er hängt von deiner Ganzheit ab. Der Gruppenprozeß ist nur ein Vorwand, eine Situation. Das Wichtige passiert nicht durch den Gruppenprozeß, es passiert durch deine Teilnahme. Und es ist nicht nur in der Gruppe so, es ist auch mit mir so. Ich bin nur ein Vorwand. Wenn du den ganzen Weg mit mir gehen kannst, *mußt* du Gott erfahren. Man erfährt ihn immer, wenn man den ganzen Weg geht.

Doch die Leute gehen nur sehr zögernd – sie gehen nur widerstrebend und kämpfen dagegen an. Dieser Kampf und dieser Widerstand sind beinahe unbewußt. Nicht daß sie es vorsätzlich tun würden – denn weshalb wären sie sonst hier? Sie sind hier, weil sie auf der bewußten Ebene mit mir zusammenarbeiten möchten, mit mir gehen möchten, mit mir das Unbekannte erforschen möchten, doch eine unbewußte Angst hält sie zurück. Der bewußte Anteil geht also mit mir, doch der unbewußte geht gegen mich an, und das Unbewußte ist viel stärker. Das Bewußte macht nur einen Zehntel aus, das Unbewußte neun Zehntel. Du kannst es nicht besiegen; es muß überredet, verführt werden, damit du von ganzem Herzen mitgehen kannst - bewußt *und* unbewußt.

Ich gebe dir die Gruppenprozesse nur zum Lernen. Das eigentliche Ziel ist, mit mir zu gehen. Wenn du den Gruppenprozeß akzeptieren und mit ihm gehen kannst, wirst du ganz langsam das Geheimnis kennenlernen, wie du etwas total tun kannst. Und in einem Gruppenprozeß ist die Gefahr nicht sehr groß, du kannst sie verkraften. Mit mir ist die Gefahr groß. Der Gruppenprozeß ist seichtes Wasser, du kannst dich ruhig hineingeben. Mit mir ist es ein bodenloser Abgrund.

In jeder Gruppe muß dir also eines bewußt sein: so tief wie nur möglich zu gehen. Vermeide alle Widerstände, die aus deinem Unbewußten aufsteigen, die andauernd aufsteigen werden und versuchen, dich daran zu hindern. Schiebe sie zur Seite, höre nicht auf sie - sprich ein absolutes, entschiedenes Nein! Vergeude deine Energie nicht in irgendwelchen Widersprüchen. Und ganz langsam wirst du dich immer glückseliger fühlen, je mehr du zuläßt. Dann kannst du noch mehr zulassen. Und das Höchste ist, *mich* zuzulassen!

Nur wenn du total mit mir bist, wird etwas passieren, sonst nicht. Auch wenn jemand neunundneunzig Prozent mit mir ist und ein Prozent nicht mit mir, wird nichts passieren, denn da ist ein Siedepunkt. Nur bei hundert Grad wirst du verwandelt, kommt es zur Metamorphose.

Eine Sannyasin sagt, sie fühle sich nicht total engagiert mit Osho. Sie macht sich Sorgen wegen eines Erlebnisses - der Anfang eines Satoris, das damit endete, daß sie ohnmächtig wurde.

Nur wenn du total mit mir bist, kannst du vollen Nutzen

daraus ziehen. Sonst mühst du dich ab, und es passieren Dinge ... und doch passiert nichts. Und manchmal können sie sogar schädlich sein, hmm? Wenn du mit mir bist, wird das gleiche einen positiven Effekt haben.

Weil du aber nicht mit mir bist, ist dir angst geworden. Die Angst wurde so tief, daß du nicht mehr sehen konntest, was geschah. Du hast den ganzen Tag lang dein Sehvermögen verloren; du bist unzentriert geworden.

Wärst du mit mir, hättest du dich inwendig zentriert. Außen wärst du vielleicht den ganzen Tag blind geblieben – das ist nicht das Problem –, doch zum ersten Mal hätten deine Augen nach innen gesehen. Das hätte eine Wende von hundertachtzig Grad in dein Leben gebracht – du wärst dir selber begegnet. Und darauf arbeiten wir hin. Du hast es aber mit der Angst gekriegt; aus Angst bist du auch in Ohnmacht gefallen. Und jetzt passiert dasselbe in der Dynamischen Meditation ...

Du mußt lernen, total mit mir zu sein, und alles übrige wird sich von selbst ergeben.

Eine Geschichte ...

Jesus ging zu einem Haus. Eine Frau kam – keine gute Frau, eine Prostituierte – und goß ihm sehr kostbares Duftöl über die Füße. Judas stand daneben und sagte: »Du solltest sie davon abhalten, denn so wird viel Geld vergeudet. Man könnte es den Armen geben.«

Jesus sagte: »Arme wird es auch noch geben, wenn ich nicht mehr hier bin. Du verstehst ihr Herz nicht. Laß sie nur machen!«

Über Osho ...

Osho ist jemand, der die Tür gefunden hat, um in der zeitlosen Dimension der Gegenwart zu leben. Er hat sich selbst als einen »wahren Existentialisten« bezeichnet und sein Leben dazu verwendet, andere zu provozieren, nach dieser selben Tür zu suchen.

Osho wurde am 11. Dezember 1931 in Kuchwada im indischen Staat Madhya Pradesh geboren. Von seiner frühesten Kindheit an war er ein rebellischer und unabhängiger Geist, der stets darauf bestand, die Wahrheit selbst zu erfahren, statt bloß das Wissen und den Glauben anderer zu übernehmen.

Nach seiner Erleuchtung im Alter von einundzwanzig Jahren beendete Osho seine Universitätsstudien und lehrte mehrere Jahre Philosophie an der Universität von Jabalpur. Gleichzeitig bereiste er ganz Indien und hielt Reden, forderte orthodoxe religiöse Führer zu öffentlichen Debatten heraus, hinterfragte traditionelle Glaubensbekenntnisse und begegnete Leuten aus allen Lebensbereichen. Er las alles, was er finden konnte, um sein Verständnis über die Glaubenssysteme und die Psychologie des modernen Menschen zu erweitern. In den späten sechziger Jahren begann Osho seine einzigartigen dynamischen Meditationstechniken zu entwickeln. Der moderne Mensch, so sagt er, sei so beladen von überlebten Traditionen und von den Ängsten des modernen Lebens, daß er sich einem tiefen Reinigungsprozeß unterziehen müsse, bevor er zu einem gedankenfreien, entspannten Zustand der Meditation gelangen könne.

In den frühen siebziger Jahren hörten die ersten Westler von Osho. 1974 wurde in Poona, Indien, eine Kommune um Osho als Mittelpunkt gegründet, und das kleine Rinnsal von Besuchern aus dem Westen schwoll schon bald zu einer Flutwelle an. Im Verlauf seiner Arbeit hat Osho über praktisch alle Aspekte der Entwicklung des menschlichen Bewußtseins gesprochen. Er hat die Essenz dessen herauskristallisiert, was wesentlich für die spirituelle Suche des modernen Menschen ist und sich nicht auf intellektuelles Verständnis stützt, sondern von eigener existentieller Erfahrung genährt wird.

Osho gehört keiner Tradition an. »Ich bin der Anfang eines völlig neuen religiösen Bewußtseins«, sagt er. »Bringt mich bitte nicht mit der Vergangenheit in Verbindung, es lohnt sich nicht, auch nur einen Gedanken an sie zu verschwenden.«

Seine Reden an Schüler und Sucher aus aller Welt sind in mehr als sechshundert Bänden veröffentlicht und in über dreißig Sprachen übersetzt worden. Er sagt dazu: »Meine Botschaft ist keine Doktrin, keine Philosophie. Meine Botschaft ist eine gewisse Alchemie, eine Wissenschaft der Transformation. Nur die wenigen also, die gewillt sind, so wie sie sind zu sterben, um als etwas so Neues wiedergeboren zu werden, wie sie es sich zur Zeit nicht einmal erträumen können – nur jene wenigen mutigen Leute werden bereit sein, hinzuhören, denn hinzuhören ist ein Risiko. Wenn ihr mir zuhört, habt ihr den ersten Schritt zu eurer Wiedergeburt getan. Es ist also keine Philosophie, die ihr euch wie einen Mantel überstreifen und damit herumstolzieren könnt. Es ist keine Doktrin, die euch tröstliche Antworten auf bohrende Fragen gibt. Nein, meine Botschaft ist keine verbale Kommunikation. Sie ist viel riskanter. Sie ist nichts Geringeres als Tod und Wiedergeburt.«

Osho verließ seinen Körper am 19. Januar 1990 – während man ihn im Jahr 1985 wegen technischer Immigrationsvergehen inkognito in Haft hielt, wurde er durch Agenten der US-Regierung vergiftet. Seine riesige Kommune in Indien ist weiterhin das größte spirituelle Wachstumszentrum der Welt geblieben und zieht Tausende von internationalen Besuchern an, die hierherkommen, um an den Meditationen, Therapien und an den künstlerischen und körperorientierten Kursen teilzunehmen oder sich einfach in einem »Buddhafeld« zu erfahren.

Der vollkommene Weg

Osho spricht über den Weg nach innen, den Weg der Meditation, der allein zu wahrer Zufriedenheit und Erfüllung führt. Ein wahrer Schatz für jeden Suchenden.
208 Seiten, ISBN 3-909910-00-9.

Mojud – Der Mann mit dem unerklärlichen Leben

»Wenn ihr diese Geschichte verstehen könnt, habt ihr das innerste Geheimnis der Religion verstanden ... sie ist unvergleichlich ... diese Geschichte kann eine so radikale Veränderung in eurem Leben auslösen, daß ihr vielleicht nie wieder dieselben sein werdet.«
Eine alte Sufi-Geschichte, kommentiert von Osho.
96 Seiten, sehr schön illustriert, ISBN 3-909910-02-5.

Saat der Weisheit

Das Buch enthält 120 Briefe von Osho an seine Freunde. »Auch ich bin ein Bauer, und habe Samen ausgesäht. Sie sind aufgegangen und tragen jetzt Blüten. Mein ganzes Leben ist voll vom Duft dieser Blüten, und durch diesen Duft bin ich in einer anderen Welt.« Betrachtungen über Leben, Tod, Freiheit, Liebe und den Schlüssel zur Transformation: Meditation.
160 Seiten, bebildert, neu im Herbst '95, ISBN 3-909910-04-1.

Notizen eines Erleuchteten

Osho spricht über das HierJetzt; über die tibetanischen Mantras *Om Mani Padme Hum* und *Satyam Shivam Sundaram;* über Bashos Haiku: Ein alter Teich, ein Frosch springt, Plop! und über Buddhas *Cherivedi, cherivedi.* Er spricht über die russische Dichtung, über Jesus, Lao Tzu und Krishnamurti.
96 Seiten, bebildert, neu im Herbst '95, ISBN 3-909910-05-X.

Das Buch der Leere

»Gehe unerschrocken, tiefer und tiefer, in das unbekannte Wesen deiner eigenen Existenz. Dieser Vorgang kann nicht mit Worten beschrieben werden. Hier versagt die Sprache sich auszudrücken.« Ein Buch voller Überraschungen – 80 »leere« Seiten, die nur dein Wesen wiederspiegeln.
80 Seiten, neu im Herbst '95, ISBN 3-909910-03-3.

Zu Füßen des Meisters, Band 2

Aus dem Inhalt: Komm aus deiner Schale heraus, kümmere dich nicht ums Unwesentliche, über die Grenzen hinaus, erwarte das Unerwartete, Liebe kennt weder Zeit noch Entfernung, gemeinsames Ziel – eine Kommune, laß Meditation deine Liebe sein, von Stille zu Stille, der singende Vogel der Religiosität, Glückskreise.
192 Seiten, bebildert, neu im Frühling '96, ISBN 3-909910-06-8.

Für weitere Informationen über Osho wende man sich bitte an:

Osho Commune International
17, Koregaon Park
Poona 411001 (MS), India